广东省哲学社会科学"十四五"规划 2022 年度学科共建○○○○○数字孪
生的供应链存货质押融资模式构建机理研究》（批准号：GD22XGL40）的系
列成果

物流金融数字孪生应用：
机制、模式及实践

陈广仁　段伟常　著

中国财富出版社有限公司

图书在版编目（CIP）数据

物流金融数字孪生应用：机制、模式及实践／陈广仁，段伟常著.--北京：中国财富出版社有限公司，2024.2

ISBN 978-7-5047-8140-6

Ⅰ.①物… Ⅱ.①陈… ②段… Ⅲ.①供应链管理-金融业务-研究-中国 Ⅳ.①F252.2

中国国家版本馆 CIP 数据核字（2024）第 047732 号

策划编辑	郑欣怡	**责任编辑**	贾浩然　陈　嘉	**版权编辑**	武　玥
责任印制	苟　宁	**责任校对**	张营营	**责任发行**	敬　东

出版发行	中国财富出版社有限公司	
社　　址	北京市丰台区南四环西路 188 号 5 区 20 楼	**邮政编码**　100070
电　　话	010-52227588 转 2098（发行部）　　010-52227588 转 321（总编室）	
	010-52227566（24 小时读者服务）　010-52227588 转 305（质检部）	
网　　址	http://www.cfpress.com.cn	**排　　版**　宝蕾元
经　　销	新华书店	**印　　刷**　北京九州迅驰传媒文化有限公司
书　　号	ISBN 978-7-5047-8140-6/F·3778	
开　　本	710mm×1000mm　1/16	**版　　次**　2025 年 2 月第 1 版
印　　张	13.25	**印　　次**　2025 年 2 月第 1 次印刷
字　　数	238 千字	**定　　价**　76.00 元

作者简介

陈广仁，广东省湛江市人，汉族，管理学、哲学博士，广东机电职业技术学院副教授。现任广东机电职教集团创新创业委员会委员；粤港澳大湾区物流与供应链创新联盟委员；粤港澳大湾区农产品智慧冷链行业产教融合共同体企业管理咨询中心项目主任。

主持或参与 6 项省部级纵向课题并获 6 项省部级竞赛奖项和教学成果奖，包括广州市哲学社会科学发展"十三五"规划课题、广东省教育科学"十四五"规划省级课题、广东省哲学社会科学"十二五"及"十四五"规划省级课题；荣获 2017 年广东省教育教学成果奖二等奖；荣获 2017 年度物流职业教育教学成果奖三等奖；荣获 2019 年及 2022 年广东省教育教学成果奖一等奖。公开发表论文 30 余篇。

研究方向：供应链金融、数智物流、创新创业、商业模式创新、企业成长体系。

段伟常，湖南省常宁市人，汉族，系统控制科学与工程博士后，广州大学工商管理学院副教授，广州大学互联网金融研究所所长。

自 2007 年以来获得中国博士后科学基金、自然科学基金资助各 1 项，教育部人文社科面上项目 3 项，公开发表论文 40 余篇，出版学术专著 2 本。有从事计算机软件开发、咨询等企业实践经验，有计算机网络、物流、金融、系统科学等多学科专业背景。作为网络平台和供应链领域的专家，擅长将理论与实践相结合。

研究方向：区块链技术及应用、网络平台构建、互联网金融、供应链金融与管理。

前　言

　　数据作为信息时代的基础资源及新兴的生产力，是驱动中国现代化的重要引擎，正以前所未有的速度渗透到生产、分配、交易、消费和社会管理等层面，深刻重塑经济运行方式、日常生活模式和行政管理模式。

　　数字孪生是产业数字化发展的新阶段。存货质押融资是供应链金融的重要模式，供应链中的物流企业或金融机构基于物流金融数字孪生构建仓单融资模式，具有高度的前沿性及创新性，体现出物流金融从信息化到全面赋能、再向数智化重构转化的高级阶段。

　　数字孪生作为物流金融的高级阶段，是对被质押物监管融资的精准数字化表达，具有动态、精确、实时、双向交互等特点，具有可视监控、分析、诊断、预测、决策、控制等金融服务功能。数字孪生融合来自物联网传感器的实时数据来复制状态和管理行为，结合多种智能技术、区块链存证和算法建模，实现对"真实""虚拟"两个平行系统的精确控制与协同，实时反映当前资产的状况（环境、生命周期和配置），金融机构借助数字孪生技术，对被质押资产进行精细化控制，能准确评估资产的最新状况，预测借款人的未来行为、优化风险控制策略，最终通过数字技术获取可信数据、构建场景金融和改进风控方法，从技术角度有效缓解"信息不对称"这一根源性问题。

　　本书阐述物流金融的现实问题，基于"信息不对称"这一根源性问题，以数字技术分析破解这一难题，并提出物流金融数字孪生的系统构架和构建方法，分析行业中的典型实践和领先解决方案。本书内容共分六章。

　　第一章介绍了数字化转型的背景和意义，阐述了数字经济发展的内在逻辑以及数字化转型的阶段特征。在此基础上，着重探讨了物流金融与数字化转型的紧密关系，阐述了数字技术对金融科技创新的推动作用，并指出了从数据处理到信号提供的转变以及创新物流金融模式的必要性。

　　第二章介绍了物流金融数字孪生的基础理论及技术机制，其中包括数字系统与物理系统的交互、平行管理模式的构建、可信数据的获取与应用以及数据处理技术等。这些基础理论与技术机制为后续章节的内容奠定了坚实的基础。

第三章深入探讨了数字物流运作模式，分析了物流系统数字化赋能、物流监管数字化以及物流场景金融等多个领域。这些内容不仅展示了数字化在物流领域的应用前景，也为读者提供了在实践中应用的具体模式和方法。

第四章聚焦于物流金融数字孪生系统的构建与运作机制。通过对数字孪生技术的深入剖析，结合实际案例，探讨了如何构建可信、高效的物流金融数字孪生系统，以及该系统在物流管理、监管和金融领域的具体应用场景。

第五章以物流金融数字孪生实践为焦点，分析了物流金融发展的产业背景、物流金融的场景化与数智化应用、存货（仓单）融资的数智化应用与创新，以及存货（仓单）融资监管平台建设与运营经验。特别关注粮食行业存货（仓单）融资数智化实践，深入探讨了粮食行业中数字化技术对存货融资的影响与应用。

第六章则通过行业案例分析，重点剖析了"66云链"能化行业数字仓单融资方案及存货（仓单）质押监管数字孪生系统框架设计等，从实际案例中总结经验教训，为读者提供更具体的参考和借鉴。

本书适用于金融和资产管理、数字平台、电子商务、物流管理等领域的专业人士阅读。本书的编撰旨在为学者、企业家和从业者提供全面深入的指导，促进物流金融与数字孪生技术的深度融合，推动物流产业的数字化转型和金融创新，同时也期待本书能够激发更多关于物流金融数字孪生的研究与探索。

本书第一章至第五章由陈广仁编写，第六章由段伟常编写，全书由陈广仁统稿。

由于编者水平有限，书中难免有不当之处，敬请读者给予批评指正。

编者

2024 年 4 月

目　录

1 绪论

1.1 数字化概述

1.1.1 数字经济发展源自信息的增长

计算技术助推数字化转型，成为新的经济增长推进器。正如中世纪的磨坊、工业革命时期的织布机和蒸汽机以及当代的汽车大规模制造技术，计算技术（包括信息技术、数字技术和智能技术等）对人类文明的影响已经超出上述技术。对此，全球各主要国家纷纷开始加快制定国家层面的数字化转型战略，包括加强数字基础设施建设、鼓励数字科学技术创新、加大数字化领域的新兴人才培养等。而企业数字化转型也是必然趋势，推动企业特别是制造企业进行数字化转型已经成为社会各界的关注焦点。可见，从信息化到数字化，从信息文明到数字文明，数字化已成为当今时代的最强音，正在创立一种新的文明模式。

信息化进程深刻重塑了文化、社会及经济格局。20 世纪是信息化时代，伴随物质财富的显著增加，社会发展从依赖物质与能量的核心架构转变为以信息为主导的经济形态。进入 21 世纪，现代信息技术的创新大幅提升了社会生产力，导致经济增长模式转向依赖知识与智力。同时，产业结构也逐步向信息产业转移及跃升，这些产业以其高经济效益和增长质量成为新的经济重心。

经济增长就是信息增长，而信息增长是物理秩序的增长。塞萨尔·伊达尔戈进一步深度诠释了信息与经济的底层关系与逻辑，他指出，宇宙由能量、物质和信息三个要素构成，但真正令宇宙奥妙无穷的是信息要素。伊达尔戈创造性地将物理学与经济学联系起来，提出经济发展和财富起源两者关系的新假设。伊达尔戈研究表明，信息量的增长是宇宙变化中的基础性原理，是信息使一切无序、混沌的现象变得有序，是信息的增长导致了物质财富的增长，即经济增长。信息本质上是一种"物理秩序"。人们利用各种知识、技术和想法，试图创造一种新的物质、结构、组织或各种类型的系统时，实际上就是在创造秩序，也是在创造新的信息。其中，产品是人类长久以来积累的知识、技术和想象力对一系列物质重新组织及构造秩序的产物，它是人类知识、技术和想象力的具象化。高度累积的知识技术信息、低廉的沟通交易成本，使新产品更容易被创造出来，这需要高度网络化的、具备先进"计算能力"的企业或其他组织。换句话说，信息处理能力的不同，决定了各个企业的综合能力强弱，进而在宏观层面造成了各国经济发展的差异。

物流数字化是各行业领域进行交叉融合的技术基础，是支撑产业创新不可或缺的资源支撑平台。企业作为微观市场的主体，当然也是数字化的主体，其获得信息和处理信息的能力，对实现微观市场、推动中观市场及形成宏观市场的有序化具有重要意义。无论是对于国有企业还是民营企业、大企业还是小企业，数字化转型不是选择题，而是必考题、必答题。物流行业与供应链、电子商务、金融等行业关系密切，是国民经济体系中的基础设施。物流数字化作为新业态、新模式、新方向，本质上是以数字技术的应用创新为核心，将物流行业的数据要素转化为价值要素，在此基础上，企业以多元化、多样化、个性化为目标，为顾客提供精准匹配需求的产品及服务。

近年来，物流行业正经历由"信息化"到"数字化"的深刻转型期，"数字化"这一新标签日益凸显，取代了过往的"信息化"概念。各行各业正处于一个由云计算、海量数据、物联网和智能科技驱动的全新"智慧物流纪元"。在这个阶段，无论是大型物流巨头还是物流细分行业的"领头羊"，通过在数字化领域进行探索和创新，逐渐占据居于全球领先的行业地位。中国众多中小型物流企业正面临双重压力：一方面，信息化进程尚未完成；另一方面，数字化转型已迫不及待，这无疑给企业带来了突如其来的严峻挑战。可见，数字化转型是新事物，任重而道远。数字化转型对于相对传统的物流行业而言，具有战略性、长期性及艰巨性，充满前所未有的压力和困难。即使某些物流企业已在信息化领域取得先机，仍然不得不应对现实困境。因为领先的模式将被追赶者模仿，甚至很快被超越，且技术本身的进化也是日新月异的。

物流数字化已成为培育新业务、新产业、新产品的基础性平台。所有增长的本质来自创新，本质是信息量秩序的增长。依据这一逻辑来思考物流领域的数字化问题，具有创新意义。创新是信息秩序增长的必然结果。数字化是企业对处理信息的能力与模式进行创新与迭代，从而使企业创造价值的能力得到进化，而企业竞争力来自对信息处理能力的提升。对此，研究物流领域的数字技术与模式，分析如何利用数字化来重构产业要素，构建新的物流金融、物流供应链协同新模式，赋能相关的产业链、创造新的价值链，推动商业模式创新，将极大地促进物流业的持久繁荣，并为诸多相关产业提供巨大的创新与成长空间。

1.1.2 数字化转型实践

数字化转型的理论框架构建及落地实施需聚焦于数字化应用实践及重塑战略思维两个关键维度。首先，企业要推动组织内部的全面数字化实践，并要求将数字技术应用于每个业务环节或核心模块，是企业的战术性实施；其次，数字化转型的终极目标是优化业务流程、革新组织架构并重塑战略思维模式，是企业的战略性决策。然而，数字化转型是一个复杂的、具有高度不确定性的系统化过程，其能否成功并非仅依赖于技术与资源的整合，企业组织的适应性也是必须具备的关键因素。在数字化背景下，企业作为由多元个体构成的组织，每个成员的文化背景和经济追求都可能影响数字化转型的成效。例如，实现跨部门的无缝协作，突破传统的组织壁垒并促进部门间的协同工作，这不仅是一个技术问题，更需要深层次的企业文化和社会结构的调整。

在企业发展战略层面，"数字化转型"已从可选项演变为强制必选项，成为企业领导者无法回避的挑战。然而，这一转型在各行业及企业间的实施模式存在巨大差异，缺乏统一性及共同性。由于数字化转型本质上是一种战略性的深度变革，其过程漫长且涉及面广，现实中缺乏统一标准的解决方案，这正是令众多企业感到困扰的核心问题。

能否成功实施数字化转型，其基础性的决定因素在于企业管理层能否正确领会信息化及数字化的本质区别。管理的信息化或信息化管理，就是企业的一切管理工作都要建立在信息技术的基础上。信息化管理是企业以提高效率为目的，应用信息技术对管理工作、核心业务流程的全面优化，从而使企业更具有竞争力，而企业的数字化转型是从企业信息化到数字化的发展沿革。数字化转型，基本内涵是从信息化到数字化，再到智能化的过程。因此，理解信息化与数字化的区别是正确分析及实施数字化转型的前提及基础。信息化与数字化的区别表现为以下方面。

（一）目的与基本理念不同

信息化在管理领域的应用旨在实现确保企业管理者能有效地整合并管理所有与决策相关数据的系统性目标。这一过程旨在优化信息获取的渠道和便利性，以满足管理者的需求，即构建以管理者为导向的信息检索系统。例如，企业资源规划（ERP）系统中的"驾驶舱"功能，以及调度中心的监控大屏幕，都是信息高度集中的体现。从某种意义上说，信息化可以被视作一种中心化的架构，其核心是将各类信息汇聚至某一中心。而数字化则强调将信息共享给每一位参与系统及组织中的个体成员，令参与者都有权使用信息，使其能够自主决策，是一种去中心化的生态系统，让每一个个体都知道应该做什么以及如何做，数字化向每一个参与者进行赋能。可见，从决策优化到系统化赋能，是信息化与数字化的本质区别之一。

（二）数据在企业的应用范围

信息化的应用策略通常侧重于部门内部，以独立的子系统运行，尽管能显著提升该部门的工作效率，但在跨部门整合和协同方面表现不足，因此其对企业整体效能的提升作用有限。相比之下，数字化转型致力于打破部门和子系统间的壁垒，实现全企业工作流程的无缝连接和数据融合。通过这种跨部门的信息互通，基于全方位的全价值链数据，赋能企业的关键业务，为决策者提供精确且即时的信息支持。例如，对于新产品的开发，数字化系统能够向研发、采购及销售等部门同步提供关于成本、利润、市场的详尽决策数据，以驱动各部门的精准决策。这表明，信息化着重于部门级的系统运用，而数字化则促进了企业范围内以数据为基础的决策制定。

（三）实现的方法不同

在企业信息化的历程中，无论是管理信息系统、ERP 系统，还是各种信息技术应用，其核心都围绕着流程展开。数据在这些流程中承担着输入和输出的关键职能，彰显流程的结构特性。实质上，数据本身就是流程运行的直接结果。因此，流程的重要性在某种程度上超越了单纯的数据本身。另外，在制造业的数字化转型过程中，数据发挥着至关重要的赋能作用，系统的数据分析和输出直接影响着企业的运营决策、生产活动以及管理实践。此时，数据跃升为主导力量，而流程则退居为支撑角色。这就迫使企业构建以数据驱动为核心的企业文化和组织结构，以便更有效地应对数字化时代的各种挑战。

（四）系统的融合程度不同

在企业的信息化进程中，各个子系统和功能模块往往相对独立，涉及的领域包括但不限于制造技术、自动化技术、物联网技术、信息系统以及通信技术。然而，在数字化转型的阶段，工业化、自动化、信息化与智能化已实现深度融合，难以通过单一的子系统划分来界定。这种交融的现象正是数字化的内涵体现。

（五）资产数据化和数据资产化

数据资产化、资产数据化，是企业经营从"真实场景"到"虚拟场景"的数字化转型，也是全面信息化的高级阶段。过去，信息化主要服务于流程优化和管理决策，尽管如此，数据依然孤立，散落在各个独立系统内，形成了所谓的"信息孤岛"，难以实现自由交互。数字化的出现打破了这一局面，它将资产转化为可操作的数据，并在数字体系中视"数据"为"资产"，成为企业核心的数字化运营策略。因此，只有当资产数据化和数据资产化能够显著驱动企业盈利或提高运营效率时，企业才真正步入了数字化的高级阶段。

信息化局限于企业内部，优化了个别部门或流程的效率，对外交流仍沿用传统模式。相比之下，数字化颠覆了企业的运营模式，商业和业务活动在数字空间中展开，极大地重塑了与供应链上下游企业的互动关系，提升了整个产业链的效能，并在数字世界中构建出全新的生态系统。

1.1.3 数字化转型三个阶段

企业数字化转型通常分为"映射""赋能""重构"三个阶段，每个阶段之间相互衔接及逐步推进，涉及不同层次的技术应用及企业战略规划，企业数字化转型的三个阶段如下图所示。

全面信息化　映射　场景迁移　赋能　数智化　重构

图　企业数字化转型的三个阶段

（一）第一阶段：全面、系统化构建数字世界的映射

在这一阶段，企业数字化转型以全面的信息获取和转换为基础。数字化并非起始于空白，而是源于信息化进程，信息化是数字化的基础和核心内容。从演进的角度看，信息化可视为数字化的初期阶段，在此期间，商业逻辑和业务环境尚未经历显著变革，尤其是企业与客户（包括内部员工和外部顾客）的互动关系保持相对稳定，以物理世界为主，数字世界仅作为辅助工具，其典型标志工作包括企业实施的 ERP 系统、数据库技术以及云计算服务等。

（二）第二阶段：业务场景进行数字化迁移，实现赋能

在这一阶段，主要内容是用户活动的场景大量迁移，用户从物理世界过渡到数字世界，数字世界完全承接物理世界的"活动"，特别是用户之间的交互活动与业务环节。在此阶段中以物理世界为辅，数字世界的价值开始超越物理世界。

（三）第三阶段：数字化重构商业模式

逻辑与业务场景的变化，发生在数字化的第三阶段。用户和企业的联系和活动场景虽然迁移到了数字世界，但还是主要依据物理世界的思维习惯、业务规则来处理事务，业务的线上化是核心内容，但业务本身（服务内容与关键要素）并没有发生本质上的变化。只有重新、独立地以数字化的方式重新思考现有业务逻辑和商业逻辑，形成新的模式，才能真正发挥数字化的独特优势，并与物理世界的深度交融、相互影响，实现对业务逻辑的重构、业务场景的升级和商业模式的创新。

当前，数字化转型主要依据的核心技术包括大数据、人工智能、区块链、物联网、虚拟/增强现实、边缘计算、隐私计算等，新出现的技术包括元宇宙、数字资产 NFT（Non-Fungible Tokens，为"不可同质化代币/不可替代代币"，下同）等。以数字技术为核心竞争力的互联网头部企业如滴滴、京东、天猫等应用数字化核心技术，在数字化转型方面一直走在行业前沿。反之，制造业、农业等传统行业所属企业的数字化转型多数停留在第一阶段，或处于第一向第二阶段的转型过程，只有少数企业才开始由第二阶段向第三阶段迈进。

因此，数字化不仅是信息化的高级化、升级版、全面化，更是对商业逻辑和业务模式的底层逻辑的全面改进甚至颠覆式变革。

1.2 物流金融与数字化转型

1.2.1 数字技术驱动下的金融科技创新

技术驱动的金融科技（FinTech）是新的金融领域，其源于前沿的信息科技融合。金融机构通过创新商业模式、推动技术在金融服务中的深度应用并创造出具有独特价值的金融产品，对企业的运营、市场格局乃至金融服务体验产生了深远影响。这种创新不仅扩展了金融机构原有业务的传统范畴，并且推动了包容性金融和金融民主化的进程，塑造出全新的金融服务生态体系。

参与者对于金融科技需要保持审慎和现实的态度。在金融交易初始阶段，信息不透明可能导致出现预设的逆向选择问题；而在交易完成后，随之而来的道德风险问题同样不容忽视。尽管金融科技常被业界寄予极高期望，认为其能构建"技术乌托邦"，但这并不意味着仅凭技术创新就能轻易消除信息不对称的挑战。因此，对于金融科技的盲目推崇和理想化的金融创新理念，参与者需要保持审慎和现实的态度。

现代金融的运行具有巨大的复杂性及专业性，需要消耗大量的智力资源。人仍然是技术工具和算法的主体，而技术工具要依赖人的命令去实施和执行，工具理性和技术中性难以克服执行者的非理性，仍然可能产生大量的功利主义、形式主义及教条主义。所以，各类企业作为金融行业的参与主体，不能得出依靠技术就能将复杂问题简化的结论。另外，高度智能化的金融技术，要想达到较高的应用水平也应包括制度供给，缺少相应的制度和组织条件无法有效达到技术治理的预期效果甚至会产生阻碍作用。

1.2.2 从数据处理转向信号提供

无论是从传感器、机器、公共部门还是从网络公开获取数据，都是对于主体行为的描述。传统的做法主要是计算机通过网络及系统对主体的行为数据进行采集、存储到数据等加工处理后，再提供给决策者，数据本质上是投资决策、发展战略决策、趋势预测、风险预警等方面信息的量化体现。

物流金融中的风险预警及风险控制，是物流系统借助金融技术，从数据处理转向信号提供。这要求数字化系统能准确、实时提供明确的信号，而不仅仅是数据。物流系统需要围绕被监管对象收集各类大数据资源，除了仓库、在途的监管数据之外，甚至包括网络舆情数据、工商数据、法院数据、投诉数据、公司官网数据，以构成风险预警大数据资源库。近年来迅速发展的人工智能模型，将大数据与自然语言处理 NLP（Natural Language Processing）技术、深度学习模型融合，为风险预警、智能投研、前景预测等场景，提供极有价值的信息和信号。

将信息转化为数据的过程为数字化，结合通过物联网联通的智能设备获取各类数据的智能化活动，两种数据处理行为被称作"数智化"。人类从感觉到记忆，再到逻辑思维并进行最优决策的这一过程称为"智慧"或"智能"。智能系统的本质具有以下特征：首先，它具备敏锐的感知机能，这是智能行为的基础，因为它能有效地捕捉外部环境并获取相关信息；其次，智能系统具备显著的记忆与思维特性，它能储存接收到的信息，并运用内部的知识库对信息进行精细的分析、比较、推理、联想和决策制定；再次，智能系统具有显著的学习和自我调适功能，通过持续与周遭环境互动，它能不断积累经验和知识，从而更好地适应环境的变化动态；最后，智能系统的决策过程迅速而精确，它能即时响应外部刺激，做出决策，并有效地向外界传递信息，具备这些特性的体系被定义为智能系统或智能化架构。

可见，数字化是金融智能化的前提和基础，是基于智能化技术的数字化，是信息化的高级阶段。信息化、数字化、数智化，是信息技术不断进步迭代、向前演化的具体路线。

1.2.3 创新物流金融新模式

网络世界与网络经济在社会经济中的重要性已达到前所未有的高度。近年来，在众多的金融创新中发生不少重大风险事件，说明构建在网络空间上的虚拟世界，急需建立与现实世界相对的秩序，网络平台、虚拟经济的交易秩序需要治理创新，特别是在金融领域的创新，必须同步及对应于公司治理和行业治理体系的发展趋势及步伐。

互联网技术的应用、扩散及快速发展远超人们的想象力。"技术治理"是网络治理的新视角，网络空间的治理依赖的是新一代信息技术的创新。例如，区块链技术的出现让人们看到以技术来解决交易秩序混乱问题的希望，现有加密等算法的技术组合，实现了在虚拟模式下无须第三方中介的分布式记账方法，这一方法经过改造可以广泛地应用于陌生关系下的交易治理。

物流金融依赖的物流系统具有复杂性，该系统的要素、结构和机制具有多元化和复杂性特征。因此，理论学界及业界需要全面解析数字技术与物流系统结合下的技术治理结构和治理机制，以系统方法、数字技术、算法治理、证据学等来构建物流金融创新理论的框架和逻辑体系，为数字化转型背景下的物流金融提供新的理论支持。

1.3 研究意义

数字技术是一种前沿性技术，从技术应用到对物流系统，甚至是经济系统的治理需要更长的逻辑链，以此形成系统理论并分析内在机理。物流系统既是技术系统，也是经济系统，金融创新需要结合管理、经济、技术、金融学等领域的多维度知识，深入分析和系统研究创新模式的逻辑架构、核心机制、关键技术等，以适用物流领域的一般性经济组织，为当前阶段大量的物流项目实践提供理论支持。

基于技术的治理创新是既保证法治化、又具有科学性、符合金融风险控制的治理创新模式。基于网络的交易创新是陌生关系下的交易行为，维护交易秩序、规范交易行为是平台商业模式的基础。技术在维护组织交易秩序、解决利益相关者冲突、维持信任关系等方面，具有效率高、无私性、公正性、自动化等特点，在执行过程中完全可以避开"人"（执行者）的自私性和寻租行为，适合数字化环境下快速、频繁和永不见面的交易场景。因此，物流金融中基于数智化技术的应用研究有利于推进网络平台的商业模式创新，是推动数字经济创新、提高法治化水平的重要实践。

信任是所有交易模式的基础和前提条件，而在陌生关系中建立信任关系是互联网商业模式创新的关键。传统的经济活动以基于熟人关系和中介关系（包括政府治理）下信任关系的保证为前提，在互联网商业模式下往往陷入失灵状态。而金融创新的核心机制正是约束及抑制违背信用的行为、激励守信行为，数智化技术嵌入互联网，既为互联网的商业模式发展创造了安全有序、协调和谐的运行环境，也为自组织的稳定性、维持公平、分享权力和利益等形成平等开放的组织氛围，有利于促进我国互联网经济的繁荣发展。

探索与研究在物流金融领域的数智化技术创新，具有很强的现实意义。当前我国物流领域正处于从信息化到数字化转型的重要阶段及关键进程，物流行业中规模众多的企业对数字化转型的实践大多数仅停留在技术应用层面，目的是驱动物流设备或物流子系统更加便捷、高效、低成本地服务物流大系统，多数企业的数字化转型以独立应用、孤立系统、数据孤岛、单一场景、功能或性能驱动等方式体现，并没有形成"数字世界"，其中最有价值的数据依然散落在互相分割、没有联系的物理世界中。反之，海量数据只有联结成为一个整体，即构建"数字世界"，才能形成真正的数据驱动，令物流系统进化到数字化的高级阶段。

融资业务中普遍存在的信息不对称问题的根本性突破，终归需要物流行业借助现代先进的新一代信息技术，沿着技术创新应用的路径演进。以中外银行为主体的多数金融机构对于中小企业的融资需求往往并不热衷，甚至处于金融排斥（包括仓单融资）状态，其根源性原因是资金供需双方之间存在信息不对称的巨大鸿沟，进而导致作为资金供应方的银行为了降低贷款风险，不得不耗费大量的信息搜寻成本以对借款人进行风险监测，另外，也可能存在作为借款人的中小企业逆向选择等风险性问题。物联网和数字孪生是工业4.0的两大关键技术，也是驱动数字供应链金融创新的关键技术。数字孪生作为数字化进程的新阶段，应用数字孪生技术来破解供应链金融的信息不对称问题是合理逻辑。但数字孪生目前的主要应用集中在复杂产品设计、高价值设备、智慧矿山、智慧城市、服务运营等领域，较少涉及物流金融领域。

本书聚焦物流金融创新范畴，基于物流系统这一有形物理世界提出物流数字孪生系统，在此基础上提出物流金融的创新模式，研究主题具有前沿性及创新性。物流系统是多方参与的多主体系统，且是服务系统，而非智能工厂之类的单一主体（以管理或行政指标为主导）。物流系统以"法律关系"为中心，所以物流数字孪生不同于其他以几何空间特征为主的数字孪生体（如设备、矿山），一切从数据的真实性出发。物流数字孪生涵盖了从数据采集的可信性到形成数字信任，再对数据进行的模拟仿真，以及"物理-虚拟"之间的数据双向交互操作。另外，物流系统作为物理系统，必须要求应用主体遵守法律关系对物理实体进行直接操作。由此，物流数字孪生是"契约关系实体"结合"物理实体""虚拟实体"，由"信号"形成复杂的数字孪生体。因此，构建能突破现有数字孪生下的"物理-虚拟"数字孪生体结构，是具有革命性的创新探索，能为数字资金化、数字交易的理论研究提供新视角。

算法治理是真实的利益分配机制，基于智能合约（法律关系）并以真实的信号提供为基础，最终形成数据双向交互操作的智能风险控制机制。物流金融的数字孪生体的应用成熟也必须遵守数化、互动、先知、先觉和共智的迭代演进过程，其通过优化和指令来调控物理实体对象的行为（虚拟-物理交互），数字大模型间的相互学习来进化自身（虚拟-虚拟交互），进化为物理实体的先知、先觉甚至超体。而可信数据是基础，是基于数字信任的自动化、智能化交互模式，为物流金融的贷前、贷中、贷后的风险管理提供新机制。

物流金融的潜在市场具有上万亿元（以人民币为单位，下同）规模，对于缓解中小企业融资难的问题具有重要意义，依赖金融科技解决融资中的信息不对称和逆向选择等根源性问题，是治标兼治本的根本途径。在以物联网为底层架构的基础上，数字孪生技术的应用将信息集成推到新高度，针对仓单形成所依托的物理实体构建数字孪生体，是仓单融资的创新模式。物流数字孪生是物流系统精准的数字映射，虚拟实体为观察者提供逼近真实的物理实体信息，且虚拟实体与物理实体之间具有动态、精确、实时、双向交互等技术应用特征，从而使金融机构（主要为银行）在物流金融业务中，对借款人信息的获取及甄别从"严重的信息不对称"状态转换到"可信的信号提供"状态。所以，物流数字孪生对于企业及银行等参与主体在金融创新实践中，如何有效解决信息不对称这一根源性问题，具有可行性与合理性。改进信息不对称、提升可信数据对事实的证据力以及构建智能合约的技术自治机制，将为贷前、贷中、贷后风险管理提供新思路、新模式，在资产可视化、智能合约及数据双向交互操作模式下，为诸多金融场景提供风险管理对策。构建物流金融数字孪生体，在一定程度达到物理对象与虚拟模型的协同共生，有助于建立仓单资产从生产、流通、质押到风控的闭环体系，推动仓单融资的全面应用。

我国中小企业长期以来遭遇融资困境，这一问题在疫情全球肆虐的背景下尤为突出，疫情后大多数中小企业仍然承受着巨大的资金流动压力，资金不足已成为企业恢复生产、持续发展的瓶颈。因此，寻找解决中小企业融资限制的有效途径具有重要的现实意义。数字孪生作为一种新兴的数字技术创新及应用焦点，具有不可避免的发展趋势，代表了制造业和流通业数字化的高级形态。与此同时，仓单作为实物交易的主流形式，以仓单形成机制探索基于数字孪生技术的新型仓单融资模式，对探索物流金融数字孪生的理论与实际应用研究，既具有前瞻性的理论价值，又具备现实操作的实践价值。虽然目前资产数字化和资产数字孪生的研究及应用还处于初步探索阶段，但质押融资理论、分离均衡、信号理论、智能合约、物联网等领域已涌现较丰富的成熟研究成果，为本书涉及的研究主题构建理论框架提供坚实的理论依据。

2 基础理论及技术机制

2.1 数字系统与物理系统的交互

2.1.1 数字世界与物理世界

人类早期将世界分为物理世界（客观世界或自然界）与心理世界（自我认知），并在演化过程中通过观察、思考和理解物理世界，逐步建立知识体系来解释和加深对物理世界的认识，进一步在哲学、文化、艺术与科学等领域创造灿烂的文明，对物理世界的理解越来越深刻。

研究者在提出自己的理论时，一般都需要界定表述、研究对象所涉及的范围，即需要区分"世界"这个概念。"世界"极其复杂性，在此将世界进行划分，以界定各学科领域，确定问题的边界与范围。早在我国春秋时期，哲学家老子就提出了二元世界观，即"有"与"无"，或"阴"和"阳"；柏拉图提出具体世界、理念世界和灵魂世界的三分法。在理论界对近代科学哲学的研究中，波普尔提出的"三个世界"理论影响深远，分别是物理世界、精神世界和客观知识世界。理论界对世界的划分，属于形而上的概念，一般很难对命题进行证伪，即具有不可证伪性，所以很难证明该理论的科学性。

近几十年来，随着信息技术的快速发展，特别是互联网的快速普及，推动人类的生存状态发生重大变化。互联网及新一代的信息技术、智能设备，给人类带来一种全新的生存方式，即数字化生存。在全新的现实世界中，人们的日常生活被数字化的平台和智能设备重新塑造，构成了一个虚拟且高度信息化的生存空间，人们主要借助数字技术进行信息交换、沟通、教育和职业活动，这个空间可以被定义为"数字世界"。数字世界与物理世界明确地界定了数字化的边界范围，简单地划分就是"线上"（数字世界）和"线下"（物理世界）。数字世界的存在空间是网络空间（cyberspace），其对人类来说是虚拟的，但客观存在。

数字世界的内容正在不断地扩充并以指数级规模快速增长，新一代的数字技术不断涌现令互联网连接的数字化世界的内容越来越丰富。数字世界对个人、企业和社会的影响程度完全可与物理世界相媲美，甚至在某些方面超过物理世界的重要性。企业作为经济活动的参与主体，存在于物理世界中，既在物理世界进行产品与价值创造，又在虚拟世界与其他主体高频交互，这是企业目前数字化生存的真实写照。

由于企业数字化的具体实践主要是构建数字系统，是数字世界的一部分。所以本书在涉及具体述及的"世界"及"系统"等概念术语时，采用"数字系统"和"物理系统"来表述，以区别"数字世界"和"物理世界"，以突出"系统"与"世界"之间部分与整体的关系。

2.1.2　现实与虚拟的共生模式

数字化生存，无论是个人还是企业，都是现实与虚拟的共生模式，即个人及企业需要同时使用、存在于数字系统和物理系统中。中科院王飞跃教授提出三个世界模型，即现实世界（物理世界）、精神世界、虚拟世界（人工系统）。其中，虚拟世界就是数字世界，也是计算机系统，实质是"人工系统"，是一种"人工的现实"或"人造的世界"，本质上区别于客观存在的现实世界。

数字世界融合了智能算法、计算机视觉、用户界面设计、传感科技，具有高度精确的实时计算能力，可构建出一种沉浸式的数字场景，其作为一种模拟现实，能够精准模拟人类在实体世界的互动行为。数字世界中的数字生态系统源于网络技术的飞跃与人类在网络空间中的新型互动模式，这类系统随着计算机网络技术的发展和人类网络行动的活跃而生成人类交流信息、知识思想和情感的动态网络社会生活空间。三个世界模型示意如图2-1所示。

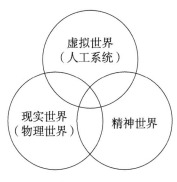

图2-1　三个世界模型示意

现实中的主体，包括个人或组织（包括企业），三个世界模型对于主体具有以下关系。

（一）现实世界是数字世界的客观基础

现实世界是真实的物理世界，是数字世界得以存在及产生的客观基础。数字世界不是凭空产生、任意创造的自由王国，与人类的现实世界具有严格的同构性，现实中的权力、义务与责任，同样对应于虚拟世界中的权力、义务与责任，否则将引起极大混乱。所以，数字世界的规则不像电子游戏那样可以任意制定和执行，必须与现实世界严格对应。虚拟世界之所以能与现实世界互联、互动，是因为数字世界本质上是一种对现实世界的刻画、描述、复制和映射，数字世界虽然在一定程度突破主体在客观世界的局限性，但人类所遵循的法律、商业规则同样需要延伸到虚拟世界中，虚拟世界是受现实世界制约的衍生事物。

（二）数字世界是用来创造价值的世界

从经济的角度看，数字世界是用来创造价值的世界。现实世界的商业活动转移、延伸到数字世界中，商业系统要求严格执行的信用规则、交易规则，在数字世界同样需要严格执行，而不存在另一套数字世界的交易规则。

在数字世界中，地球上任意两个人之间、任何组织之间，都可以进行信息沟通与价值交易，大幅减少了人类在物理世界中沟通与交易的成本，这正是数字世界的卓越性所在。数字系统与物理系统的交互关系，创新交互内容与交互模式，也是数字经济发展的重要内容。

数字化是物理系统和数字系统的进一步交融，将深刻革新所有领域的商业生态。如何创新两个系统在秩序、规则、价值创造上的互联互通，充分发挥数字与物理系统各自的优势，避免两个系统的相互混淆造成负面影响和损失，是数字技术应用于企业数字化需要面对和解决的关键问题。

（三）数字世界与物理世界是平行交互的

数字世界的一部分是物理世界的复制和镜像，但更大部分是人的想象力、规则和逻辑等信息的映射，其目的是改造和完善物理世界中人类的意志，并不完全依附于物理世界，且两个世界交互是双向的、是互动的。人类通过在数字世界的快速创新，不断超越物理世界中人的思维和行动能力的局限性，令数字世界逐步演化成一个崭新的世界。

思考数字系统与物理系统的共生模式，如何将现有物理世界的商业系统构建于数字和物理层面的共生状态，需要寻求、发现支撑新模式的逻辑、理念和准则，并以此为基础，构建能够体现和支撑共生方式的交易机制、技术平台、商业模式和商业规则。

2.1.3　数字系统能获得主导地位吗

在信息化向数字化转型的进程中，数字系统相对于物理系统还是一种从属关系，数字系统主要接收、处理和反馈来自物理系统的各类信息，具有延时性、辅助性等特点。当智能化嵌入数字化进程后，数字系统的主导性功能得到大幅提升，与物理系统保持同步，指挥物理系统的运作，数字系统甚至具有提前预测的功能。数字系统发展到此阶段，不再仅仅是一种辅助功能，而具有部分或全部人工智能化的趋势。数字系统获得相对于物理系统的主导功能，是在智能化时代数字与物理这二者的秩序关系发生根本性转化的标志。

物联网技术对于数字系统的深化起到决定性作用。物理世界的真实可触、直接直观的特点，不仅符合人类的真实体验性，更符合人类的感觉和直觉逻辑。在数字世界中，人类获得信息的质感是非常有限的，数字世界依然远远落后于物理世界。但物联网技术的应用使两个系统的信息质感快速缩小，实时动态、全方位的信息获取，令数字系统发生质的变化。

从以人为中心的功能角度看，数字与物理两个系统都存在不足，将两个系统的优点融合、扬长避短，正是数字化转型要解决的问题。随着新一代数字技术的持续涌现，数字系统的内容和架构得以不断丰富和完善，业界通过业务场景结合数字系统的创新，构建新的业务模型，进一步完善数字系统的规则与秩序，进而弥补物理世界的不足。例如，书面合同是商业系统运作的基本功能，但合同的执行在现实中具有极高的成本和多种不可预见的风险，是物理世界低效性的体现。而构架在区块链技术和电子合同方式之上的智能合约，配合自动存证，结合互联网法院，为合约执行的高效化提供了全新解决方案。智能合约能达到这个效果，其原因是基于数字系统，能将合同的形成与执行架构在高效的数字世界之中来完成。

世界的改变和构建，是基于人类自身特有的想象力来完成的。当人类的想象力置于数字系统中，进而通过数字系统来驱动物理系统，这是智能化的本质内涵。高效率是经济系统追求的目标，将数字与物理系统融合，各自发挥各自的优势，减少摩擦、无缝融合和自由切换，是企业数字化现阶段期望达到的根本目的。这样，当企业的商业和业务场景强调高效率、弱化体验时，采用数字系统来解决问题；当商业和业务场景强调高体验、弱化效率时，切换到以物理世界为主导。

2.2 "想象力-数字系统-物理系统"的平行管理

2.2.1 基于平行系统的管理

人类在各领域的创新都是基于想象力进行的，这在管理领域也不例外。从信息化到数字化，本质上是人类以想象力驱动技术创新，通过数字系统来表达各类行为活动，而这些活动则通过物理系统来执行，这不同于传统的信息化、管理信息系统等信息单向传递模式。数字化是构建双向、平行执行的系统，能将行为特征转化为数据指令，实现指令在数字系统和物理系统之间交互执行。

根据同步性及实时性，可以将交互执行操作划分为两种主要类型：同步并行操作与异步并行操作。同步并行运作的特征表现在数字系统与物理系统的所有或部分单元在时间维度上保持高度一致性，其节奏与反馈呈现高度的同步性，实时且依赖于物理系统的即时度量数据以及其他相关数据流，能动态地影响和驱动数字系统。异步执行操作表现为物理系统在时间维度上与数字系统的不同步，在执行前或执行后才为数字系统提供数据，数字系统的交互运行可以慢于或快于物理系统。例如，在货物入库环节，企业可采用 RFID（Radio Frequency Identification，射频识别）技术实现入库与库存数据的同步变化；而传统的人工操作入库，是入库数小时才将入库单输入信息系统，是异步系统。

平行智能理论的"人工系统+计算实验+并行执行"（Artificial Systems+Computational Experiments+Parallel Execution，ACP）方法，为普遍意义上的数字与物理世界的复杂交互关系提供了基本的规则与框架。ACP 的核心思想在于将人工系统的地位，从辅助的、离线的模式提升到平等、在线的地位，充分发挥人工系统在复杂系统中管理与控制中的作用。

"产品是想象力的实现。"物流系统服务于供应链管理，而供应链管理正是基于理念，甚至价值观的管理实践，对于物流系统输出的指令，很大程度上是管理人员的理解力及创造力产出的结果，所以物流系统本质上执行的是想象力。创造力本身就是对于产品或服务的一种想象，进而通过多种技术和方法把这一设想变成现实。数字系统和物理系统都是以高效率、低成本实现产品生产为目标，本质上两大系统都是在执行供应链管理者的想象力，真正的系统具有将管理者的想象力实现指令化及智能化的功能，进而体现为各类决策、参数、规则和条件。供应链创新能力就是想象力，企业管理者通过数字系统来驱动物理系统的执行，大幅提升产品的产出效率。

在想象力的驱动下，物理系统的预测、控制模块结合数字化逻辑，令传统的系统控制发生根本性的变化，表现为想象力驱动数字系统来获得主体的行为模式和演化规律（预测），建立"并行执行"机制，从而实现智能对物理世界的控制。

2.2.2 人工系统与计算实验

供应链及物流行业通过数字化转型并采用并行体系结构，构建物流实体系统（实体运作）与虚拟数字环境之间的双向互动桥梁。企业运用数字平台进行多元化的算法推演（创新思维实验），动态调整物流操作的决策和管控策略。反之，实体系统的实时反馈数据被用于优化数字模型，使之逐步成为实体运作的精确映射。在数字领域，研究者反复设计和验证无数可复现的算法模型（持续优化想象空间），其结果被实时导入实际运营中，形成同步且高效的并行执行模式。

并行执行模式的优势在于将传统及延迟的模拟过程转变为即时且主动的数字化干预机制。数字系统的角色由此从被动响应提升至主动引导，从静态分析变为动态调整，从离线预测进化为在线实时，甚至能预判未来，从而实现了从辅助到主导的地位转变。数字系统不仅提升了其在决策中的重要性，更在很大程度上取代了人类的创新思维，充分释放数字技术在实际运营管理中的潜力和创造力。

并行执行的应用范围广泛，涵盖了多个关键领域：算法验证、性能评估、动态调控与优化、运营管理决策、虚拟现实模拟与教育训练，以及故障识别与修复。每个任务既各自独立又相互关联，其中算法验证与评估通过数字化平台，为物流系统的实际运行提供了虚拟实验室，对策略和管理方案进行深度模拟和分析，以优化并调整。控制与优化环节则致力实时优化物流操作流程，并对现有控制系统进行迭代升级。管理与决策部分着重于对组织框架、规则和参数的持续优化和调整。仿真与培训功能则通过构建精细的模拟环境，对物流设备、单元及流程进行全方位训练，同时为操作员和管理层提供虚拟实战演练。最后，故障检测与诊断任务利用先进的技术手段，实时监控设备状态，进行预测性维护，确保系统的稳定运行。计算实验流程示意如图 2-2 所示。

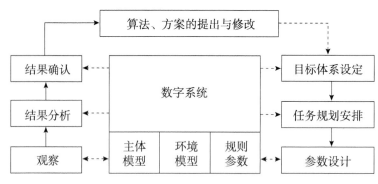

图 2-2　计算实验流程示意

物流系统是多个子系统自下而上、依次逐层形成跨企业、跨流程的高层次多级系统。物流系统虽然是人与机器组成的系统，但不同子系统、不同层次的智能主体行为具有非理性和非线性，难以通过理论分析来获得。而数字系统通过设计算法来验证、模拟或仿真，来观察主体行为的规律性，其运行特征具有直观性。所以，数字系统对于实验结果的处理，不苛求数字系统与物流系统的完全相同或高精度逼真，只要求两者在规模、行为方式和系统特性等方面具有一致性即可。

在基于数字物流监管的物流金融中，通过调研来确定各主体的目标和策略，以及各主体之间、主体与环境之间的交互规则，然后将演化模型转化为 MAS 建模（Multi-Agent System，多智能体系统）；设计计算实验进行空间关联、时序演化仿真，并通过观察仿真过程中主体（贷款人、贷款人、委托代理人）的行为模式及涌现规律来分析演化规律。

对于给定的供应链管理方案（目标），首先进行目标体系设定、任务规定、计划安排以及计算参数，在数字系统中进行仿真，观察计算结果，分析主体行为和对方案效果进行评估，确定实验结果，或修正方案后再进行实验。

2.2.3　并行管理原理与机制

基于复杂性原理，数字系统的算法验证并不要求，也不能完全逼近真实系统，而应将这一并不完全符合设计结构的计算结果当作一种现实，通过加强与实际系统的相互影响来实现平行管理功能。

风险控制始终是金融管理的核心问题，物流金融以风险控制为核心。金融机构面向中小企业的融资业务，其涉及的参与主体众多，制度体系和利益关系结构十分复杂，属于复杂系统，各类参与主体的行为和风险演化具有复杂性。传统金融风险分析以解析和还原方法为主，难以预测复杂系统的主体行为和分析风险的内在演化规律。决策人员动态地根据数字系统的预测结果调整物流系统中的各种机制和策略，从而完成对真实系统的管理和控制。数字系统可以根据物流系统中的要素响应情况，对相关行为和决策信号形成的数据进行算法验证与模拟，并根据计算结果对物流系统的管理和决策人员进行深度学习和模型训练等，进行影响实际决策和政策的制定。上述过程使数字系统得到优化和改进，二者相应地调节各自的管理与控制方式，管理机制真正发挥有效作用，并行管理原理与机制示意如图 2-3 所示。

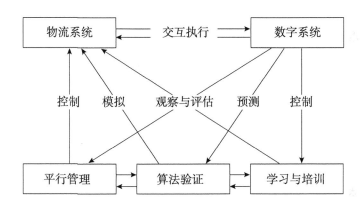

图 2-3　并行管理原理与机制示意

2.3　可信数据

2.3.1　从"立字为据"到"可信数据"

人类各类信用多以契约等书面凭证来表示，所建立起来的信任体系是我们社会能够运营的基础条件。然而，随着数字化转型的推进，虚拟空间中的个体互动及利益交换日益频繁，纸质凭证已不再能满足在数字环境下的信任需求。因此，在线金融或电子商务运营中亟待解决的问题是如何确保在线主体的身份真实无误，并有效保护数字印章的权威性，同时防范契约、信息记录乃至数据的篡改风险，这已经成为数字时代社会运行的新挑战。

近年来数字技术的快速创新，开始推动人类信用体系出现历史性的深度变革。区块链技术的出现，为解决数字时代的信用提供了新方法。区块链技术以创新的集成策略破解了数据隐私难题，有效地运用哈希函数和时间戳，确保每个数据单元的独特标识。其共识机制确保所有交易记录的真实性和一致性，即使在没有第三方介入的情况下，也能实现公正的账本管理，有效地降低了伪造的可能性。同时，借助智能合约这一自动化执行工具，严格遵循预设的业务规则，在数字领域构建了一种坚实的信任机制。

可信数据可以用数据质量维度为标准来衡量，主要包括以下几个标准。

（1）准确性。数据是真实的、可信赖的、无错误的，只能用技术来实现。物联网结合区块链，可以准确地反映、收集和处理不同阶段的数据。

（2）一致性。数据的呈现方式与以往数据相似且兼容。通过人为构建逻辑，按正确、合理的逻辑路径所获得的数据才能达到内容相似，实现数据属性、数据类型的一致化，这可以保证在证明事实时，不会出现矛盾的数据源。

（3）完整性。给定数据集包含了业务逻辑所规定或满足用户需要的所有相关数据，且所有必需的数据属性都可用，不会出现属性缺失。

（4）安全性。系统所收集的不同来源的数据依然非常安全，甚至达到可以保存敏感信息的程度，包括读取、修改、保存以及共享的权限等。

（5）有用性。数据在被处理时，能满足设计的目标。

（6）隐私性。通过对数据应用技术进行隐私处理，保障系统的使用主体严格按照法律规定合法合规地使用数据。

无论是用于监管还是人工智能训练和机器学习，都需要以非常特定的方式格式化数据。对于数据集的形成及处理需要相当精确，因为数据集中如果包含不一致、缺失、无效或在某些情况下算法难以处理的值，算法就无法使用，或产生不准确及误导性的结果。对优质的数据源进行精准获取与预处理会产生干净且准确的数据，能带来更实用、更高价值的预测结果。

区块链技术是数字时代可信数据的基础，数据不可信，那么所有的数字化工作与结果都不可信，所以在构建数字系统方面，必须具有一套严格的信任机制。

2.3.2　可信数据的内涵

可信数据（Trusted Data）的概念具有丰富的内涵，是构建数字世界的重要基础。鉴于数据所蕴含的巨大潜力，其价值日益凸显，受到互联网企业特别是平台型企业的高度关注。研究指出，数据的采集、存储及流动应当在安全且值得信赖的框架下实施，否则将导致巨大风险，而这个框架需要涵盖严谨的身份验证机制、精细的权限管理、稳固的技术设施、定制化的设备配置以及必需的工具支持等多重关键要素。唯有当数据具备精准性、真实性、易获取性、符合法规、保障隐私、完整性、稳定性、安全性以及透明度这些苛刻的标准，才能赋予其"可信"的标签。可信数据有验证事实的证明力，可作为证据，因此具有司法上的证据采信及事实认定作用，在实践中具有重要的应用价值。

数字世界中的全部业务运行，都是基于人对系统的信任为前提，所以需要解决数据的可信性问题。因此，可信数据是数字世界的基础性问题。信息作为一种人造的符号，一方面具有在网络中传递成本极低的优点，另一方面具有极易被篡改且又难以验证的缺陷。实践中，既要保持信息不被篡改的状态，又要有方法来验证接到的信息是没有被篡改的信息，所采用的方法就是提升形成信息的数据源的可信度。

信息是用来表征和证明事实的，而只有可信的数据才能用来表达和证明事实的真实性，所以真实、可信是信息价值的起点。真实是指信息表征、证明事实的强度。数据可信度是对信息真实性的度量，是产生主观真实的基础，即真实的信息是事实成立的基础。可信数据使信息逼近真实，说明信息越能证明事实，就越具有价值。

可信数据的产生机制，主要包括以下四个方面。

（1）数据可靠性。其核心在于数据处理的稳定性，一旦信息被确认，其完整性不容置疑。这超越了传统数据库管理系统和事务管理的基本原则，强调即使面临存储设备故障、网络中断，甚至是恶意篡改的极端情况，系统仍能确保数据的准确无误。

（2）处理可靠性。这涉及双重维度：一是精确的数据处理能力；二是透明的处理追踪和审计机制。前者关乎并发事务的严格控制，确保数据操作的一致性；后者则进一步规定系统不仅要记录数据的最终状态，还需完整保留数据处理的整个流程。对数据处理正确性的要求，是任何现代信息系统不可或缺的基本准则。

（3）透明且可追踪的流程和结果审计。在分布式且信任度存疑的对等网络环境中，数据追踪成为数据治理的关键策略，在科研数据管理和储存方面扮演着核心角色。通过分布式身份验证等先进技术，实施外部访问认证以验证用户访问权限的可靠性，这个策略已被广泛应用于特定应用场景和业务操作中。

（4）全周期可信数据的精细化管理。为了确保始终如一的信任度，必须对数据从生成到应用的全过程进行严格管理。这涵盖了数据的生成、获取、储存、分享、运用以及评估等关键环节，每一个阶段都需确保数据的可信性，为可靠的数据服务提供支持。

2.3.3 可信数据管理

数据采集、数据存储、数据处理、数据共享是可信数据管理的重要功能。数据采集、数据管理涵盖了数据获取、存储、处理与流通等环节，其中强化数据的可信度是前提条件和基础。在整个数据管理流程中，保障数据的真实性至关重要。在这个过程中，数据收集策略经历了革命性的转变，从传统的手工录入逐渐过渡到自动化模式，物联网技术的应用使传感器成为主要的数据搜集者。电子科技领域的创新，如微小化设计、高效传输技术和卫星导航技术的融入，推动了诸如 GPS 追踪器和内置数据传感器的广泛应用。这些技术创新不仅提升了数据采集的效率，还极大地降低了人为错误导致的虚假数据风险。

在数字化时代，随着信息的海量生成，在确保数据在共享过程中存储安全的基础上，提升其信任度成为亟待解决的关键问题。为了构建可信的数据环境或高效的数据库管理系统，必须从三个核心维度强化数据的可靠性：首先，存储的坚韧性（涵盖数据获取）要求系统具备抵御任何潜在威胁的能力，即使面对存储故障、通信中断或恶意攻击，也能保证数据完整性不受损害；其次，数据处理的精确性和可追溯性，包括整个处理流程的透明度和可追踪性；最后，外部访问的验证机制，即严格实施用户身份验证，以保护数据免受未经授权的访问。

2.3.4 可信数据的实现路径

数据的可信度本质上是一个技术驱动的挑战，旨在确保各个阶段数据的可靠性。这要求对一系列环节进行深入而精准地管理，包括对运营环境的保障、政策架构的设定、技术工具的应用以及数据质量的严格把关。建立可信数据的过程应遵循多元化的规则，需要在技术层面上进行全方位的技术集成、系统整合，并对安全性进行严谨评估。具体的技术策略包括运用安全标记系统、部署先进的加密技术，以及提供定制化的硬件支持，以此构筑稳固的数据安全防御网。对数据质量维度的要求聚焦于核心数据管理和元数据管理的严谨性，遵循国际标准化组织（ISO）对于文件管理的权威规定。元数据的品质被视为数据生命线，它必须具备无可置疑的真实性、完备的信息完整性、稳定的可靠性以及随时可访问的易用性，以保证数据的准确性和有效性。在行业中主要应用区块链技术构建可信的数据管理。

（一）区块链技术

区块链技术采用分布式账本，保存在区块链中的信息无法篡改，实现了信息保真机制。区块链技术可以证明文件或通信的存在性、完整性和所有权。信息保真机制是存证功能的核心机制，也是区块链技术的最重要、具有基础性的功能。信息真实性原理示意如图 2-4 所示。

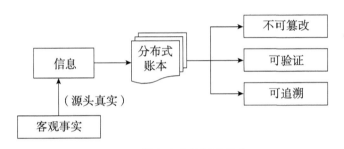

图 2-4　信息真实性原理示意

真实的客观事实（源头）发生后，会形成主观的信息（由观察得到），而信息经过分布式记账后，由于区块存储信息具有不可篡改和可验证性，记账具有可追溯性，进而实现信息保真，这些存证的信息可作为证据，用于证明曾经发生的客观事实。区块存储信息的形成机理可作以下阐释。

（1）源头真实是信息真实性的前提和基础。如果事实不真实，那么相关的信息及证据很可能是故意的、人造的假信息，用以欺骗或掩盖事实真相。所以，源头如果不真实，后面形成的信息无论以何种方式存在，即便是以区块链存证方式存储，都是没有价值的。

（2）传播真实性。由于信息的不可篡改性和可验证性，从而具有传播真实性。信息保存在区块链中，进入人造模式，当以一定的方式进行传播（发送给另一主体）时，要求传播过程在任何环节都不能对信息进行篡改。只有这样才能保证信息的原始性、真实性，而分布式记账实现了传播真实性。

（3）可追溯性。信息经过多次传播后，仍然要能追溯信息的源头及传播的过程，这也是保证信息真实性的重要方法。区块链中的身份验证、链式记账和分布式存取，是实现可追溯的技术方案。

在数字化环境下，信息真实性的识别只能通过技术验证才能实现，而只有确认了信息真实性，或信息足以让人相信的前提下，交易者之间才能形成稳定的共识，从而产生信任而达成交易。

区块链技术只能保证信息在加密以后，不再具有被篡改、丢失的风险。数据、信息在进入区块链之前，如果存在"错误、不真实"，区块链完全不能对这些"错误、不真实"进行检验、排除、监管。所以，区块链技术只能保证记账存证后、信息传递过程中的信息不能篡改，无法保证、区别、鉴别、提高存储之前的信息质量（真实性）。由此，源头信息的真实性仍然需要传统的技术或人工来做保障。总之，区块链技术不是改善、提高信息的真实性，而是维持信息质量的不改变。

（二）分布式账本与可信数据的形成

区块链技术可用于在安全的环境中构建可信的数据管理。区块链具有去中心化、防篡改、不可抵赖等特性。数字化的价值依托信息真实性为基础，所以严格把关源头信息的质量、真实性，与保证信息传递过程中不被篡改同样重要。由此可见，高质量的信息一方面来自对信息真实性、信息质量的严格把关，另一方面是信息以区块链的方式存在于虚拟空间而保持不变（不可篡改）。

数据的原始真实性是构建可信数据体系的根本。一旦源头数据失真，随之而来的信息和证据往往可能是精心伪造的，旨在误导或掩盖事实，其潜在的危害性不容忽视。由此衍生的后续数据，无论其存储形式如何，都将失去可靠性，无法产生有效的协同效应。

数据生成后，在存储和传输等过程的关键环节确保其保真性至关重要。在这一过程中，数据需以特定方式被存储，并通过特定途径无损传播，确保在任何传输阶段，信息的状态和内容均不得更改。通过结合数据采集与分布式账本技术，数据采集结合分布式账本构成"源头真实+存储真实+传播真实"机制，实现可信数据机制。可信数据形成逻辑示意如图 2-5 所示。

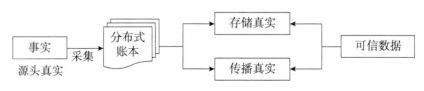

图 2-5　可信数据形成逻辑示意

可信数据的最终目的是证明事实，一方面需要具备真实性，另一方面需要具备证明力，二者缺一不可。如基于物联网智能设备，或采用数据勾稽、大数据、人工智能、边缘计算等方法取证，取得用于记录事实的信息（源头信息），其信息真实性（保证与源头信息完全相同）由加密算法来保证，信息的时序性由区块链指向指针来确定，时间戳记录信息产生的时间。可信数据的构造逻辑是以不可篡改、时间戳（时序性）来保证数据真实性，使数据的传播与存储过程都保证数据不产生变化。因此可以作如下推断。

（1）如果加密的信息有错误，那么错误发生不晚于信息进入系统之前。

（2）加密后的数据是系统中存在的信息，不能否认信息存在这一事实。

（3）区块链技术不对信息的质量负责，信息质量取决于信息获取方式和信息验证技术。

（4）加密的信息表明，事件一定发生于时间戳记录时刻或之前。

2.3.5　数字信任

在农业经济模式下，社会经济中的信任关系主要基于熟人关系、血缘关系等人际信任机制，受到地理区域性和自然属性的制约，而在工业化主导的市场经济下，法制社会及其他制度建立了陌生人之间的信任关系。更进一步，在数字文明时代，数字空间及数字经济中的信任关系依赖于数字信任机制。

数字信任（Digital Trust）是指在依赖可靠数据和应用技术工具的基础上建立的全部或部分信任机制，这种机制具有前沿性及创新性，产生于先进的技术与确凿信息相互作用的虚拟环境中。它打破了常规边界，整合了人际信任、系统信任和技术本身的信任，塑造了数字时代的核心信任框架。在虚拟环境中，数字信任表现为一种由数字技术驱动的个人、企业及政府间的认同机制，它基于数字身份验证和数据分析形成的互动信赖。这种信任并非孤立存在，而是传统人际信任和制度信任的延伸与深化，体现在可靠的数据价值和应用层面。它塑造了个体对技术、设备及平台的信任以及设备间的相互信赖。人们坚信数字世界的软件、硬件与平台具备稳定、安全及高效的特点，在数字化社会背景下，系统构建者依靠坚实的数据基础，借助电子身份和智能设备的中介，构建了一个由数据驱动的信任生态系统。

在信任体系中，所有的在线活动，无论是沟通交流、商务交易、信息查询还是娱乐体验，都以严谨且可验证的数据作为支撑。无论是对于人际互动还是技术应用，信任不再是抽象的概念，而是实实在在地体现在每一段数字连接之中，推动着社会的数字化进程。因此，可信数据不仅是数字信任的基石，更是塑造未来信任模式的关键要素。数字信任是支撑数字空间所有行为的基础，是信任关系更高级的形态，它所带来的效益在于显著降低了在虚拟环境中进行交易的复杂性，从而有效地规避了诺斯理论所揭示的高信任度经济困境——合同执行效率低下和高昂成本，而这些正是过去发展受限和现代发展中经济体滞后的主要症结所在。

数字信任是数字金融的内在引擎。只有建立数字信任体系，才能有效降低融资的服务质量和效率。在供应链金融创新框架中，数字信任扮演着关键角色，它推动着金融活动的全面数字化转型。这种转型不仅提升了数据的透明度，还能精准捕捉供应链系统运作的实时动态以及各环节参与主体的行为数据，通过数字化处理，这些信息被深度解析，进而形成决策制定的基础。参与各方得以遵循明确的规则，做出精准有效的决策，实现业务流程的高效协同。

在构建物流金融的数字信任时，技术对数据的需求体现在以下几个关键点。

（1）时效性至关重要。物流系统需在无延迟状态下获取物流运营及金融活动的即时数据，以防止因信息反馈滞后而产生的机会主义行为和道德风险。

（2）强调透明度。物流系统确保所有的利益相关者都能获取充足信息，对物流运营和金融活动中的一切数据有充分的了解和访问权限，以实现信息对称的合理状态。

（3）关联性是基础。物流系统中运营的各个层面和环节的数据应相互吻合，彼此印证，形成完整的数据链。

（4）可追溯性是必要条件。物流系统要求在整个物流运营和金融活动的生命期内，信息数据都能被有效监控、追踪和管控。

可见，针对物流系统，令可信数据达到上述的信任水平以建立可行的信任机制，需要创新性的技术来实现。

2.4 数据处理技术

2.4.1 计算机视觉技术

（一）计算机视觉的原理

计算机视觉是一门研究如何使机器具有类似人类视觉的感知和理解能力的科学，也是人工智能（AI）的一个领域，能让计算机能够从图像、视频和其他输入中获取信息。它嵌入了 AI 的多元技术体系，旨在赋予计算机解析、解读图像、视频及其他数据源的能力。通过融合摄像技术与精密计算，超越了传统的人类视觉模式，实现了目标识别、追踪和度量的自动化。其核心在于使计算机能够从静态图像、视频流等多元输入中解析信息，模仿人类的视觉感知。计算机视觉采用摄像头和计算设备，执行类似于人眼的识别、追踪和尺寸估算等视觉任务，随后通过图形处理技术优化图像，以生成更便于人类观察或供专业仪器分析的图像内容。计算机通过深度图形处理，将接收到的信息转化为更为直观易懂的形式，以供人类观察或进一步由高端设备进行精确分析。

计算机视觉研究的一个重要目的是利用传统的、以深度学习为基础的算法，对数码影像进行分析，并从中抽取有价值的信息。为达到这一目的，计算机视觉技术采用了一种复杂的算法对图像和视频进行处理。该方法能够实现对目标的检测、文本的识别、运动的跟踪等。其基本功能包括图像分类、目标检测、语义分割、目标跟踪、场景理解等。对于图像的处理，可以分为灰度化、二值化、去噪，特征提取（如边缘提取、角点提取）和特征匹配三个阶段。对机器学习而言，其主要内容包括数据预处理（数据集划分、标记生成等）、模型训练（模型参数选取、模型评价等）。这些技术都是为了使计算机能从图像或多维资料中获得信息，也就是那些能协助计算机做出"决定"的素材。例如，利用计算机视觉技术，能够实现人脸识别、自动检测、导航等一系列的功能。

大卫·马尔（David Marr）提出了一种新的视觉计算理论，将视觉作为一种信息处理体系，将其划分为计算理论、表示与算法以及硬件实施三个层面。在计算机理论层面，研究人员致力对视觉的理解；在表示和运算层面，研究人员要想出一套能够表示输入与输出的方法，才能实现计算理论的目的；在硬件实施层面，将重点研究如何将表示与算法转化为可实施的物理实现。视觉计算理论将视知觉分为以下三个阶段。

（1）早期视觉阶段。视觉感知的早期阶段涵盖了从光线照射到物体，通过眼睛接收并传递至大脑的整个过程。

（2）视觉感知形成物体本征图像。物体本征图像是指在三维空间中，物体表面每个点的颜色、亮度、纹理等属性所构成的图像。形成物体本征图像是指人类通过眼睛接收和分析视像，辨认物象的外貌和所处的空间，以及该物在外形和空间上的改变。在视觉感知过程中，人类的大脑会将物体表面的不同属性组合在一起，形成物体本征图像。这个过程涉及多个环节，包括光线进入眼睛、经过晶状体和玻璃体的折射、投射到视网膜上、光感受器细胞对光信号的转换和传递等。

（3）物体三维模型重构。三维模型的复原技术，其核心在于从多元二维视觉资料或深度映射中重构实体的立体形态。早期的方法倾向于运用单一的二维图片进行输入，旨在揭示空间环境中的三维结构。在深度三维重建路径中，首先对深度数据进行精细的图像优化，包括噪声消除和瑕疵修复，这是提升图像质量的关键环节，随后通过复杂的算法运算，将深度图中的每个像素点映射到全球空间坐标系统中，从而构建起精确的三维模型框架。

在实际应用中，计算机视觉技术主要是利用机器学习与神经网络对计算机进行训练，以便对系统的故障进行实时检测，从而避免对系统运行造成不良影响。常用的应用有人脸识别、目标检测、图像分割、位姿估计、运动追踪等。计算机视觉技术具有以下特征。

（1）自动化程度高。计算机视觉技术能够在不需要人为介入的情况下，实现图像识别、物体检测等多种任务的自动化。这样既能极大地提高生产效率，又能减少劳动力的消耗。

（2）准确性。与人类视觉相比，计算机视觉技术在处理图像信息时更为精确，不会因为疲劳、注意力不集中等因素导致错误。此外，机器视觉能显著提高灰度级，同时可观测微米级的目标。

（3）实时性。计算机视觉技术具备即时处理和解析图像的能力，对于要求迅速反馈的应用场景显得尤为关键。

（4）适应性。在那些对人类操作者来说可能充满风险或者超出人类视觉能力的复杂环境中，计算机视觉往往被用来有效地替代人工视觉功能。

展望未来，涉及重要的应用场景及产业需求，仍有以下较为突出的关键问题有待于进一步应用计算机视觉技术进行深度处理。

（1）图像的模糊与噪声。由于光照、相机、场景等因素的影响，图像中普遍存在模糊点或噪声，这些都将对图像的处理造成很大的影响。

（2）复杂背景下的对象检测与跟踪。在复杂背景下，目标容易受到其他对象的遮挡或角度的影响，使目标的检测与跟踪变得非常困难。

（3）观察角度与比例的改变。观察角度与比例的改变会造成影像中目标形状与尺寸的改变，进而影响目标的辨识与追踪。

（4）图像分割。图像分割就是把图像划分为几个不同的部分，在很多计算机视觉领域已有广泛的应用，但在实践中面临着一个较大挑战就是如何在保证分割精度的前提下，有效地提高分割的效率。

（5）数据规模与计算成本。深度神经网络对训练样本及计算资源（算法、算力、硬件、能源等）要求高，是实时性要求较高的关键技术，尽管发展迅速，但至今还不够成熟。

（6）注意机理仿真模型。建立一种仿人视觉注意机理的仿真模型，以实现对人的视觉注意机理的建模，这是目前机器视觉研究中亟须解决的核心问题。

（二）供应链金融与计算机视觉

计算机视觉技术在供应链运营领域的应用越来越广泛，它为物流和供应链管理提供了一种高效及准确的方法，有助于提高业务效率和降低成本，并进一步应用于供应链金融业务的资产监管环节。在供应链金融中需要对被质押的资产进行动态监管，计算机视觉技术可以通过图像识别技术对货物资产进行自动识别和跟踪，以提高物流效率；通过自动化仓库管理系统，可以快速准确地处理订单和库存信息，从而提高供应链的响应速度和准确性。现阶段，如天猫、京东等电商巨头也在积极布局基于人工智能应用的供应链金融服务，利用大数据、物联网等技术提升供应链金融服务的效率和质量。

大数据技术可以对产业链上下游企业内部管理系统、WMS 系统、TMS 系统、政务系统、互联网、监管设备等多源数据进行元数据管理、主题数据管理、数据标准化、综合分析计算、服务发布等，从而赋能供应链金融业务中存货（仓单）融资业务场景下的仓单数字化与仓单风险控制创新。其中，凭借大数据技术，在仓库管理系统中采用计算机视觉方案可以提高仓库操作的效率和准确性，对存货资产进行大数据监控。

（1）商品的鉴别和归类。应用机器视觉技术，物流企业可对货品的种类、大小及重量进行自动辨识，达到快速、精确的目的，可以有效地改善仓库的运作效率，降低人为误差。

（2）仓储管理。计算机视觉系统能对货架上的货品进行实时监测，保证存货数量的准确性。如果某一货架上的商品数量少于预定的上限，就会提示需要补充新的商品或进行数据追溯。

（3）拣选和分选。在传统物流运营模式人工操作的基础上，提出了一种基于计算机视觉的自动分拣方法，以加快拣货速度，降低劳动力的消耗。

（4）跟踪商品。通过给每件商品贴上一个独特的条码或者射频识别标签，计算机视觉系统能对商品进行实时跟踪，改善商品的可追踪性，保证商品的安全。

（5）对运营过程进行分析和优化。计算机视觉系统能够采集到海量的仓库运行数据，对其进行分析，找出仓库运行过程中存在的瓶颈与问题，对仓库布局、工作流程等进行优化，提升总体运作效率。

（三）计算机视觉技术的应用

除在供应链金融领域外，计算机视觉技术正逐渐应用于医疗、零售、制造业、农业和其他工业领域。

1. 医疗保健领域

（1）医学图像的处理。计算机视觉技术可应用于医学图像的分析，如"脑补"MRI 图像，利用深度学习技术，使医师能对疾病作出更精确的诊断。另外，它还可以应用于对肿瘤、病变等进行检测，例如 X 光片、CT 扫描等医学图像，有助于医师对病变部位进行定位与评价。

（2）自动测试。医疗机构采用计算机视觉技术，可以实现疾病自动诊断，提高工作效率，减少错诊率。比如，皮肤癌的图像可以帮助皮肤病学家作出准确诊断。

（3）智能外科技术。医务人员利用计算机视觉技术，可以使外科手术更加精确；通过计算机视觉技术对术前进行实时分析，有助于医生对术中的病灶进行精确定位。

（4）无人医疗机构。在无人医疗机构，如无人诊疗中心、药房等，计算机视觉技术也得到了广泛应用。在无人医疗机构，通过对患者的面孔、动作等相关信息的识别，系统能够自动地进行挂号和开药。

2. 零售领域

计算机视觉技术可运用于自动贩卖机及自动结账系统中，通过辨识物品与脸孔而达成快速交易。

（1）产品鉴别。利用计算机视觉技术，实现货物的自动识别，省去人工更换标价牌等烦琐低价值的工作。

（2）存货管理。计算机视觉技术能够帮助零售商更好地管理存货，比如通过对货架上图片的分析，判断什么货物的库存比较少，由此分析需求情况，从而做出增加供给或下架该类货物的决策。

（3）自动贩卖机与自动出纳机。运用计算机视觉技术，可自动完成售货及支付。比如，通过对诸如脸部或手掌之类的生物特征的确认，就可以进行付款。

（4）店铺定位。计算机视觉技术也可用来协助顾客在购物中心寻找所需物品，或协助售货员更好地经营店面。

3. 制造业应用

计算机视觉技术可以用于产品质量检测，例如，通过分析生产线上的图像来检测产品是否存在缺陷。此外，还可以用于自动化生产，通过识别工件的位置和视角来完成自动化装配。

（1）智能检测。通过计算机视觉技术，可以实现对产品质量的自动化和高精度的检测。这种技术可以突破人眼的物理限制，实现亚微米级别的检测精度，并在全生命周期内对产品的外形、标签、完整度等进行缺陷检测。

（2）智能制造。新一代智能制造策略融合了人工智能、海量数据处理和物联网的智能元素，形成贯穿产品生命周期的制造体系。它重新定义了制造业的运作模式，实现了从设计到零售的全程无缝对接与动态响应。其中，计算机视觉技术作为当前的热门技术之一，具有高度的灵活性，能适应各种生产环境，在智能制造领域得到广泛的应用。

（3）工业机器视觉系统。工业机器视觉系统主要由硬件设备（光源系统、镜头、摄像机、图像采集卡和视觉处理器）和软件算法（传统的数字图像处理算法和基于深度学习的图像处理算法）两部分构成，其在提升生产灵活性和自动化水平上表现卓越，特别适用于那些对安全有严苛需求或人工视觉难以应对的特殊工作环境。

（4）高端装备制造。计算机视觉技术在高端装备的制造过程中频繁应用于分析推理、判断、思考、决策等环节，推动着整个系统的决策和良性运行。

（5）智能分拣与包装。通过计算机视觉技术自动识别物品的形状、颜色、大小等特征，在制成品产出环节可以实现自动化分拣和包装。此外，还有一些更具针对性的应用，如接线盒自动安装机视觉检测、接线盒激光焊接机视觉检测、串焊机视觉检测、木刀表面缺陷视觉检测、拉链缺陷视觉检测等。

4. 农业应用

计算机视觉技术可以用于病虫害监测，通过分析农田中的图像来检测病虫害是否存在。此外，还可以用于智能灌溉，通过分析土壤的图像来自动调整灌溉量。

（1）农作物生长监测。计算机视觉系统可以使用无人机的反馈来监测农作物的生长模式、干/湿点、特定的水灌模式以及施放化肥和农药的效果。传感器可以提供有关土壤营养、含水量、pH（酸碱性强弱程度）和盐度的数据，通过对这些数据进行分析，可以选择合适的肥料和灌溉模式。

（2）创新智能农业装备。计算机视觉技术在农业生产中的应用不仅提升了劳动效率，还引领了行业转型，显著推进农业现代化的发展步伐，尤其体现在精密农业机械的智能化操作中。

（3）生物防治策略。计算机视觉技术借助集成人工智能的无人机技术，可以实现精准的田间作业，这些技术能确保农药或肥料的均匀施用，有效预判并防止病虫害的滋生。此外，计算机视觉技术的强大功能还在于它能实时监控作物的健康状况，识别出潜在的杂草和害虫威胁。

（4）作物与果蔬分类。计算机视觉技术可以应用于种子和果实分级检测，以及果蔬的分类与分级。

（5）优化农场运营。各类农业企业可运用计算机视觉技术监测农作物生长情况，从而提出提升农作物健康状况、优化农场运营的策略。

2.4.2 隐私计算

（一）隐私计算概述

数据要素市场对于数据融合和隐私保护的双重需求，催生了隐私计算。隐私计算涵盖了从数据源头到最终处置的全链条信息操作，包括生成、储存、处理、运用乃至废弃环节，目标在于实现数据在各个环节中的"可利用而隐匿其形"的理想状态，同时确保数据的隐私性得到严格维护。

隐私计算是一种创新的数据处理框架，其设计初衷在于严格保护个人数据隐私的同时，支持高效的数据分析操作；其核心策略在于允许各个数据持有者在数据保持隐匿的前提下共享、交流信息，进行深度计算和模型构建，从而挖掘出超越单个数据源的潜在价值。

1. 数据采集、存储、使用问题

近年来，在构建数字系统过程中，在数据采集、存储、使用方面仍存在诸多问题，亟待破解。

（1）数据安全问题突出。主要表现在数据泄露和盗用、数据滥用和操纵、数据安全法律法规滞后、缺乏数据安全意识和技能等方面。

（2）对数据保障的法律法规日趋严格。随着数据安全和隐私保护的重要性日益凸显，各国对数据保障的法律法规日趋严格，一些常见的数据安全保障法律法规包括《中华人民共和国个人信息保护法》《中华人民共和国数据安全法》《中华人民共和国电子商务法》以及《促进和规范数据跨境流动规定》得以颁布及实施，但另一方面也阻碍了数据的合理利用及价值变现。

（3）"数据孤岛"现象日趋严重。"数据孤岛"是指在生成、分析和利用数据过程中，因种种因素而产生的非对称和冗余等封闭式或半封闭现象。这主要是因为数据标准不统一、数据接口不开放、数据共享机制不完善，造成了不同部门、业务系统之间的数据不能有效地流动与共享，从而形成了一个个独立的、封闭的数据区域。

2. 医疗体系数据使用分析

以医疗体系中的肿瘤筛查数据为例，第三方机构如需利用筛查数据（敏感数据），则需将其输出到平台外，通过自主研发的肿瘤筛查模型对其进行分析和评价。第三方机构如果需要从医院获得肿瘤筛查数据，医院作为数据提供方必须保证下列事项。

（1）资料安全性。医院必须先保证资料的安全，然后才能把筛选出来的资料送到第三方机构的资料分析界面。这就涉及对数据的加密，从而避免未授权数据的存取和泄露。

（2）资料合规性。在与第三方数据分析机构进行合作时，应遵守国家有关法律法规、政策规定，并签订保密协议、数据使用协议等。

（3）资料质量水平。医院须保证向第三方所提供的资料具有一定的准确性、完整性及可靠性。这就要求医院对资料进行清理及确认，并使整个过程标准化。

（4）资料存取。为了保障患者的隐私权，医院必须对资料进行限制，仅让其存取指定的区位及指定类型的资料。

（5）资料监督与审核。医疗机构须监测及审核第三方资料分析机构之资料存取及使用，以保证其符合法律规定，避免资料被误用或外泄。

（6）合约管理。医院须与第三方资料分析机构签署合约，厘清资料使用范围、时间及收费等事项。

（7）结果反馈。医疗机构应密切注意第三方数据分析小组的研究成果，以更好地理解评估的有效性，并据此制定更好的评估方案。同时，要将筛查的结果及时反馈给患者，增强患者对疾病的认识和参与程度。

3. 隐私计算技术的优势

隐私计算技术作为一种对数据保护的创新性解决方案，合理兼顾数据共享的需求与隐私保护的基本准则，能有效解决基于传统方式的数据共享过程中长期困扰的三大难题。

（1）数据隐私泄露。在传统的数据共享方式中，数据提供方在共享数据的过程中可能会暴露原始数据，导致数据隐私泄露。而隐私计算技术通过应用联邦学习、安全多方计算、机密计算、差分隐私、同态加密等关键技术，确保数据提供方不泄露原始数据。

（2）数据质量难以保证。在传统的数据处理方式中，为了降低数据的敏感性，数据提供方可能会对数据进行筛选或者清洗，导致数据质量的下降。而隐私计算技术可以实现在不移动原始数据的情况下进行数据分析和计算，从而保证数据的完整性和质量。

（3）数据流通受限。在传统的数据流通模式中，由于担心数据的隐私泄露，各方可能对数据的流通和使用存在诸多限制。然而，隐私计算技术能够在保护数据隐私的同时，实现数据的分析和使用，有效释放了数据要素的价值。

（二）隐私计算的技术原理

隐私计算的技术可以分成两类：一类是操作保障类，其核心在于设计出能够确保数据仅在预设目标下执行计算的机制；另一类是结果防护类，旨在防止接收者通过逆向分析揭示原始数据，确保数据使用的隐秘性。这种技术策略着重于通过纯粹的技术手段，实现多方数据的"可用而不可见"，同时实现对数据使用的"受控且可度量"，从根本上消除对个人信任的依赖。此外，它还具备抵御各方潜在风险的能力，有力地维护了国家的数据主权，保护了个人隐私和商业机密，推动了数据的流畅共享和高效利用。

隐私计算的技术架构主要依托于一组精密的加密技术和分布式处理策略，它能够在数据所有者无须揭示原始资料的情况下进行深入的数据分析和操作。一种关键的策略是多方安全计算（MPC），这是一种密码学驱动的创新方法，目标在于构建一个能够保障隐私的加密基础架构。它的核心机制在于应用加密手法和协作规程，允许在加密数据上执行计算，这一过程运用了秘密切分、非故意信息传递、混淆逻辑电路以及同态加密等技术，确保了数据隐私的绝对安全。隐私计算涉及技术包括以下五种。

（1）同态承诺。这是一种密码协议，允许用户提交选定数值而无须公开数值本身，提交后不能更改，且事后可公开验证。

（2）同态加密。每个参与者输入数据并加密后一起发送给服务器。服务器直接在密文上进行计算，然后将结果的密文发送回指定的接收者。接收者解密后得到最终的计算结果。

（3）加密混淆路径。每一个计算单元，即逻辑门，都被实施深度加密并进行随机化排列，其设计目标在于保护原始输入和中间步骤在整个计算流程中的保密性，防止任何未经授权的信息泄露。

（4）零知识证明。这是一种让一个人向另一个人证明一个陈述是正确的，而不透露任何其他信息的技术。

（5）隐蔽协作计算。数据被精确地分割并分别交付给各个独立的参与者，他们各自持有部分信息。这些参与者通过协同工作，执行诸如求和或乘法等复杂运算，但单独的个人并不掌握完整数据。这样做可以保证，即便是一个参与者泄漏了自己掌握的机密，整个结果也不会受到任何影响。隐蔽协作计算将为多方安全计算提供一种新的解决方案，即在不泄露原始数据的前提下，有效地完成指定的计算任务。基于多方安全计算的数据流通产品技术架构示意如图2-6所示。

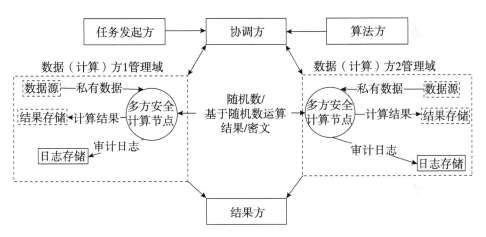

图2-6 基于多方安全计算的数据流通产品技术架构示意

（三）隐私计算的设计特点

隐私计算与传统的大数据平台有显著不同的设计特点。

首先，隐私计算的主要特点包括："数据可用不可见，数据不动模型动""数据可用不可见，数据可控可计量"和"不共享数据，而是共享数据价值"等。这意味着在保护数据本身不对外泄露的前提下，实现数据分析计算的一系列技术路线的统一，可以达到"数据可用不可见"的目的。

其次，在隐私计算存量优化应用场景中主要有三个特点：一是原始数据保护要求较为严格；二是在保护原始数据安全的前提下，通过共享数据ID提高计算效率；三是数据集规模较大。这显示了隐私计算更强调在严格的数据保护下进行高效的计算。

再次，根据数据是否流出、计算方式是否集中来划分，隐私计算可被划分为四个类别，即数据外泄情况下的集中式计算、数据外泄情况下的分布式协作计算、数据保留在本地情况下的分布式协作计算和数据不外泄情况下的集中式计算。这种多元化的计算方式展示了隐私计算的灵活性和广泛性。

最后，隐私计算还在保护隐私信息交换方面有所创新。例如，通过可信第三方可以实现多信息系统之间的隐私信息交换，但交换后的隐私信息的删除权、延伸授权并未解决。采用去第三方的端到端数据流，数据不流出本地库，可以实现对数据的全程控制。

由此可见，隐私计算相比传统的大数据平台，更注重数据的隐私保护和高效利用，同时也提供了较高的灵活性和安全性。

（四）可信执行环境（TEE）

可信执行环境（Trust Execution Environment，TEE）是一种安全的计算环境，它通过硬件隔离和数据加密技术来实现对敏感数据和代码的安全性和隐私性的保护。其核心理念是构建一个独立的、封闭式的数据处理空间，这个空间内的一切操作，包括敏感数据的运算，都严格局限于专有的硬件区域。这个区域具有高度的隔离性，仅允许经过严格授权的接口进行交互，从而有效防止了硬件其他部分对内部信息的未经授权访问。

TEE 的工作原理主要涉及虚拟化技术、内存管理技术和加密技术等。其主要用途包括数字版权管理、移动支付、身份认证等领域。由于其提供的卓越安全性能，TEE 在诸如联邦学习等对安全有严格要求的领域中，也具有广泛的适用性。尽管如此，TEE 仍面临一些挑战，如操作效率低下、开发复杂度高等问题。

TEE 的实现主要依赖于硬件和软件两个方面。

在硬件方面，一般情况下，TEE 使用专用的安全处理器，或者在一般的处理器上添加附加的安全特性。这两种类型的处理器都有各自的存储空间，避免外界对它们的访问或修改。另外，该协议还支持加密、解密以及其他一些安全的运算，以保障用户对机密资料的安全与隐私。安全处理器是一类特殊的硬件，一般嵌入在手机、平板、智能卡等电子产品中，与主机相分离，起到了存储隔离和密码保护的作用。

在软件方面，TEE 的软件实现通常包括操作系统、应用程序和安全协议等组件。其中，操作系统需要提供对 TEE 的支持和管理，如分配内存、管理进程和设备驱动程序等；应用程序需要在 TEE 中运行，并使用 TEE 提供的 API 进行安全计算；安全协议则用于确保 TEE 的安全性和完整性，如数字签名、认证和授权等。基于 TEE 提供的安全环境，TEE 软件能在普通的操作系统之上安全运行，令恶意软件无法获取或篡改 TEE 中的数据和代码。目前，可信执行环境（TEE）的代表性硬件产品主要有 Intel 公司的 SGX（Software Guard Extensions）和 ARM 公司的 Trust Zone 等。这些技术通过在硬件级别提供内存隔离和加密保护来实现对敏感数据的安全性和隐私性的保护。

在实际的应用场景中，TEE 的实施需要综合考虑性能、可扩展性及用户便利性。为进一步提升系统效能，系统构建者可采用缓存管理、预取等优化方法，更进一步，为了增强系统的扩展性，可以采用分布式的 TEE 或者虚拟化等方法。系统构建者还可以通过用户接口、开发工具等来改善系统的使用效率。同时，TEE 还支持各种不同的应用和安全协议，能够满足云计算、移动互联网领域以及对高安全性的需求。它的主要目的是防止未经授权的存取与改动，保障资料的完整性与机密性。可信执行环境示意如图 2-7 所示。

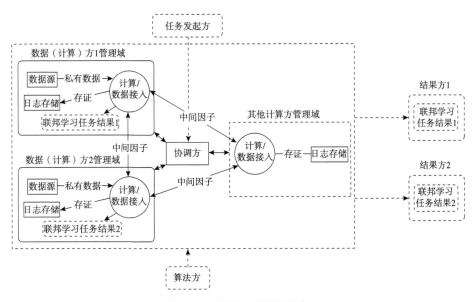

图 2-7　可信执行环境示意

TEE 系统采用了虚拟化、存储管理、加密等多种技术，为了实现系统运行环境的高度安全性，也广泛应用其他技术如 DRM（数字版权管理）、移动支付、身份认证等。同时，TEE 还具有更高的安全性能，因而被广泛应用于某些需要保密的场合，比如联邦学习。但 TEE 在具备诸多优势的同时，也面临着性能运行效率低、开发难度大等突出问题。

在供应链金融领域，TEE 可以用来保障交易信息的安全与隐私。供应链金融业务中存在大量敏感数据，如供应商的财务数据、客户信用等级等，因此必须对其进行严密的保护。TEE 将应用程序与资料隔离在安全区域，以确保程式与资料的机密性与完整性。TEE 可以用来储存和处理事务资料，并保证资料不会被非授权人员存取或篡改。另外，TEE 还能对交易信息进行加密，避免在传递过程中数据被盗取和篡改的风险。

（五）联邦学习技术

联邦学习是一种分布式机器学习技术。2016 年，Google（谷歌公司）提出联邦学习这一分布式机器学习策略，其初期目标是应对 Android 设备上模型更新的挑战。联邦学习的实质是在保证数据隐私安全和合法合规的基础上，实现共同建模，从而提升 AI（人工智能）模型训练的效果。

联合学习最主要的优点是建立一个跨机构协作数据的机制。该方案能够在不进行数据传输的前提下，实现数据生态化，从而提升数据的质量与稳定性。为了达到这个目的，开发者使用一种密码算法，将参与方的数据存储在系统中，并对其进行加密和隔离。

在此基础上，系统开发者提出了基于水平联邦学习、垂直联邦学习、联邦转移学习三种方式。这三种方法虽然各有不同，但都能在提高模型有效性的前提下保证用户的隐私。尽管如此，虽然联合学习具有很多优势，但是它仍然存在一些问题，比如数据的异构性。

在当前数字环境下，联邦学习技术的应用范围广泛，其在行业或产业中的应用案例主要有以下四种。

（1）金融领域。微众银行是中国首家互联网银行，其最主要的产品是在手机微信端深度绑定的微粒贷服务。微众银行人工智能项目组于 2016 年成立，经过近 5 年的技术积累及应用，已经在联邦学习技术的应用领域取得了诸多研究成果，并成功落地。

（2）医疗领域。联邦学习技术可以实现多个机构间构建统一的数据安全、高效、合规的多源数据应用生态系统，实现跨机构的数据共享融合，通过系统扩大样本量、增加数据维度，为大数据应用提供高精度服务。

（3）隐私计算技术。横向联邦学习是比较成熟的技术，Google（谷歌公司）和 Apple（苹果公司）都在其终端手机设备中广泛应用横向联邦学习技术。纵向联邦学习是近年来科技界的研究热点，能够实现多方异构数据情况下的联合建模，所支持的功能和场景也更有想象力。例如，纵向联邦学习能通过分散在多个地点、互相之间不能互通的个人数据，来综合对一个人的年收入情况进行预测。

（4）开源平台。FATE（Federated AI Technology Enabler）是联邦学习开源平台，它提供了一种基于同态加密和安全多方计算的联邦学习基础架构。

另外，各类隐私计算技术都有其适用条件。多方安全计算（MPC）和联邦学习等技术主要适用于数据量较大的场景，而差分隐私则更适用于数据量较小的场景。此外，隐私计算技术的运用也与数据生命周期紧密相关。根据数据生命周期的不同阶段，可以将隐私计算的参与方分为输入方、计算方和结果使用方三个角色。在一般的隐私计算应用中，至少会有两个参与方，部分参与方可能同时扮演两个或两个以上的角色。

同时，隐私计算技术的应用还必须符合相关国家规范。例如，隐私计算可以在符合国家规范的条件下使同业和异业公司组成金融数据联盟，在不泄露各方原始数据的前提下进行分布式模型推演与训练，有效降低多头信贷、欺诈等风险，同时基于风控模型的参数在计算中亦不会暴露，保护了模型提供方的知识产权。

因此，对于隐私计算技术的应用，系统构建者需要综合考虑数据量、数据生命周期以及相关的国家规范等因素，以选择最合适的技术方案。

（六）医疗数据共享中的隐私计算技术

基于数字化医疗的快速发展的大背景，隐私计算技术被广泛应用于医疗数据共享行业中。随着各级医疗机构不断累积大量具有高度隐私性的医疗数据，包括电子病历、健康档案及人口信息等，如何在保护数据拥有方权益和个人隐私的同时，实现这些数据的跨机构、跨地域流通共享，成了一个亟待解决的突出问题。针对这个问题，隐私计算技术开始应用于医疗数据共享场景。目前，隐私计算技术已在医院信息化平台、公共卫生预警系统、新药研发、医保业务系统等多种场景中得到应用实践。

作为一种能够在不泄露真实信息的前提下对医学数据进行分析与处理的方法，隐私计算技术能够在保障病人隐私的前提下，实现跨机构、跨地域的医疗数据的流通与共享，从而提升医疗服务的品质与效率。在医学数据共享领域可以使用以下多种方法实现隐私计算。

（1）密码运算：在资料分析及处理前，先将患者的敏感资料加密。该方案能够有效避免数据的泄露与滥用，但也会降低算法的执行效率。

（2）差分保密：通过在数据的分析与处理过程中增加一些随机噪声，使攻击者难以判断一个具体的用户是否存在于该数据之中。这样既能保证患者的隐私，又能保证资料的有效性与准确性。

（3）安全多方计算：多个参与方共同完成数据分析和处理的过程，每个参与方只拥有自己的本地数据，并通过加密通道进行通信。这种方法可以保证数据的机密性和完整性，但需要协调各方的工作进度和算法设计。

由此，隐私计算技术为医疗数据共享提供了一种可行的解决方案，可以帮助医疗机构更好地利用数据资源，提高医疗服务的质量和效率，同时保护患者的隐私。例如，公共卫生机构能够借助先进的医疗信息系统，对匿名化的个人病历资料进行深度剖析和操控，借此实时追踪新型流感病例的动态趋势。

具体来说，疾控中心利用健康医疗平台的数据挖掘技术，对大量的医疗数据进行分析和挖掘，从而发现流感样病例的趋势和规律。例如，疾控中心可以通过分析患者的就诊时间、就诊科室、就诊原因等信息，来确定哪些人群更容易患上流感。同时，医生们还可以利用机器学习算法，对患者的病历进行分类和预测，以便更准确地识别出流感病例。通过这种方式，疾控中心可以实时监测流感样病例的情况，及时发现疫情变化，并采取相应的防控措施。这对于保护公众健康、预防疾病的传播具有重要意义。

在确保公共卫生安全的前提下，对大多数非聚集性高风险个体，全面公开其个人信息的并不是必要的，这样做可以更好地保护他们在疾病防控中的隐私权。针对已确诊的传染病病例，可以采取更为谨慎的方式，在严格的数据管理框架下，通过对公安数据库中的信息进行深度挖掘，精准定位患者的潜在接触者及其活动轨迹，同时保持个人隐私的严格保护。这有助于及时追踪和隔离潜在的感染者，从而控制疫情的传播。需要注意的是，这种方法需要遵循相关的法律法规和隐私保护原则，确保个人信息的安全和保密。同时，也需要加强对数据的管理和使用，防止滥用和泄露。

（七）隐私计算技术的金融科技功能

金融科技体系的构建依赖于跨机构的数据流通，特别是在风险管理与客户获取方面，隐私计算技术已成为国内隐私技术实践的核心焦点。近年来，全球范围内对数据整合策略的深度布局以及对个人隐私给予前所未有的关切，使隐私计算在金融科技的舞台上扮演至关重要的角色。这项技术有助于解决金融业务对数据的需求与数据隐私保护之间的矛盾，特别是在金融机构的营销、风控和反欺诈三个核心业务场景中，隐私计算技术正在逐步重构银行传统的业务模式。

金融风控是隐私计算技术的重要应用场景。最初的探索开始于金融科技巨头蚂蚁集团与微众银行，但真正的大规模应用是在 2019 年的"净网行动"。目前，这一技术已广泛应用于信贷领域的贷前、贷中和贷后环节，为金融机构提供更为精确和安全的风险评估手段。

现阶段，隐私计算技术在金融数据流通领域也得到了广泛应用。金融机构在与外部数据源合作的过程中，可能面临多方面的风险。首先，数据的质量和准确性是一个关键问题。若数据源提供的数据存在错误或偏差，将直接影响到金融机构的决策和运营；其次，数据的合规性风险也不容忽视。例如，《中华人民共和国个人信息保护法》的新要求限制了二手数据源输出数据的价值和应用范围，对于使用这类数据的金融机构来说，其合规性风险较高；此外，金融机构还需要关注数据的安全性问题，防止数据泄露、篡改或丢失等风险。

综上，金融机构在选择和使用外部数据源时，需要对数据的质量、合规性和安全性进行全面评估，并采取相应的技术和管理措施来降低数据风险。一个重要的方向是基于密文进行数据处理和安全计算，以确保金融机构的核心资产不被泄露。随着金融机构对新兴技术的研究和数字化转型的加速，隐私计算技术已经成为金融科技创新的重要组成部分。

（1）实现数据安全与赋能之间的平衡。隐私计算是一项融合多重创新技术的集成解决方案，包括但不限于安全多方协作、同态加密、差异隐私策略、零知识证明、分散式学习和可信执行环境等核心环节。它遵循数据的"隐匿使用"准则，在确保数据隐私的同时，有效地处理数据共享和应用难题。这种技术组合创新机制能为化解数据利用效率与隐私保护之间的冲突提供关键策略。这不仅有助于推动数字经济的发展，还能够在很大程度上减少因数据泄露带来的风险，更好地保护个人隐私和维护社会安全。

（2）消除共享障碍。隐私计算技术的核心在于实现了数据的独立拥有、管理与应用，它引领了一种全新的"定向数据使用权流转"理念。它的前沿性及创新性表现在"数据虽显而无形，模型随需而动""数据可见度受限，但操作可度量且受控""并非分享数据本身，而是分享数据衍生的价值"。这使隐私计算技术在构建精准反映中小微企业信用的"画像系统"中发挥着重要作用。隐私计算技术可以实现原始数据不出域，做到数据可用不可见，以保护企业的数据安全。同时，它还能引入多维度数据支撑，如行内历史交易数据、原有征信数据以及外部数据源，对小微企业风险进行全方位评估。

（3）风险评估与监控。隐私计算技术可以结合人工智能和大数据技术，形成分行业、分规模的风险评估模型与风险实时监控模型。这在一定程度上解决了小微企业经营数据获取难的问题，增强了金融机构的数据融合应用能力。运用隐私计算技术，金融机构能够自动化地进行客户信贷风险评估。与传统的人工评估方式相比，这不仅提升了信贷审批效率，也增强了风险识别能力。结合财务信息、税务信息、行业信息、企业主信用信息及交易记录等多维度信息，利用领先的算法模型，隐私计算技术能够帮助金融机构实现对中小微企业信用的精准评估。

（八）隐私计算技术赋能供应链金融

现阶段，隐私计算技术已经在供应链金融的多个关键环节展现出强大的影响力，包括普惠金融服务、协同风险控制、定制化营销以及金融监管等。随着数据整合需求的日益增长，其应用范围正在以前所未有的速度向新的领域延伸，如金融产品的定价策略、反洗钱侦查以及运营效率提升等。

1. 隐私计算技术赋能供应链金融

隐私计算技术赋能供应链金融主要体现在以下几个方面。

（1）数据安全性。在供应链金融的融资业务中，交易、物流等敏感信息是其重要组成部分；隐私计算技术是一种有效的方法，它能有效地保护用户的隐私。

（2）信用评价。数字系统通过隐私计算技术，可以评价供应链参与方的信誉，包括供应商、买家、物流企业等；通过对供应链中参与方的资信评价，可以更好地评价供应链中企业所面临的风险，从而更好地提供最适合的金融服务。

（3）风险控制。基于隐私计算技术的供应链财务风险管理是解决这一问题的有效途径；通过对这些数据的分析，银行能够及时地识别出可能存在的风险，从而制定出有效的预防措施。

（4）融资拓展。基于隐私计算技术的供应链融资模式能够有效地提升企业的运行效率，降低企业的运行成本；通过对海量数据的自动处理，使金融机构能够更迅速地完成信贷审批、风险管理等工作，从而使企业获得更方便的金融服务。

（5）客户体验。隐私计算技术可以提高供应链金融服务的客户体验；通过对客户的信用评估和风险管理，金融机构可以为客户提供更加个性化的金融服务，满足客户的多样化需求。

2. 隐私计算技术应用步骤及环节

隐私计算技术为供应链金融业务提供了强大的技术支持，有助于提高供应链金融运营的安全性、效率和客户体验，推动供应链金融行业的发展。另外，科技控货是供应链金融存货融资中有效的风控措施之一，金融机构或供应链运营商基于物联网、区块链、大数据、北斗与 5G 技术，融合物理空间与信息空间的数据，构建"物信合一"的仓单数字信用，提升存货（仓单）融资的信用水平。以下是一些具体的应用步骤及环节。

（1）资料搜集。物流企业和金融机构可以通过供应链管理系统、物联网设备、区块链平台来获得生产经营活动中产生的数据。

（2）资料处理。数据平台利用大数据分析技术，对采集的仓单数据进行深入地挖掘与分析，从中抽取出商品的种类、数量、质量、价格等有价值的信息。

（3）仓单画像。在对数据完成处理的基础上，通过数据分析，建立仓库图像，对每个仓库进行细致描述与归类。仓单画像有助于金融机构了解其特征与价值，进而对其进行更精确的风险评估。

（4）价值评估。通过对仓库图像的分析，数据平台可以给出每个仓库的库存等级。评估的依据主要有仓单的品质、流动性、安全性等。评估的结果有助于金融机构判断是否向银行发放库存贷款，并确定贷款的额度和利率。

（5）智能风险管理。对仓单进行画像与评分，可以对其进行智能化风险管理。比如，对信用等级不高的票据，金融机构可能会增加资金限制，或者增加保证金。对信用等级高的客户，银行可给予贷款利率优惠。

（6）持续优化。数据平台需要定期更新仓单画像和评级，以反映市场和货物的最新变化。同时不断优化数据分析和风险评估的方法，以提高风险控制的准确性和效率。

（九）隐私计算技术助力产业的横向及纵向联合

1. 产业横向联合：区域数据共享平台

通过产业的横向联合建立区域数据共享平台，有助于产融生态圈的构建。信用信息联盟和数据驱动的金融服务模式，是普惠金融数字化转型的重大实践创新。当前，诸如广东"粤信融"和浙江"台州数字金融服务"这样的区域专属服务平台，主要致力于为本地金融机构赋能，通过先进的大数据分析、云计算技术和人工智能，提升风险管理能力、优化运营效率、改进服务品质。这些平台的设计理念往往聚焦于"多元合作、资源共用、集成呈现、惠企利民"的核心策略。

一方面，区域数据共享平台作为信息和业务操作的综合枢纽。其一，平台不仅具备金融机构核心数据的整合能力，还整合了诸如机构搜索、实时排队通知、预约服务、信贷撮合、操作指南、知识普及以及用户反馈等多元化功能，全方位满足金融消费者的日常业务需求；其二，平台通过寻求成为企业的数据科学中枢，高效地汇集并深入挖掘海量信息，为银行业的决策制定提供更为精准的支持，从而大幅提升了服务效能和客户的满意度体验。

另一方面，平台也致力于建立企业级的大数据系统，通过汇聚和深度分析海量信息，为银行业务提供更加精确的决策支持，从而显著提高金融服务的效率和客户体验。

融合隐私保护与分布式账本的创新策略，为区域数据协作和信用联盟构建了一套强大且稳健的技术框架。一方面，隐私计算技术能够在不直接交换数据的情况下实现数据的共享和分析，确保数据在使用过程中的安全性和隐私性。另一方面，区块链技术为数据提供了一个不可篡改、透明且去中心化的存储和共享平台，为数据提供了无法篡改、公开透明且无中心化的存储和流通环境，确保数据的完整性和可信度。

部分政府部门和金融机构开始应用隐私计算技术将加密的数据通过区块链技术进行无缝连接共享，从而打破部门与机构间的壁垒，推动数据的协同互动与高效利用。例如，江西省已依托××科技公司的"区块链+隐私计算技术"数据可信流通方案，成功建设了"江西省安全可信金融大数据共享平台"，实现了省内金融同业数据、省内银政数据、跨省数据等的整合和共享。

此外，为了保障数据的安全性，区域性平台应基于数据的分级分类，建立涵盖"事前""事中""事后"全生命周期的数据安全防护体系。包括在数据采集过程中进行数据脱敏处理、数据传输过程中进行安全检查、数据存储过程中进行数据加密以及在数据使用过程中实施数据检查与隐私保护，进而夯实数字化转型的基础，加速业务模式创新。

2. 产业纵向联合：产融生态联盟

产业的纵向联盟涉及产业链的高度融合，催生了矩阵式金融-产业合作模式，即产融生态联盟。联盟成员涵盖多元化企业及机构，包括政府行政部门、市场领军企业、上下游供应商和消费者，以及物流管理、信用保障和工程监理等专业服务机构，所以联盟的整体实力通常非常雄厚。根据特定的行业融资需求，金融机构积极参与并成为产融生态联盟的重要组成部分。

产融生态联盟借助隐私计算和区块链等先进技术，在保证数据真实性、可靠性的同时，确保了隐私的严格保护，从而实现高效的数据共享和协作，推动企业和金融机构发挥市场主体作用，加快标准体系建设，完善信息披露机制，进而驱动整个联盟生态系统的协同运作。

2.4.3 零知识证明

（一）零知识证明的基本概念

零知识证明（Zero-Knowledge Proof，ZKP）是一种强大的密码学技术，最早由麻省理工学院的研究人员 S. Goldwasser、S. Micali 及 C. Rackoff 在 1985 年的学术论文中提出，这项技术的主要目标是验证信息的真实性，同时确保信息不被泄露。作为一种复杂的技术构型，它主要由三个核心属性构成：有效性、真实性和零知识性。其中，有效性确保了当证明者确实拥有某个命题的准确信息时，他们有能力通过证明过程向验证者展示其数据的精确性，确保信息的真实性；真实性强调了当证明者对所讨论的命题没有确切答案时，他们的任何行为都无法误导验证者，即无法通过虚假陈述来证实错误的数据；零知识性是指验证方在确认了证明方的论断正确后，对于证明过程中的其他信息无所获知。

零知识证明技术体系包括多个分支。最常见的有零知识验证、零知识交换、零知识承诺以及可搜索的零知识证明等。

（1）零知识验证。验证者能够在不获取任何有用信息的情况下，确认某个声明的真实性。这种方法在区块链网络中被广泛应用，可以用于验证交易的合法性，同时确保交易数据的隐私性。

（2）零知识交换。零知识交换是一种允许两位参与者在彼此之间交换信息的技术，但与常规的信息交换不同，它不需要双方共享任何敏感或个人的信息。例如，在一笔交易中，一方可以使用零知识交换向另一方证明自己拥有足够的资金，而无须透露资金的具体细节。

（3）零知识承诺。让承诺者能够向验证者证明其拥有某些特定的信息，但无须真正透露该信息。

（4）可搜索的零知识证明。可搜索的零知识证明是指一种可以在大量数据中寻找特定信息的技术，所有操作都是加密和匿名的，保护了数据的隐私性。

零知识证明在许多领域都有广泛的应用。在供应链管理中，零知识证明可以用于确保数据隐私和完整性，例如，在不泄露商业机密的情况下证明产品的来源和合规性。对于物联网的安全保障来说，零知识证明技术能在设备间的通信方面提供更高的安全性，有效防止恶意攻击和数据泄露。

基于机器学习的隐私保护方法是一个重要的应用研究方向。该方法利用零知识证明方法，使多个主体联合对机器学习模型进行联合训练，而不会造成数据泄漏。另外，在零知识证明应用场景中，版权保护是一个重要的应用，通过对"零知识"的分析，作者能够在不披露作品内容的前提下，证明自己的著作权，有效地防范了盗版和侵权。此外，零知识证明在区块链网络中的认证等方面具有重要的应用价值。

（二）金融壹账通中零知识证明应用

金融壹账通为中国平安集团的联营公司，是一个为全球金融机构提供区块链基础设施服务的平台。该平台构建者开发了一个名为 FiMAX 的区块链解决方案，其核心由 Sparrow、Core、Cathaya 和 Concord 四个功能模块构成。其中，Sparrow 是专门用于提供交互组件功能的模块，它为接入方提供了丰富的区块链交互 API（Application Program Interface，应用程序接口）和分布式节点通信方案，使连接不同的区块链甚至非区块链的平台成为可能。

在实际应用中，FiMAX 采用了一种被称为 3D（三维）零知识算法的技术。3D 零知识算法是将全同态加密和零知识证明这两种密码学领域的技术进行有机结合，可以支持对加密数据的加、减、乘、除四则运算。更重要的是，这种技术能够在数据密文状态下对多个数据进行处理，从而确保数据的安全性和隐私性。此外，金融壹账通通过技术创新，研发出细粒度权限加密与 3D 零知识验证体系。它实现了对数据的精确、按需解密授权，即使在不解密原始信息的情况下，也能进行复杂的加密数据运算和判断。这种先进的加密策略在严格保护数据隐私的同时，推动了数据在跨境贸易中的高效流通，打破了以往的数据孤立状态。通过区块链技术，各参与方能验证并确认经过加密处理的原始数据，进而生成通关所需的必要文件，显著减少了跨境交易的时间成本和经济成本。因此，金融壹账通通过采用零知识证明和相关的密码学技术，不仅提高了数据处理的效率，还极大地保护了用户的数据隐私。其主要应用场景有如下几个。

1. 应用场景一：票据验证

当金融交易涉及多个参与者时，在交易过程中需要仔细区分各种票据和结算账户的真实性。零知识证明技术应用示意如图 2-8 所示。

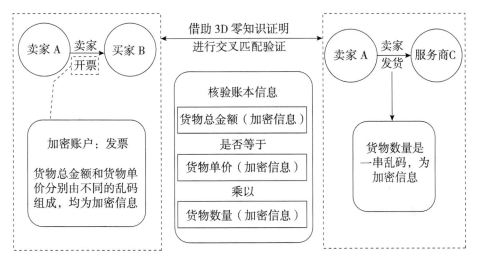

图 2-8 零知识证明技术应用示意

平台构建了一个涉及三方的角色，利用零知识证明技术，各参与者无须暴露具体数据就能验证信息的真实性。在这个场景中，卖家 A 向买家 B 开具发票，其中的商品总价和单价皆以加密形式呈现。接着，A 将商品发送给物流服务商 C，商品的数量同样是加密的。所有这些信息实时更新并全网共享，允许 A、B、C 任何一方使用零知识证明进行互相验证。如果商品总价等于商品单价乘以商品数量，凭证信息就被认为是真实的；否则，可能表明存在计算错误或欺诈行为。这种机制从根本上保证了平台金融交易凭证和结算的可信度，增强了平台对金融参与者和投资者的吸引力，显著提升了其市场竞争力。

零知识证明在票据的认证中有交互和无互动两种情形。在交互方案中，一个验证者必须对每一个验证者进行一次验证。在无互动的情况下，验证者只要建立一个证书，那么所有的人就可以用这个证书去验证。

例如，一张纸币的持有人——Alice 必须向一位认证人——一位银行或者一位金融机构人员 Bob 证明其对这张纸币的所有权。这时，零知识证明就起到了很大的作用：Alice 可以通过给出汇票的某些信息（如金额、出票日期等），让 Bob 既能确定汇票的真伪，又能保护汇票的其他敏感信息。通过这种方式，不仅可以确保票据的真伪，还可以保护 Alice 的隐私权。

2. 应用场景二：广东省中小企业融资服务平台

2020 年，广东省政府为解决广东省内中小企业融资难、融资费用高等问题，成立了"中小企业融资服务平台"。该平台的主要职能是对全省中小企业提供融资及政策支持。通过对各种金融机构的整合，平台可以为中小企业提供多元化的信贷和融资服务，从而满足企业多样化的融资需求。

中小企业融资平台意味着"数字政务"与"金融科技"的深度融合，为破解我国中小企业融资困境开辟新路径。该平台依托全面加密技术，构建了一种"弱中心化"架构，旨在为中小企业创建一个安全且高效率的融资环境，有效应对企业在金融交易及隐私保护上的挑战。此举不仅强化了地方金融监管机构对财务风险的预判与防控，同时也提升了金融管理的效能。在此基础上，平台将进一步推动我国传统产业的优化转型，激发金融机构的科技创新潜力。平台主要解决以下突出问题。

（1）信息非对称性。在传统的贸易金融中，银企双方存在严重的信息不对称问题。由于企业在交易过程中不能及时地向客户提供交易信息，这给银行带来了很大的困难，进而影响了银行的融资决策。

（2）流程烦琐。在传统的贸易融资过程中，合同签订、货物运输、报关等多个方面都依赖于大量的纸张单据和手工操作，造成了整个过程的烦琐和低效。

（3）成本高昂。由于信息不对称和流程烦琐，企业在传统贸易融资业务中需要承担较高的时间成本和人力成本。同时，银行在审核过程中也需要投入大量资源，增加了系统性成本。

（4）风险控制困难。在传统贸易融资业务中，银行难以实时掌握企业的经营状况和市场动态，导致风险控制困难。由于缺乏有效的信用评估体系，银行在审批过程中容易受到欺诈和违约行为的影响。

（5）融资效率低。由于综合性原因，传统贸易融资业务的审批周期较长，企业往往需要等待数周甚至数月才能获得融资。这不仅影响了企业的正常运营，还可能导致企业错失商机。

（6）监管难度大。传统贸易融资业务涉及多个部门和地区，监管部门很难实现全面有效的监管。此外，由于信息不透明，监管部门难以及时发现和处置潜在的风险事件。

（7）糟糕的顾客体验。在传统的贸易金融服务中，企业往往要耗费很多的时间、精力去办理复杂的交易程序。另外，企业在信息不对称的情况下，很难得到银行的个性化服务与支持。

广东省的"中小企业融资平台"是一个"弱中心"结构，它使不同的主体不再依赖于单个中心化组织，而可以自主且无障碍地进入或离开。该体系结构可以减少复杂度、降低风险，增强整体网络的稳定可靠度。平台采用完全加密的方式来保护每个参与者的隐私，对每一笔交易数据都要经过加密，以保证仅有授权的用户可以使用。另外，在复杂算法中使用了多种加密手段，有效地避免数据被泄露和破坏。

当中小企业进入互联网之后，该平台将对其业务特征、财务状况、信用历史等多方面的信息进行全面的评价。在此基础上，平台可以根据用户的需求，为用户提供最合适的理财产品。比如，一个以生产为主业、现金流量稳定、信誉好的公司，平台就会向其推荐低利率信贷产品。如果一个公司刚起步，资金流量不够稳定，但是有一个很有创意的技术或者产品，平台就可以为创业公司提供五笔风险资金或对接一笔天使投资资金。

另外，平台也能随着市场发展及政策的变动，对所推荐的理财公司及理财产品进行即时更新。比如，如果一个国家出台了一项针对中小企业的税收激励措施，平台会根据相关政策向企业推荐一种金融产品。这样，中小企业就能得到更为精准的、个性化的融资服务，极大地提升了融资的效率与成功率，进而增强其融资体验。

3. 应用场景三：区块链跨境供应链商品溯源平台

（1）案例背景：行业及隐私保护痛点。

目前市场虽然已存在不少溯源平台，但能够做到跨境商品追溯的非常少，更缺少全行业的跨境商品溯源平台，其原因是多方面的。一方面，跨境电商供应链的复杂性使得实现全行业覆盖非常困难，不同商品类别、品牌和生产地区可能存在不同的溯源需求和实施难度，需要有针对性的解决方案；另一方面，技术难题也是一个关键因素，例如，如何将芯片、二维码、条码等存储的商品信息与制造商、物流商、平台以及消费者的信息相互连接，同时保证信息的透明性和真实性，这就需要一个能实现全球运营可视化的数字化解决方案。

（2）解决方案：区块链跨境供应链商品溯源平台。

区块链跨境供应链商品溯源平台是一种利用区块链技术和物联网技术实现大规模应用的商品溯源营销服务平台，旨在提升商品追踪的可信度并推动市场增长。通过突破商品信息真实性的瓶颈，平台以强大的营销策略驱动业务的迅猛发展。平台集成了多元化功能，如跨国商品认证、源头真实性验证、产业全程追溯以及食品安全监控，广泛适用于各种类型的全面追溯需求环境。平台将区块链技术应用于溯源行业，为每件商品设定单独的识别码来确立商品身份，结合物联网技术将商品在供应链各环节产生的信息存储于区块链中，实现上链信息无法篡改，以保障企业、消费者和监管部门在追溯商品信息时，查询到的数据真实有效。

此外，区块链跨境供应链商品溯源平台还推动了供应链中各参与主体的高效协同，解决了信息孤岛、信息流转不畅、信息缺乏透明度等长期普遍存在的问题。例如，将商品从原材料采购、加工、生产、质检、物流、经销、零售一直到消费等全流程的信息进行记录，可以有效防止不法商贩利用商品链条中各个环节中的漏洞和信息不对称制造假冒伪劣商品、以次充好的恶性行为，减少给国民经济、产品品牌和消费者造成的损害。

（3）实践案例：天猫国际全链路溯源系统。

目前，已有一些企业对全链路溯源系统进行了尝试。比如天猫国际推出了该系统，借助区块链、动态镭射防伪、动态图像识别等技术，实现了商品采购、物流等信息的全链路溯源。并且，企业计划将这一系统扩展到全球 63 个国家和地区，共 3700 个品类涉及 14500 个海外品牌。此外，一些垂直行业的溯源方案开始逐渐出现，如食品、医药等关乎公众安全的重点行业。然而，构建覆盖全行业的通用跨境商品溯源平台仍面临诸多挑战，包括技术标准的统一、各方利益的协调、数据隐私的保护等问题。

此外，传统的中心化开放式平台由于其数据的存储与处理均由单一的中心化服务器来实现，因此很难保障数据的隐私性和数据主体的控制权。这种集中式的数据存储模式，使其极易被入侵，造成数据泄露。此外，这类平台还要求使用者提供海量的个人资料，用于进行各种交易等。但是，这样做会对使用者的隐私造成损害。另外，对于传统的集中式平台，数据被平台完全控制，使用者不能有效地管理自己的数据。比如，平台可能会在任何时候改变数据的使用条件，或者不经过用户的允许就把数据卖给第三方。

相比之下，基于区块链的去中心化解决方案可以在安全地分享私密信息的同时，保证用户掌控他们的数据。这是因为区块链技术采用了分布式账本的方式，将所有的交易记录都存储在网络上的每个节点中，而不是集中在一个中心化的服务器上。这种方式不仅可以防止数据的篡改，还可以确保用户的隐私得到保护。

（4）项目内容及效果。

系统采用分布式架构，溯源链条上来自不同地域、不同环节的参与方（如原产国生产商、出口国代理商、运输代理、进出口海关等）均通过各自的密钥加密后上链，对上链信息拥有完整的掌控力，解决了各个参与方由于数据安全问题不愿意将数据上链的后顾之忧。在溯源过程中，当一个参与方需要查询某个商品或服务的详细信息时，可以通过系统提供的查询接口输入相关信息（如商品编号、批次号等），系统会根据这些信息在区块链上进行查询，并将查询结果反馈给该参与方。

因为所有的数据都被保存在一个区块链中，而且每一个参与者都有自己的钥匙，所以，只有持有该钥匙的参与者才能对其进行解密和查看。这样不仅可以保障数据的隐私性，也可以保证其不被篡改。

另外，该系统还具备智能合约功能，在满足上述条件的情况下，可以预先设定一定的规则和条件；系统将自动完成相关业务（如自动转账、自动申报等）。该方法能够极大地提高产品溯源的效率，降低人为的干扰。

2.4.4 人工智能与大数据技术

（一）人工智能与大数据技术的基本原理

人工智能（Artificial Intelligence，AI）和大数据是当今科技领域的两个重要概念，其中人工智能是一门新的技术科学，其核心在于探索和设计能模仿、增强及拓展人类智慧的理论、策略、技术和应用平台。人工智能的基础技术涉及机器学习、信息图表、自然语言理解和处理、AI 体系架构、实践应用以及安全防护等方面。

大数据技术涵盖"数据、业务、需求"三者的全面整合策略，涵盖五个关键领域：业务智能解析、数据洞察、信息开采、机器智能以及人工智能技术。大数据是在系统运行的时间范围内使用通常的软件工具捕获和管理的大规模数据集合，可以实现正确的定制和预测。大数据的特性可简单概括为 3V，即海量的数据量（Volume）、多样的数据类型（Variety）以及低价值密度（Value），这使得数据处理极具挑战性。针对大数据的处理技术涉及大规模并行计算数据库、数据挖掘算法、分布式文件系统、分布式数据库、云端运算平台、互联网基础设施以及高度扩展的存储架构。此外，大数据技术还包括数据采集、存储、处理和分析等环节。例如，Hadoop、Spark、Kafka、Sqoop、Flume 等系统就是大数据中常用的技术，它们各自有着独特的原理和应用场景。

（二）人工智能与大数据技术融合

大数据和人工智能的结合具有如下特点。一方面，大数据为人工智能的发展提供了大量的数据支持，为了更好地模仿、扩展人类的智能，人工智能需要海量的数据来进行学习与培训；另一方面，人工智能能够对大数据进行有效处理，并从中挖掘出重要的信息，从而提升对大数据的分析与挖掘效率。

另外，大数据技术和人工智能技术的融合，也极大地促进了社会经济的发展。比如，大数据具备快决策、高精度等优点，而人工智能的广泛应用是基于数据的决策方法、自然语言处理技术、图像识别技术和计算机视觉技术，可以把海量的数据转换成对企业决策有帮助的信息和知识。

近年来，随着金融科技的发展，大数据与人工智能的结合与应用越来越受到各行业的重视。两者结合推动了金融领域的业务创新，为行业带来迅速发展的商机。人工智能与大数据的融合对现代化金融体系产生了深远影响，它们被广泛应用于金融服务全流程的智能化改革中。这种深度融合不仅推动了金融产品创新、流程再造、渠道融合和服务升级，还拓展了金融服务的广度和深度。

在金融业，人工智能已广泛运用于客户服务、产品创新、运营管理、风险防控等诸多领域。比如，通过对大数据进行深度学习与训练，可以对市场趋势进行预测，识别异常的交易规律，从而实现最优的投资决策。另外，云计算、区块链等新一代信息技术与人工智能、大数据等技术相结合，可以建立一个集成的体系，使金融服务更加智能化、个性化和定制化。具体表现在以下几个方面。

（1）金融机构的风险控制。人工智能技术能够通过对海量数据的分析，对可能存在的风险进行预警，从而为金融机构提供有效的风险管理和降低损失。

（2）个性化服务。大数据系统能够基于用户的交易记录、消费习惯等数据，在人工智能的强大算法推动下，对用户进行更有针对性的产品推荐。

（3）智能化投资。通过运用大数据、人工智能等手段，金融机构能够对市场走势进行准确的预测，从而给投资者更好的投资决策。

（4）防止舞弊行为。人工智能技术能够辅助金融机构发现异常的交易规律，并对其进行预警和防范。

（5）自动操作。从客服到后勤操作，人工智能都能极大地提升工作效率和节约成本。

（6）对市场的预估。人工智能能够通过对海量数据进行实时分析，为金融机构做出更为精确的市场预测，从而更好地进行投资决策。

（7）客户关系管理。人工智能可以帮助金融机构更好地理解客户的需求和期望，从而提高客户满意度和忠诚度。

然而，人工智能与大数据的融合仍面临现实挑战，尤其是在数据隐私的保护层面。在金融领域，海量的数据交互涉及客户的信用评级、财务资产深度以及敏感的个人资料，这提出了一个亟待解决的双重难题——如何在严格遵守法规的同时，有效推动这些数据的整合与运用。因此，未来的金融行业发展需要在推动数字化转型的同时，兼顾数据的安全性和合规性。

（三）基于大数据构建用户群体画像

群体画像是通过对用户数据的分析，找出具有相似特征的用户群体，并将这些群体组织成一个虚拟整体。这种基于相似性原理的分组方法可以帮助企业更好地理解其用户群体的需求和行为模式，进而制定更有效的产品策略和营销策略。尽管群体内的用户共享某些特性，但他们之间也存在微妙的区别。因此，群体画像实际上是从单一维度的用户数据出发，通过多元的数据分析技术，提炼出高维度且标签化的用户形象描述。

系统运用大数据技术执行数据的采集、整合、解析与应用，以此构建精确的用户群体画像，进而优化供应链下游的销售管理。首先，系统多渠道获取大量用户信息，涵盖购物历史、浏览轨迹、搜索查询及社交媒体活动等多元数据；其次，借助大数据技术对原始数据进行预处理，去除冗余、错误和无关的数据。再次，系统运用聚类分析、关联规则探索、决策树等复杂的数据分析方法，对净化后的数据进行深度挖掘。这些步骤使系统能够将具有相似行为模式和需求的用户进行有效分组；最后，构建用户模型。依据不同的用户群体，模型能详细描绘包括基本属性（如年龄、性别、职业）、行为特性（购买习惯、浏览偏好等）以及心理特质（价值观、生活方式等）在内的全方位用户画像。

针对供应链业务中各个参与者，可通过大数据技术设计出适合其演化特征的"画像"标签，主要包括以下几种"画像"标签。

（1）基础资料：包含厂商名称、类型（供应商、生产商、分销商等）、规模、地点等。

（2）经营能力：主要是指参加企业的生产能力、技术水平、产品质量、交货期等。

（3）信用状况：主要是指参与方的资信情况、财务状况、违约情况等。

（4）合作历程：包括合作次数、合作时间、合作成效等。

（5）社会责任：主要有环境保护政策、员工福利、公益慈善等。

（6）创新能力：由参与机构的技术研发能力、商业创新能力、产品创新能力等构成。

依据上述指标特性，供应链管理者能够构建一系列描绘角色的标签，如"卓越供应商""技术创新供应商"和"信誉卓著的分销商"等。借助这些标签，企业能更精确地洞察各合作方的独特优势，进而作出更为精准的采购决策，筛选更适合的合作伙伴。

（四）小数据的内涵与功能

"小数据"作为一个概念，其定义由两部分组成。从量化的角度来看，小数据在数量上是小的数据集；小数据易于理解且具有直接可操作性，即不需要依赖复杂的系统或机器计算，人们可以容易地访问并基于这些信息采取行动或做出决策。"小数据"往往与特定的业务场景关联，数据结构化程度比较高，数据的含义具有可解释性（数据内部包含大量因果关系）。不仅包括经常影响当前决策的小数据集，这些数据集通常足够小，足以让人们在数量和形式上理解，还会对短期和当前决策产生更大的影响。

"小数据"更关注的是在具体的商业场景中，具有一定的结构和容易理解的数据，从而为短期的决定提供支持。"小数据"模型在供应链融资中具有显著的重要性，该模型着重研究了在供应链中的各个环节，如商品流量、交易明细、信用记录等。例如，在供应链融资领域占有很大份额的应收账款模式，供货商向金融机构转移其应收账款，以获取资金支持，这就是小数据的价值所在。又如，供应商的信用记录、历史交易等，这些都是小型数据。所以，"小数据"已成为银行向企业提供更多信贷额度的信息基础。

总体而言，金融机构通过对供应链"小数据"的挖掘与分析，能够更好地理解供应链上、下游企业的经营情况及信用等级，从而为其提供更为个性化、精细化的金融服务。

（五）小数据的获取

用户小数据，也被称为微观数据或个体数据，是个体使用者的具体购买行动、商品喜好及需求的独立资料。其中包含了用户的购物记录、浏览记录、搜索请求、社会媒体事件等。商家如需要对用户进行准确分类，必须以获得用户个人信息为前提，以期进行个性化的服务和产品。同时，用户小数据也能帮助商家更好地了解市场动向和消费行为。通过对海量的用户小数据的分析与挖掘，企业能够了解到顾客的消费习惯、偏好与需求的改变，进而对自身的营销战略与产品发展进行调整。

用户小数据主要来源于他们的积极互动行为，包括他们在社交媒体平台分享的内容、电子商务网站的购物历史，以及在搜索引擎进行的查询记录，这些数据可以直接反映用户的兴趣偏好、消费习惯等。行为感知数据则是通过收集和分析用户在使用产品或服务过程中的行为数据来获取的，如用户在应用中停留的时间、点击的频率、浏览的页面等。这些数据可以反映用户的使用习惯、活跃时间等信息。

深入探究和解析这些多元数据，企业能够精细把握消费者的动态和偏好，借此推动定制化的产品创新和精细化的服务模式，从而显著提升用户的互动体验和满足感。同时，这也为企业的市场定位和营销策略构建提供了强有力的数据支持。

至于小数据的获取和处理，通常依赖于用户行为特征的智能聚类模型，该过程划分为三个核心环节：细致的分类（层级）、海量信息的整合（生产）、提炼关键信息（权重分配）。

首先，需要确定标签的层级。这是因为不同的企业做用户画像有不同的战略目的，梳理出清晰的层级有助于设计小数据系统架构。

其次，进行标签的生产。这个过程通常包括收集和分析用户的各类数据，如属性、偏好、生活习惯和行为等。这些数据可以来自用户的购买历史、浏览记录、搜索查询、社交媒体活动等。通过对这些数据的深度挖掘和分析，企业可以抽象得出具体的标签。

最后，提炼关键信息以进行赋权。这就要求对标记进行分类，常用的标记有统计标记、规则标记和机器学习标记。对不同类别的标记赋予不同的权值，能够更准确地刻画出使用者的特性与行为。

在此过程中，虽然企业可以通过对海量用户小数据的采集与分析，掌握用户的特点与行为，但在采集与利用此类数据时，也要遵循相关法律、法规，保护用户隐私。

（六）基于"大数据+小数据"的中小企业融资画像

财务运作的根本机理在于消除金融资金供求双方的信息不对称、构建诚信关系、遏制逆向选择与道德风险、确保交易安全。而以"大数据+小数据"为基础的中小企业融资画像，是对海量企业（大数据）与小规模个人（小数据）的采集与分析，构建全面、精准的中小企业及个人金融画像。通过融资画像，金融机构可以对融资对象的经营情况、信用风险等进行全面了解，为其提供更加准确和有效的金融服务。其中，以大数据为基础，利用机器学习技术对顾客的消费行为进行研究是其中的一个重要环节。企业通过对用户数据的挖掘与分析，可以揭示出用户的行为规则、信贷风险以及其他相关的要素，从而构建出顾客的信用画像。

信用分析是一种全面的关于用户信用状况的描述，依此可创新多种信贷管理模式。同时，信用分析也能协助金融机构发现可能存在的诈骗活动及洗钱风险，通过实时监测与分析顾客的行为特征，使金融机构能够及时地察觉到不寻常的交易或异常情况，并据此采取相应的预防措施。

因此，在金融科技的支持下，基于大数据和机器学习进行用户行为模式分析已经成为建立信任关系的重要手段。通过对用户信用画像的建立和完善，金融机构可以为用户提供更加精准、安全、便捷的金融服务，同时也有助于降低自身的风险水平。

（七）智慧供应链金融用户画像的应用

智慧供应链并非传统意义上的供应链管理，它是一种前沿的商业实践，融合了物联网的前沿科技与深度应用的供应链策略。它超越了传统的商流、信息流、物流和资金流的界限，构建起一个高度一体化的运作系统。这个系统的核心优势在于其深刻的科技内涵，包括但不限于高度的信息化处理能力、全面的数字化转型、广泛的网络连接、整体的系统设计、智能化决策支持、灵活的适应性、即时的响应速度、全面的信息透明度以及自动化的工作流程。这种新型模式能显著提升企业的内部运作效率和外部竞争力。与传统供应链相比，智慧供应链技术的渗透性更强，能够更好地应对市场变化和用户需求。

智能供应链金融用户画像就是从用户的数据中挖掘出用户的需求、行为特点以及潜在的价值。在供应链金融中，通过对用户进行分析，可以使企业更好地为用户提供服务，从而提升企业的经营效率和利润。一个典型的基于智能供应链金融的用户画像具有以下价值。

（1）精准营销。通过对用户画像进行分析，使金融机构能够更加精确地理解用户的需要与喜好，进而制订更加有针对性的市场营销战略。比如，为不同行业、地理位置、规模的公司制订个性化的金融服务计划。

（2）信用风险管理。用户画像有助于金融机构对其信贷风险进行更为精确的评价。通过分析用户的交易记录、财务状况、行业背景等资料，可以使金融机构更好地了解用户的偿还能力和还款意愿，进而减少信用风险。

（3）产品创新。通过对用户特征的分析，金融机构可以更好地挖掘出市场中未被满足的需要，进而开发出更多具有创新性的金融产品与服务。比如，为满足中小企业在供应链金融服务方面的需求，金融机构可以设计出柔性的融资产品以及便利快捷的网上业务流程。

（4）优化用户服务。通过对用户的分析，可以帮助银行更好地理解用户的需要与满足，进而对用户服务过程进行优化。比如，对用户进行个性化的辅导，提升用户的满意程度及忠诚度。

（5）拓展合作者。金融机构通过对用户特征的分析，可以帮助企业找到潜在的合作伙伴，进而达到资源共享、商业扩展的目的。比如，金融机构通过与物流企业和电商平台的合作，实现对供应链企业的融资支持。

（6）管理的合规性。用户特征分析有助于金融机构更好地满足监管需求，保证交易符合法律法规。比如，金融机构可以通过认证和监测顾客的身份资料，预防洗钱和恐怖融资等。

综上，对智能供应链金融用户进行画像研究，可以帮助金融机构更好地理解用户的需要，在减少风险的前提下，提升企业的经营效率与利润。随着大数据、人工智能等技术的不断发展，供应链金融中的用户画像技术必将得到更多、更深地应用。

2.4.5　区块链技术

（一）区块链技术概念及特点

区块链技术（Blockchain）是一种颠覆性技术，同时也是一种块链式存储、不可篡改、安全可信的去中心化分布式账本。该技术的起源可追溯至1991年，当时由一群研究者提出，旨在通过时间戳为数字文档提供防篡改证明。区块链综合了分布式存储、点对点传输、共识机制、密码学等技术。这种技术具有改变世界的潜力，被寄予厚望，产业界认为它有可能成为继蒸汽机、电力、信息技术和互联网之后，引领全球第五次工业革命的关键力量。

区块链技术革新了企业网络内的信息共享机制，通过将数据封装在独立的区块中，并串联成一个连续的链式结构，构建数据库。一旦信息被写入区块链，除非获得网络共识，否则不能删除或修改信息。因此，区块链技术具有高度的安全性和可靠性。现阶段，区块链被广泛应用于金融、物流、医疗、知识产权等领域。作为一项先进的数据库解决方案，区块链技术具有去中心化分布、不可篡改性、安全可靠性和可追溯性的特点。

（1）去中心化分布。区块链颠覆了传统依赖中心化第三方的模式，实现了节点间直接交互和协同。在区块链构建的网络中，不存在任何一个中心点能够掌控全部信息的情况，因此即使有个别节点出现故障，整个系统的运行也不会受到影响。

（2）不可篡改性。区块链凭借加密手段确保数据的验证与安全存储，并通过分布式一致性协议处理数据的添加和修改，确保了信息的不可篡改性。

（3）安全可靠性。各类数字系统应用区块链技术，通过不断增长的数据块链记录交易和信息，确保数据的安全和透明性。

（4）可追溯性。系统中所有的交易记录都是公开的，并且企业可以通过公开的接口查询区块数据，从而实现交易的全程可追溯性。

（二）区块链技术的发展历程

区块链 1.0 是以比特币为代表的虚拟货币时代，主要具备去中心化的数字货币交易支付功能，更多起到一种分布式记账的作用，典型的虚拟货币有 BTC、Ripple、BCH、莱特币等。此阶段的区块链技术主要被用于转账、汇款和数字化支付相关的密码学货币应用，能够实现可编程货币，起到推动金融市场演化的作用。

区块链 2.0 阶段是在区块链 1.0 阶段的基础上发展起来的，这个阶段的重大突破是引入了智能合约的概念，允许在区块链上编写和执行自动化的合同。智能合约的最大特点就是支持所有人在块链上编写自动化合同，并以代码形式定义一系列的承诺条款。一旦条件达成，这个系统会自动执行合同中约定的条款，没有人能够阻止它的运行。此阶段的代表性应用是"以太坊"，它是一个全球性的大规模协作网络，任何人都可以在以太坊平台上进行运算及开发应用层。

智能合约和分布式记账技术的结合可以实现更加强大和多样化的应用场景。智能合约可以用于分布式记账中的交易和规则执行，实现更加安全、透明和自动化的应用。以金融行业为例，智能合约的应用能自动化进行复杂操作，比如衍生品交易、数字货币兑换等，显著减少了人为错误和中介环节，极大地提高了运营效率并节省成本。另外，智能合约在分布式应用中也扮演着关键角色，它强化了权限控制，优化了数据存取和共享流程，实现了在信息时代真正的资源共享。在供应链管理中，智能合约可以自动执行合同条款，确保供应链运营环节数据的准确性和一致性，从而提高供应链管理的效率和可靠性。智能合约对于技术治理创新意义重大，合约执行的自动化、极低的执行成本可解决现实中合约执行难的顽疾，将影响众多产业的商业模式。

在区块链2.0阶段，区块链技术从最初的货币体系拓展到金融的其他应用领域，如股票、债券、期货、贷款、抵押、产权等，这为传统金融行业带来了颠覆性创新。此外，除了构建货币体系之外，区块链在泛金融领域也有众多应用场景。得益于其内在的可编程特性，智能合约成为一种创新手段，被嵌入区块链系统中，催生了全新的"可编程金融"机制，极大地丰富了金融领域的创新。

（三）区块链技术赋能供应链金融

区块链技术赋能是指将区块链技术应用于各个领域，为这些领域带来新的机遇和创新。在金融行业，区块链的应用涵盖了数字资产、支付处理、股票交易以及保险等多个方面，有效提升了交易流程的速度和安全性。供应链金融同样受益于这一技术，主要体现在如下四个方面。

（1）增强供应链融资信息的透明度与可信性。供应链的核心企业、上下游企业及银行等金融机构共同协作建立供应链平台。在此机制下，有融资需求的企业可依据自身财务状况，向金融机构申请相应的信贷额度；金融机构则能对这些企业的信用状况进行核查，基于其实际运营状态提供贷款服务，并将相关交易信息录入区块链系统。利用这种方式，区块链技术被用于详尽记录并验证供应链全过程中的一切交易和信息，确保数据的真实性和完整性。这一举措不仅降低了企业欺诈和错误的可能性，还显著提升了企业的透明度和信誉水平。

（2）供应链金融风险管理的优化提升。区块链技术能够对供应链中的物流、库存等信息进行实时监测与跟踪，从而能够及时地发现潜在的风险并提前预防。另外，区块链技术还能使智能合同的执行自动化，降低人为控制风险带来的不确定性。

（3）减少供应链融资成本，提升供应链融资效率。区块链是一种新型的分布式支付方式，它能有效地解决传统金融机构所带来的各种问题。同时，利用区块链技术，可以对电子信用票据的开立、拆分、转让、融资管理、兑付结算等进行可信分享与监督追溯。这样既能减少金融机构的管制费用，又能从根本上缓解小微企业的"融资难"问题。

（4）推动绿色供应链金融发展。区块链技术可以打破以单个供应链核心企业为中心的授信模式，建立以交易背景本身真实性、可靠性为基础的授信模式，为产业链的绿色发展提供了更加便捷高效的融资平台。

（四）区块链技术赋能中小企业融资服务

中小企业融资服务是区块链技术的重要应用场景。传统的中小企业融资模式存在很多问题，如信用评估难度大、贷款审批流程烦琐、信息不透明等。而区块链技术可以解决这些问题，提高融资效率和透明度。

首先，区块链技术能使信用的分散评价成为可能。金融平台以区块链技术为基础，以区块链方式记录企业的信用信息，在平台内可以达到共享与验证数据的目的。

其次，区块链技术可以使智能合约能够自动化地实施。智能合约是一种能够在满足一定条件的情况下自动执行的代码契约。针对中小企业，利用智能合约实现还款计划、利率计算等，可以降低人为干扰、降低出错的概率。

最后，区块链技术可以提高融资过程的透明度和安全性。由于区块链上的数据不可篡改且公开可查，金融机构可以更加信任中小企业的融资申请，提高了融资成功率。同时，区块链还可以防止恶意攻击和欺诈行为的发生，保障了融资过程的安全性。

以应收账款凭证为研究对象，利用核心企业的集成供应链管理系统，在现实中实现了即时的数字化权益认证，显著地消除了传统方式中权益确认的滞后问题。具体来说，当应收账款产生时，核心企业的 ERP 系统会将相关数据上传到区块链上，并生成相应的智能合约。这些智能合约可以自动执行约定的还款条件和利息计算规则，确保应收账款的及时回收和结算。

此外，利用区块链技术，也可以对应收账款进行确认与转移。比如，企业要把自己的应收账款转移到其他公司，就可以用区块链把这个过程记录下来，然后把有关的信息写进智能合约里。通过这种方式，既能保证企业应收账款的真实、有效，又能提高交易的效率与安全。

（五）区块链技术存在的问题

尽管区块链技术展现出诸多优势，然而在实际应用中也面临一系列挑战。

（1）共识机制的脆弱性。分布式共识机制作为区块链技术应用的核心组成模块，通过如工作量证明（Proof of Work，PoW）和权益证明（Proof of Stake，PoS），形成在节点间的信息共享构建互信。然而，这种共识机制并非无懈可击，攻击者有可能利用超过系统总容量51%的计算资源，执行所谓的"51%攻击"，从而篡改交易记录，这对系统的安全性与稳定性构成严重威胁。

（2）技术脆弱性和隐私保护问题。除了本身的技术脆弱性外，区块链技术其异构多链的跨链体系、链上链下协同技术、隐私密码技术等仍有待发展。特别是在当前的金融应用中，如何在保护用户隐私的同时实现有效地监管仍是一个重要课题。

（3）区块链的可扩展性。首先，随着时间推移，区块的数量持续增加，这导致每个区块存储的数据逐渐减少，对区块链的连续发展构成制约；其次，数据占用空间的扩大会影响到区块链信息传输速率；最后，共识算法如 PoW 的确认时间较长，进一步降低了效率。此外，目前尚未实现区块链技术的大规模应用，尤其在共识机制、智能合约等底层技术上，使用者往往缺乏自主产权。

（4）应用局限及法律环境。区块链的优势使其在特定场景中展现出潜力，但其应用深度依赖于与实际情境的深度融合。然而，由于监管体系的不完善以及治理体系的不确定性，尽管区块链前景广阔，但仍面临诸多现实挑战需妥善应对。

（5）运行效率问题。尽管区块链技术具有众多优点，如数据透明、防篡改、多方可验证等，但对于一些数据量大、运行频率高的业务如金融业务频繁的交易需求，目前的区块链技术还无法完全满足。

（6）标准化问题。目前，区块链行业尚未形成统一的标准，这给区块链技术的应用和推广带来了一定的困难。

2.5　数字孪生技术

作为催化第四次工业革命的关键通用技术，数字孪生技术通过推动物理世界与虚拟世界深度交融，利用先进的智能计算方法，有效实现了以数据为基础的运行监管和效率提升。此外，它还助力了新产品的创新设计和增值服务的革新，以及为价值创新提供新方法、新途径和新模式，驱动制造业向更高层次的自动化、信息化及智能化转型。在国内，数字孪生技术提升了数字化制造的水平，成为智能制造领域热度最高、讨论最多的新兴方向，在智能制造的发展前景中起着举足轻重的作用。

数字孪生技术构建一个超越物理世界的镜像，通过综合运用物理模型、传感器数据、历史记录分析等信息，整合了跨学科、多物理变量、多尺度、多可能性的模拟过程。这种映射在虚拟环境中得以实现，旨在对实际制造体系和流程进行仿真、预判和最优化。

2.5.1　数字孪生技术的概念及其发展

数字孪生技术的雏形可追溯至 20 世纪 60 年代，期间随着计算机辅助设计（CAD）和计算机辅助工程（CAE）等先进计算机技术的兴起，为模型构建和模拟仿真奠定了基础。然而，关于数字孪生技术的正式定义，学术界通常将其归功于美国密歇根大学的 Michael Grieves 教授，他在 2002 年的产品全生命周期管理课程中提出了一个创新性理念"物理实体的精确虚拟映射"，这被视为对数字孪生理念的初次阐述。从 2003 年到 2010 年，这一概念经历了数次演变，先后被称为"镜像空间模型"和"信息镜像空间模型"。真正赋予数字孪生名称的转折点出现在 2011 年，NASA（美国国家航空航天局）的两位专家 Michael Grieves 和 John Vickers 在其权威白皮书中正式引入了"数字孪生"这一术语，并自此成为行业共识。自那以后，数字孪生技术进入了快速发展阶段，尤其在那些失败成本高昂的领域，如军事、航空航天和制造业等领域率先得到广泛应用。

一方面，例如 NASA 和美国空军研究实验室合作并共同提出了未来飞行器的数字孪生体，用于飞行器、飞行系统或运载火箭等高价值设备的研究。数字孪生技术涵盖了多个维度，它是通过整合物理原理、实时传感器数据以及过往操作记录，构建一个复杂的多学科、多层次的仿真平台。根据 NASA 的阐述，这个平台旨在精确反映航空器的实际运行情况，就像一个虚拟的"镜像"，捕捉并映射实体设备在现实世界的状态。

另一方面，产品数字孪生技术则更侧重于实物的数字化表达。它是一种在虚拟空间中创建的数字模型，通过数字化手段精确复制现实产品的所有生命周期信息。这种模型不仅在外观、质地、形状和动态行为上高度仿真，还实现了对实物工作状态、进展的全面复现和映射。实际上，它是一个动态的数字环境，能够模拟、监控、诊断、预测甚至控制实物产品在实际环境中的演变过程、状态和行为，堪称实体世界的全方位数字映射和仿真工具。

数字孪生技术与工业 4.0、智能制造的关系密切。信息物理系统（Cyber-Physical Systems，CPS）是实现智能制造的核心组成要素。数字孪生技术作为 CPS 理论的创新技术，它深化了数字工厂的核心理念，即物理世界对象的全面数字化、可视呈现、建模解析和逻辑操控。它更是 CPS 构想中计算与物理过程高度融合的典型应用实践。通过智能感知环境并连接物理设备，数字孪生技术构建了一个紧密连接的生态系统，汇集了资源、信息、实体与人类活动。因此，数字孪生技术无疑是推动智能制造未来发展的前沿性技术，其影响力巨大。

近年来，数字孪生技术受到国内学者的广泛关注，开始结合工业 4.0 进行理论探索与基础研究。目前，国内理论研究集中在数字孪生体和工程实体之间的建模技术、虚实融合、交互协作、智慧仿真设计等关键技术性层面，研究成果体现出跨学科、多学科交叉融合方面的特点；在实践应用上，数字孪生技术的应用场景丰富多样，如在机械设计中的复杂产品创新、智能生产环境中的高效装配方法、石油天然气行业的智慧管道管理系统优化、智能化矿产开采以及服务行业的新模式构建和战略规划等领域，都展现出强大的潜力。

2.5.2　数字孪生技术的应用价值

数字孪生技术的价值普遍受到工业国家的高度重视，如美国工业互联网核心框架和德国工业 4.0 架构都将数字孪生技术作为重要组成部分。另外，我国在国家层面开始重视数字孪生技术与应用，已经将其视为我国制造业数字化转型以及迈向制造强国的重要技术支撑。2020 年 4 月，《国家发展改革委 中央网信办印发〈关于推进"上云用数赋智"行动 培育新经济发展实施方案〉的通知》发布，将数字孪生技术提升到与大数据、人工智能、云计算、5G、物联网和区块链等并列的高度；2020 年 8 月，国务院国资委办公厅印发《关于加快推进国有企业数字化转型工作的通知》，要求国有企业利用数字孪生等新一代信息技术，加强对标，着力夯实数字化转型基础。2021 年 12 月，中央网络安全和信息化委员会印发《"十四五"国家信息化规划》，将数字孪生技术与人工智能、量子信息、集成电路、空天信息、类脑计算等列为关键前沿领域。

数字孪生技术被应用于监控、模拟和操纵实体对象。其核心特性在于与实际物体的双向数据交换，这是保证数字孪生体与物理实体状态同步的关键。该技术涵盖虚拟的数字镜像、真实的物理对象，以及两者间信息流的即时互动和双向映射关系，形成动态的驱动联系。数字孪生技术贯穿物理设备或工厂的整个生命周期，且随着实体对象的发展和运行，其复杂性逐渐增强。数字模型作为物理实体的数字对应物，仅是一个静态模型，缺乏与物理实体间的实时数据流通。然而，数字影子的状态变化并不影响物理实体，即数据传输具有单向特性。

数字孪生技术的关键本质在于其构建了一座双向沟通机制，有效地整合了物理世界与虚拟世界，保证了两者在整个运行周期中的同步动态对接与协调一致。这种实时且频繁的数据交互构成了数字孪生的本质特征，其具体需求则依据物理实体的特性和特定的应用环境而定。

数字孪生技术的核心价值在于其强大的预测能力。当制造业面临问题时，它能通过深度分析数字孪生技术生成的过程，进而优化生产流程并实施。在维护物理实体的健康程度方面，监测功能发挥着关键作用，如识别设备的磨损、损伤或形变迹象。而在模拟领域，数字孪生技术则是模拟实体长期行为的理想工具，通过预测和模拟，评估其在各种条件下的性能表现。

至于控制功能，数字孪生技术聚焦于物理实体的智能决策，通过历史数据和实时状态，可以优化实体的未来性能。实践表明，尽管业界仍在深入挖掘数字孪生技术的潜力，但单向数据流的简单仿真、预测或仅仅是数字镜像都无法完全彰显数字孪生技术的价值。真正的数字孪生技术是以双向数据交互为基础，特别是通过虚拟与物理世界的数字化交互与对接来实现的。

2.5.3 数字孪生模型的构建

构建数字孪生模型是开启其实用性应用的关键步骤，在整体建模策略中，通常采取自上而下的系统构建方法。2012 年，美国国家标准与技术研究所提出了 MBD（基于模型的定义）和 MBE（基于模型的企业）的建模思想。此思想的核心是创造企业和产品的数字映射，这个映射不仅用于产品设计的虚拟测试和验证，也涵盖加工工艺的模拟展示、生产流程的仿真以及贯穿产品整个生命周期的维修管理等多个环节。因此，MBD 和 MBE 的概念将数字孪生技术的应用拓展到了全部的制造流程之中。

陶飞团队对智能制造领域内的产品数字映射进行了深入剖析，他们首先定义了这一概念的核心要素，并构建了一套详尽的产品数字映射体系架构。他们在论文中详细探讨了该技术在产品设计、生产流程和后期服务中的实际操作路径。在信息与物理世界融合的探讨上，他们独创性地提出了四个维度的融合策略——"物理连接、模型集成、数据整合与服务协同"，并深入剖析了构建数字孪生工厂的理论基础和技术挑战，给出了一个具体的系统实现指导框架。

该团队归纳了以数字孪生技术为核心的六项应用原则，涵盖了广泛的设想应用和实施过程中亟待解决的技术难题。提出了"四化四可八用"的数字孪生技术构建指南，以及一套完整的理论体系，包括"创建、集成、融合、

验证、校准和管理”六个步骤。这些创新的建模策略构成了本书研究课题的
重要理论支撑。

在交互与合作层面，学界研究聚焦于工业安全与管控的核心创新技术，
其中包括高效的人机远程风险管控技术、协同工作环境下的人机安全保障策
略、数据与模型加密保护技术以及运行环境的实时监控预警系统。数字孪生
技术超越了单一的数字模拟和预测模式，它构建了一个现实与虚拟的动态互
动平台。在该平台上，物理实体与数字映射之间实现双向即时信息交换，确
保操作的准确无误并监控设施性能及运营流程的顺畅。通过持续的数据驱动
优化，数字孪生技术在整个设备生命周期内提升了系统的效率和效能。

相对于建模方法研究，交互协作方面的研究成果不多，但交互协作是数字
孪生的本质特征，特别是由虚拟到物理的交互操作，是仓单融资进行风险控制
的关键方法，重视交互协作的应用，是数字孪生技术实践应用的主要方向。

2.5.4 数字孪生技术的融合应用

随着信息技术的快速创新与迅猛发展，催生了物联网、大数据处理、云
计算以及先进的人工智能等新一代技术，为数字孪生技术的实施开辟了前所
未有的前景。当前，数字孪生技术的应用已经突破原有界限，不仅在航天航
空这个尖端领域大放异彩，更深入渗透到了电力输送、船舶建造、城市智慧
管理、现代农业、建筑设计、制造业、能源开采（如石油天然气）、健康医疗
保障和环保等多个领域，产生了广泛且深远的影响。

数字孪生技术在智慧矿山、智慧农业、智慧城市、供应链管理、资产管
理等场景已有不少研究和应用成果。中国工业 4.0 研究院等提出“数字孪生
矿山”，该矿山基于数字孪生基础设施进行数字化转型，实现生产运行可视
化、实时监控和预测性维护等功能，解决矿山智能化发展中的痛点和难点。
“数字孪生城市”是在虚拟网络空间中，构建与现实世界完全对应的“镜像城
市”，它与实体城市并存，两者在物理和信息两个层面上相互融合。另外，数
字孪生技术与农业融合，通过实时态势感知、超实时虚拟推演和全程交互反
馈，有效实现对作物生产系统的智慧管控。

数字孪生技术也可应用于制造业或物流业，如世界最大的轴承制造商斯
凯孚将数字孪生应用到分销网络，京东物流打造数字孪生供应链平台 LoMir；
在抗击疫情中，数字孪生技术被加速应用到多个行业，数字孪生智慧城市结
合北斗导航助力抗疫等。

在资产治理层面，通用电气（GE）依托其 Predix 平台，构建了跨越资产、体系及群体层面的数字映射孪生系统，这使得设备制造商和运营方能够通过这种虚拟模型全程追踪资产的生命周期，从而增强对性能的理解、预判和提升效率。中国工业 4.0 研究院基于 ISO 55000 系列引入数字孪生资产概念，将数字孪生资产理念纳入其策略核心，强调以降维思维处理资产管理问题。特别是在城市规划、建筑维护和能源开采等领域，植入数字孪生资产管理体系显得尤为关键，它能推动创新的资产完整性管理模式，有助于数字孪生资产应用在石化领域的落地实施。

2.6　本章小结

数字系统与物理系统的交互融合，日趋强化数字世界的功能。数字系统正由传统的被动性、辅助性关系转向主动性、主导性，体现在管理领域；人的创新力和想象力可以通过数字系统直接与物理系统进行双向交互，进而直接、有控制性地通过人的想象力来改变客观世界。在物流金融领域，通过对物流场景的控制，结合大数据、物联网、智能技术等，基于交易的真实性、信息的充分性、过程的封闭性、业务逻辑等，可提高风险控制的水平。这是以"想象力–数字系统–物理系统"为主线的平行管理思想。

构建数字世界的基础是可信数据。结合物联网技术的数据采集和区块链技术，构建了"源头真实+存储真实+传播真实"的可信数据生成机制。物流金融中大量采用物联网的传感技术和通信技术，强调物理空间与数字空间的实时映射与深度融合，将数据获取、计算、存储等与物流的物理进程相融合，数字系统的指令可以直接对现场进行监视与控制，并将控制物理进程的结果反馈给数字系统，从而实现数字空间与物理空间协同工作，突破传统模拟、仿真模型的单向性、滞后性和非主导性。

数字孪生是数字化的高级阶段。其核心价值在于构建一个物理世界与虚拟世界之间的闭环反馈机制，在物流金融系统中，强调以可信数据为基础，体现人的控制性和贯彻管理意图，是数字孪生技术的主要目标。数字孪生技术的核心机制是数据的双向流动，而这种交互的时效性和频次则因实际物理实体的特性和应用场景的具体需求而异。在物流金融体系的运行情境下，数字孪生技术强调以可靠数据为支撑，彰显出以人为主体的管控作用及实施管理策略的能力。

3 数字物流运作模式

3.1 物流系统数字化赋能

物流系统的全面数字化，是在物流系统信息化基础上的全面升级，也是构建数字孪生的基础。数字化的核心机制是数字赋能，利用新一代数字技术等赋予物流系统要素（包括管理者及其他人员）全面创新的能力。它通过精细地将每个操作环节和组成要素数字化，实现业务智能化和流程优化，将海量数据转化为推动系统运行的智能引擎，实现成本削减、效率提升和品质优化，强化整个物流体系的智能特性及商业盈利能力。

物流系统数字化是基于供应链的数字化，体现供应链管理的整体水平，是供应链管理思路的具体实现。在核心企业主导下，供应链与物流管理主要依赖于数字技术构建的平台，并驱动大量中小企业进行数字化转型，这种转型不局限于单个环节，而是实现整个产业链在数据层面的深度整合与协同利用，构建一个高效且联动的数字化供应链运作模式。

物流系统数字化是实现物流系统的数字赋能，其在于强化三大关键功能：一是深度数据洞察力（从海量信息中萃取有效数据的能力）；二是高级智能执行力（独立解决烦琐专业难题的能力）；三是协同系统整合力（实现各部分乃至核心组件间高效协作与动态调控）。这一过程依托于新一代信息技术的创新应用，旨在重塑既有业务流程并发掘潜在价值。数字化转型为物流运营带来前所未有的技术和模式创新，这使得技术的应用和变革能够突破时间与空间的限制。数字技术驱动的新模式通过消除中间环节，显著提升了物流效率和系统敏捷性，令传统代理模式中的信任风险，可以通过技术的直接介入和主动性管理得到规避。同时，人工智能技术等前沿科技能精确捕捉市场动态，迅速应对各种潜在风险。

3.1.1 物流系统数字赋能机制

数字赋能机制深入融合数字科技，旨在重塑物流体系的资源配置模式，以降低总体运营成本并提高运行效率。至关重要的是，它实现了对实体环境的直接且精准干预，以前无法直接触及或即时调整的领域，当前借助数字技术，能够准确转化为决策者的战略行动。这种变革极大地释放了个体的创新潜能和手段，使创新思维能对物理环境产生即时且实质性的影响，从而推动企业实现战略转型。物流系统的数字化进程关键在于强化和优化"数字感知、数据获取、数字交互"三大核心能力。物流系统数字赋能机制示意如图 3-1 所示。

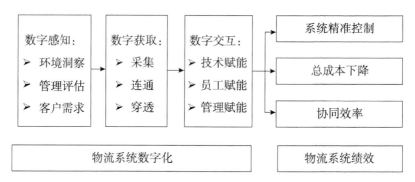

图 3-1　物流系统数字赋能机制示意

物流数字感知能力，可定义为对物流运营各阶段数字化生态的深刻理解和敏捷反应，它包括对数字技术的领悟、市场产品的洞察、地理空间的理解以及环境变化的敏锐察觉等多个层面。这种能力显著提升了物流操作与决策的效率、合理性和去中心化特性，提高了资源配置的精度。具体来说，数字感知力的增强提高了物流体系对信息流动的敏锐度，这种高强度的信息敏感性不仅促进了物流运营效率的提升，还增强了其对突发事件的适应和响应能力。

优化物流数据以提升效能的策略在于深化物流数据的解析能力，以洞察制约运营效率的薄弱环节，特别是针对物流操作的关键瓶颈。此策略涉及三个层面：数据获取的基础、数据整合的驱动力以及数据影响力的展现。坚实的数据采集体系构成了通向数字化领域的基础，而灵活的数据连接则促进信息的流畅交互，二者相互配合，形成强大的数据穿透能力，这揭示了运营的本质。

物流数字获取能力能形成多元化赋能机制。首先，技术创新表现为流程自动化和信息处理的高度智能化，推动业务的高效运行；其次，人力资源赋能在数字化转型的浪潮中，表现为物流结构的重塑，员工的角色得以拓展，他们在掌握先进数字化工具的同时，决策力和自主性显著增强，这是技术进步对人才潜能的深度挖掘；最后，管理体系升级体现在管理者借助数字化平台，与实际操作环境无缝对接，他们可以直接且可视化地引导和调控整个物流运作，如销售团队通过供应链的数字化洞察，实时掌握市场库存和供应实力，以此优化促销策略和定价决策；同样，采购人员在接收到库存预警时，能迅速响应，凭借实时获取的上游供应商库存数据和供应能力，即时调整采购策略，确保资源的有效配置。

3.1.2 物流金融中的数字赋能

在经济活动的运行过程中，一个普遍存在的现象是信息不对称，即各参与者掌握着对方无法获取的私有信息，这种信息优势往往被用来在交易中制定策略以期获得更大的利益。传统的经济学理论基于"完全信息假说"，构想出一个理想的市场模型，其中，商品的交易数量直接由供需平衡决定。然而，一旦考虑信息不对称的因素，理论情境将发生显著变化，这种不对称性可能导致"逆向选择"现象。以二手车市场为例，高质量的商品可能被低质量的商品排挤出市场，从而使实际交易量低于理论上供需均衡的理想状态。此外，信息不对称还引发了"道德风险"问题，如在保险领域，投保人可能因隐瞒信息而做出对保险公司不利的行为。又如，银行贷款是中小企业融资的主要来源，但银企之间存在较为严重的信息不对称，导致中小企业的直接融资渠道被阻隔，由于中小企业缺乏必要的抵押物，使中小企业不得不受制于现有银行信贷配给机制。

另外，物流金融中的信息不对称，是借贷双方所拥有的信息存在差异，借方对于质押品拥有较多或者完全的信息，在借贷交易中处于有利的地位，而贷款方（银行）拥有关于质押品较少或者不完全的信息，处于较为不利的地位。信息的价值在于"消除不确定性"，以数据、报表、指令为载体反映事实。信息与风险是一种此消彼长的关系，信息掌握的全面与否决定着一项经济活动风险的大小。所以，物流金融这一商业模式，需要让贷款方（银行）掌握充分的信息以降低不确定性。

在交易过程的初始阶段（协议尚未确立），信息的不透明可能导致"逆向选择"现象，优质资源反而被边缘化，低质量产品充斥市场。相反，当交易完成后信息不对称的情况出现，又可能诱发"道德风险"问题。物流金融作为交易后期的业务环节，其面临的问题尤为突出，即借款人为了私利，可能会实施诸如重复担保等对贷款方构成损害的行为，以图谋个人收益最大化。

数字化是在信息化的基础上，进一步解决物流金融中信息不对称问题的创新方法。在供应链和物流服务链全面数字化、以云计算等新一代信息技术带来的算力大规模增加的前提下，银行得以充分应用大数据、人工智能等金融科技手段，基于更强的风控能力，充分获得质押品的基本数据以及当前质押状态下的实时信息，实现更快的放款速度、提供多元化的贷款服务。

数字技术可以解决传统中存在的身份真实性、票据真实性、取证难等问题。一是物流金融平台通过大数据挖掘可以有效掌握交易和资金流的真实性，实现低成本的风险定价和风险管理；二是物联网可以提高数据的真实性和及时性，远程实施实时监控质押物；三是区块链技术可以解决可信数据问题，使相关信息逼近真实情况，从而起到防范企业信息操纵、恶意欺诈等行为的发生。区块链技术能够增强存货、物流、资金流等信息核验的真实性和透明性，支撑多元主体间的有效协调，记录信息传递轨迹，完善金融监管体系，提高风控能力。所以，基于现实中数据获取的局限性以及获取数据的时间过长和成本过高、个体通常只能处理有限且不全面的数据等制约因素，通过海量数字轨迹和大数据风控技术可以挖掘企业的信用和风险信息，依靠区块链技术，以高质量的"小数据"完成信息甄别、风险防范、事中事后监督等任务是现阶段创新物流金融业务的有效举措。

总之，信息不对称、信息搜寻成本高等问题严重影响物流金融业务能否持续及良性发展。现阶段金融机构面临着融资场景日益复杂的现实挑战，需要为大量中小企业提供快速、个性化强、动态响应的融资服务。物流金融需要结合大数据、物联网、智能技术等进行创新，并注重交易的真实性、信息的充分性、过程的封闭性、交易的连续性、履约的关联性、业务逻辑的合规性等风险控制策略。

3.1.3 物的信用与数字化

制造业依托物的信用，即以"物权、货权"向金融机构提供担保来获得贷款。近年来，大宗商品的存货质押与供应链中的动态存货质押业务发展很快。西方发达国家则是以仓单为主进行动产质押，相比之下，我国的动产质押监管融资则显得简单初级，存在交易真实性存疑、责权不清晰、标准化不足等缺点，导致在这一融资领域的风险事件频发。数字化促进物流业的转型升级、综合服务能力全面提升，创造了高水平的自动化、智能化、标准化的物流服务，这有利于金融机构发展基于数字物流的融资模式，极大地拓展了金融业态的发展空间。

"物权"的本质在于其作为信用体系的核心要素，表征权利持有者对特定财物的直接控制权。这种权利具有普适性，不仅对权利主体自身产生效力，还广泛地约束着所有非特定的对象，展现出明确的"专属性"。换句话说，它保障了权利人独占某一财物的权利，不容许在同一件物品上存在两个或以上的产权重叠现象。因此，以物为信用基础的融资实践往往与物的流动紧密关联，这正是对物权完整性的一种确证，也是数字物流和物流金融首要追求的目标。

在以存货作为担保的融资模式中，银行对于质物及其动产的接纳标准尤为严格，着重考量其流动便捷性、可监督性、稳定性以及市场价格波动的可控程度。然而，这一模式蕴含着多重潜在隐患：首先，是对借款方信用状况的质疑；其次，是仓单真伪的风险；再次，是存货种类选择可能引发的问题，较为常见的是提货凭证的有效性可能引发的风险；最后，物流企业的内部管理可能存在漏洞。当物流企业负责保管存货，这令质权、所有权和监管权出现分离，不仅导致各方目标不统一，还加剧了信息不对称，易滋生虚开仓单、监管疏漏甚至内部人员与外部利益勾结的道德风险，严重时可能导致存货重复抵押或转让在先、质押在后的混乱局面。然而，若银行执行过于严苛的操作规范，将不可避免地推高物流金融的系统性监管成本，使其丧失商业效益。因此，在成本与效益之间寻求一个平衡点至关重要。

数字物流作为供应链金融运作的基础，通过 AI、区块链、云计算、大数据、物联网等新一代信息技术，将整个物流过程的真实性过程转换成平行的数据链，通过观察数据的传递就能形成物的信用，实现物权完整性与物权转移过程的可视化、可追溯，从而全面替代原有业务模式中的风控操作和征信形成过程。

数字孪生技术则是在通过数字物流形成物的信用的基础上，基于可信数据和平行控制，结合物理世界与数字世界真实性、效率性、逻辑性、关联性、封闭性等特点，产生数据信任和高效控制，最终提供高效率和低成本化的信用服务。

3.1.4 物流监管的信用计算

在传统的运营环境中，金融机构获取企业信息的途径较为狭窄，所能获取的信息量非常有限，尤其是财务数据通常存在时间滞后的问题。验证信息真实性所需的成本非常高昂，同时，由于人力资源的制约，无法对大量企业信息进行有效的整合分析。在这种情况下，由于信息的有限性、延迟性和地域约束，金融机构做出信贷决策，往往难以深度考量企业的潜在风险，而混乱不全的信息有时甚至会误导金融机构对风险的评估结果。

基于大数据形成的数字信用，为精确的信贷决策注入强大动力。大数据技术巧妙地整合了针对目标企业的来自多元渠道和各类别的海量信息，深度挖掘并广泛分析这些数据，不仅聚焦传统财务指标，还深入探讨诸如客户个人特质和企业运营风格等"软性"信息。这种全面且立体的数据透视，有助于揭示企业的真实状况，从而确保信贷评估的精确无误。

在平台模式下，大量中小企业的信用计算不可能采用人工审查的方式进行，大数据用于信用计算和征信，是实践中的重要工具。大数据信用评估在金融市场中扮演着关键角色，满足了多样且复杂的金融需求，对配置优化征信市场资源、改革创新传统征信行业以及培育独特的竞争态势都起着重要作用，也奠定了我国信用评级行业转型升级的基础。然而，大数据信用评估目前仍处于起步阶段，其顶层设计理念、法律法规框架以及行业运营准则都尚未完善，因此遭遇多重挑战和实际难题，亟须未来实施有力且精准的协调和规范措施。

（一）中小物流企业的融资背景

1. 中小微物流企业是市场主体

我国物流行业的市场集中度呈现高度分散的"小、散、弱、多"特征，中小微企业是市场主体，在诚信体系尚未建立的情况下，企业融资需求难以得到满足。据中国物流信息中心统计，截至2023年，我国在交通运输、仓储和邮政领域的法人实体估计接近60万个，加上约580万个个体经营者，总计物流相关市场参与者超过600万个。尽管某些细分市场的准入条件较为宽松，导致企业数量总体上颇为可观，但从市场结构来看，物流企业的规模普遍偏小，尤其某些领域，中小微企业数量众多，这反映出市场集中度仍然处于较低水平。

2. 运力市场呈现高度碎片化状态

全国大约有1600多万辆长途货车，但是92%为个体户所有，即使在企业端，平均每个物流企业也仅拥有不到2辆汽车，中国基本上没有大型车队，绝大部分运力掌握在个体经营户手中。

3. 资金问题成为影响企业发展的关键因素

资金问题成为影响中小物流企业发展的较大阻碍因素之一。不能获得正规金融服务的物流企业占比达 70%，只能以个人借贷、小额贷款，甚至高利贷的方式获得资金，付出较高的资金成本。融资难问题影响企业的经营与发展，受制于资金不足，企业无法进行有效的投资和扩张，也难以管理改造和系统升级，导致企业陷入发展停滞甚至陷入倒退的困境。

物流企业证明其具有还款能力且信用良好，是获得正规融资服务的要件之一。除实物抵押证明之外，物流企业的业务所具有的未来现金流收入，可以向金融服务机构证明企业具有可用于支持贷款的优质资产，但物流企业缺少合适的方式向金融机构提供可信度高的证明。

（二）信用计算方案应用案例

1. 案例背景

深圳市易流科技股份有限公司（以下简称"易流科技"）打造了一个具有高度创新性的物流金融服务生态系统，专为物流行业的运营者提供深度信用评估服务。借助并融合应用先进的互联网、云计算、大数据和物联网等新一代信息技术，该平台将物流业务的每个操作环节精准地转化为数字化和在线流程，从而增强了全链条业务环节的透明度。通过深入挖掘和分析企业的历史信用资料，平台构建了一套精密的信用评价体系，增加了金融担保为保障机制，助力物流企业在短时间内从金融机构获取所需的融资。自 2015 年成立以来，易流科技已经成功服务了众多的物流公司。截至 2023 年，易流科技已成功渗透到 82% 以上的顶级货主市场，并拥有超过 35000 家中小型物流企业的客户群体。其平台 IoT 设备的全面连接数已超过 500 万个，平均每日处理各类货运场景事件高达 9700 万条，同时，API 的日调用次数达到 1.43 亿次，彰显了其强大的数据处理能力。其信贷表现优异，优良率高达 99.999%，展现了卓越的信用保障能力。

2. 易流物流金融平台

易流物流金融平台是易流科技构建的全国领先的物流产业链互联网平台策略的关键组成部分，该平台的构建依托于易流云平台和 e-TMS 平台的大量实际数据。易流云平台专注于物流流程的可视化监控，侧重于物流细节的管控，生成的数据主要包括速度、时间、距离、温度、燃油消耗、图像、开门、停车及驾驶行为等信息；而 e-TMS 平台则致力物流文档和业务流程的透明化管理，从全局角度对系统进行优化，涉及的数据多为订单、货运单、流程、供应链上下游以及业务节点等相关数据。基于这些海量、可靠且真实的物流大数据，平台运用大数据分析技术进行深入研究，从而为物流企业提供定制化的金融信息服务。易流物流金融平台系统结构如图 3-2 所示。

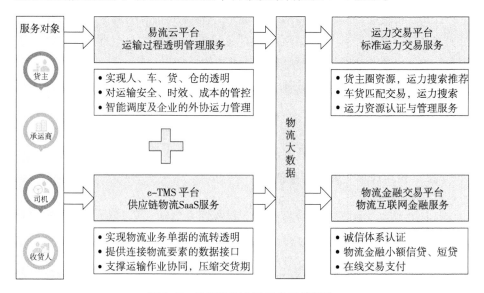

图 3-2　易流物流金融平台系统结构

物流大数据的产生，不仅为物流金融平台建设提供基础，同时也为实现物流企业在线运力交易提供可能。物流运力的在线交易一直以来是物流企业的目标，但因为信用和利益的因素，在线交易一直以来都面临落地难的困境。

易流物流金融平台通过互联网手段，把线下的真实运力信息搬到线上，同时保障每一个运力数据的真实、可靠和及时有效，且做到对每一个运力的透明化管理，锻造优质运力的资源池，形成运力资源的平台化运营，用以吸引货物信息进行在线交易。

3. 易流云平台

易流云平台专注于提供一项创新的物流服务解决方案，它将前沿科技如卫星导航、移动通信、物联网、地理空间信息处理以及 RFID 技术整合运用，打造一个全面透明的物流管理体系。这一系统旨在无缝连接物流活动中的关键元素，如人员、车辆、货物和仓储，从而显著提升运营效率，确保运输安全、时效管理和成本控制的精准优化。平台收集并分析的数据范围广泛，涵盖了实时的时间戳、精确的位置信息、行驶速度、出入库操作记录、高清影像、行驶路线、货物温度和湿度监控，以及燃油消耗情况等。随着物联网传感器的广泛应用，这些基础数据的丰富性和准确性不断提高，信息反馈的速度和效能也得到了显著提升，为整个物流流程带来了前所未有的洞察力。

4. e-TMS 平台

e-TMS 平台针对发货方、货运代理、驾驶员及收货方等参与者，提供了一种 SaaS 解决方案，确保运单流动的全程透明。此服务使所有相关方都能清晰掌握运单状态，便于有效监控和控制运单流程，从而缩短处理时间，全面提升运输作业的效率。服务内容涵盖订单处理、结算操作、订单流动跟踪、支付处理和绩效评估等。在确保物流运输过程透明化管理的同时，平台将其延伸至物流业务管理领域，实时展示物流作业流程、业务文档及重要节点信息，以此推动物流企业间的信息化协作，缩减物流运行周期，进一步优化物流效能。

e-TMS 平台提供标准化的运力交易服务。标准化是指只提供针对整车运输业务的标准化运力交易。为此，易流科技通过易流云平台和 e-TMS 平台上的运力数据分析，建立运力交易标准化规则，具体规则包括运力产品标准化、运输服务标准化、运费结算标准化三方面。运力产品标准化包括标准车型、标准线路、标准时效和标准运价；运输服务标准化包括剥成透明、放款担保、货运保险、标准理赔；运费结算标准化包括在线核单、在线支付、标准流程、运单贷款的标准化。

以上标准化交易规则的约束，无论是运力需求方还是运力提供方，只能在统一的标准下执行运力交易操作，当该运力交易平台上具备足够多的运力提供方和需求方信息之后，运力交易的在线匹配度就会越来越高，同样，平台就会吸引更多的运力进来，形成运力平台运营的良性循环。

以上交易过程都会在系统后台进行数据备份，作为企业诚信经营的数据积累，也可以作为物流金融平台进行金融服务的信用参考。

（三）计算信用理念

传统信息化关注的是物流中的关键元素，如人员、车辆、货物和仓储操作在时间和空间上的定位以及状态的明确性。在消除信息壁垒之后，物流文档的传递、流程阶段、商业网络节点等操作逻辑信息的清晰度显著提升，特别是强化了对业务运行情况的透明度。物流透明化的核心思想是充分利用各种先进信息技术（以各类传感器为代表的数据采集设备、移动通信、互联网、地理信息系统等）将物流全要素进行透明连接，将物流全要素的信息进行采集、整理、存储、处理、流转并通过互联网透明展示给物流操作过程中的各个相关主体，有效地保障物流过程的安全，提高物流业务操作各个主体之间的协同性，进而提高物流的运作效率。在物流要素、物流主体广泛及透明地连接的基础上，将链条连接到制造和消费环节，最终构建物流全产业透明生态系统。

以一家跨国日化巨头为例，该公司在中国拥有超过 3000 家经销商，其产品需经由工厂至经销商，最终到达消费者，这一系列流程的周期管理面临着高度的不确定性、复杂的因素交织以及繁重的工作量，构成了一个系统性的挑战。传统策略是每年通过招标选定物流企业，然而，这些物流承运商有时会将任务进一步外包，这种逐级转包模式导致的主要问题是物流效率显著降低。为解决这一困境，企业构建了一个"全球物流可视化与透明化"监控平台，它整合了从发货到收货的所有环节，包括仓库管理、驾驶员信息、到货确认和反馈机制等关键节点，通过订单流程的无缝衔接，实现了全程的透明度和可视化。这一举措成功地将物流运输的时间成本降低了 30%。

透明连接物流，就是用物联网、云计算、大数据等先进的信息技术采集各个物流节点的物流信息，再通过互联网共享给物流活动中的各个相关主体，进而使各个物流相关主体高效协同合作。未来商业模式想要以 C2M（消费者到工厂）模式发展，就需要把消费者和制造各环节都连接起来，建立全产业链的物流透明生态。

3.2 物流监管数字化

物流监管具有控制难度高、风险高等特征。建立系统化、全方位的监管体系，是高水平质押监管的必然模式。

3.2.1 物流监管的核心目标：特定化

物的信用是需要通过监管和信息的完整性来证明。物的信用来自物权，是由物权的"对世性"产生的，即只有严格达到"对世性"的标准才能产生完整的物权，进而才有评级更高的物的信用。而在相对静态的监管状态，必须达到"特定化"才能达到高信用的标准。不能特定化的财产，在实际操作中容易与债务人、质权人或者第三方的其他动产混同，难以分辨实物的归属，将出现对于质权、物权的争议。所以，已经交付、但因质物达不到特定化的标准，实质属于无法实现持续占有（明确分辨质物与非质物的区别，是占有的基本标准），质押权达不到法定的标准（不成立）。在司法实践中，可能出现的情况是：交付后质押合同生效、但质押权不成立，质权得不到法律的保护而失去质押的意义，当然合同规定的债权仍然有效。

以商品库存或仓储收据为担保获取金融机构贷款的活动被称为存货融资。在风险管理中，对库存的严密监控与有效管理至关重要，以免因监管疏漏造成质押品被非法使用、遗失或损坏。

在物流监管的操作中，特定化具有明确无误的二元特性，不容许任何模糊地带。它是建立物品信用基础的决定性因素。其中，严谨的现场作业管理和先进的数字技术的整合应用，构成了核心要素。

南储仓储管理集团有限公司（以下简称"南储集团"）成立于1998年，是一家专注于大宗商品仓储物流服务、商品融资管理及仓储管理输出服务的全国性综合物流集团。公司业务涵盖商务信息服务等领域，致力于为客户提供全方位的供应链解决方案，以实现高效、专业的服务集成。下面以南储集团的有色金属融资质押监管体系为例，阐释构建存货质监督管理的系统模型。南储集团的有色金属融资质押监管体系包括以下物流监管要素及环节。

（一）物理上明确的标识和隔离

在仓储管理中，应对质物实施专项管理，设置独特的标识以区分已质押的动产，例如南储集团通过划分特定的仓库区域来准确区别不同类型的存货。标识的清晰度至关重要，因为模糊的质押标记将无法实现对质物的明确区分。实现特定化的核心策略是通过物理方式将特定买方的货物从其余货物中隔离出来的。这可能包括采用专用于质押的标识系统来明确标记质物，进一步细化至具体的存储位置，或者采取如鲜明的红色标识等高辨识度的方法，以确保质物的明确识别和独立性。

（二）物理标识与合同约定相互印证

在有色金属融资质押监管过程中，南储集团对质押物进行物理标识与合同约定的相互印证。质押合同是质押行为的法律依据，要求监管操作、特定化的标识必须与合同文本约定紧密联系，否则特定化就是没有目标的记号，质押权也难以成立；特定化也应该是动态的，随着合同约定的变化而变化，如动态出库、入库如何特定化。物联网的使用可以更为有效地标定质物的特定化，射频识别技术与质物在物理上的结合，可以有效地监管、标定质物。

（三）操作风险管理，严格的出入库管理

质押物的所有权问题是审核的关键，主要在于对交易真实性的审查。南储集团对质押融资监管环节，要求以质押货物与贸易往来合同、收付单据、发票、支付单据等来确保质押物权。同时，第三方物流企业需要出具质押物确认书。

南储集团在具体的操作环节中，进出库单证、按照品名制作库存报表、进出库最低货值是管理重点。在文档保管流程中，严格保存所有涉及存取质物操作的签字确认和印章记录，确保出质企业对此类文件的全程参与并完成相应的签字盖章手续。在报表构建过程中，对《登记簿》《进出库详细清单》《库存清单》《进出库汇总分析》的核查，坚持账目一致性原则，即账账相符、账实相符、账表相符以及各报表数据间的相互对应，确保信息准确无误。控货管理要求在最低限额的基础上及时补充货物，严格按照保证金追加或货物补充情况来发货；其次，对于补充的货物，根据其质量、买卖价格、市场行情等因素评估其价值，严控货物的准入。按要求设置监管标志牌（新仓库、原仓库、办公室）、监管标签（货架、托盘），并标记保险受益人和工商登记信息。

（四）完善风险管理制度

南储集团在制定风险管理制度时，涉及的关键措施包括严谨的雇员准入程序、保荐人监督体系、多元化的监管交叉机制、强制性的异地代理报告体系、定期轮岗规定、对监管人员日常行为的深入监控体系以及风险补偿基金机制。而在操作层面的风险防控，强调严格的培训认证制度、现场执行的三级审核体系（实物对账、账目核对、总部后台复核），配合非现场审计机制、多层次的评估体系（从监管员到风控专家再到总部抽样检查）、诫勉谈话政策，明确的第一责任落实以及对违规行为的责任追溯制度。

3.2.2 监管业务的风险管理体系

在通常情况下，银行在质物担保期间主要确认货物的实质性和合规性，而物流企业在货物的数量管理和保管标准上负直接责任，需应对质物损失、品质变异或监管不当等问题。鉴于市场环境、监管机制及借款企业的运营状况瞬息万变，质物监管中潜在的风险因素繁多，因此风险管理在物流企业的质物监管业务中占据核心地位。对于银行而言，强化风险管理是降低不良贷款风险的关键防线，而对于物流企业来说，构建健全的风险管理系统并确保其高效运行，是提升市场竞争力、推动盈利增长的必要管理策略。

确保金融稳定的关键在于银行业务的风险管控策略，而物流企业的风险管理能力则是其在激烈竞争中立足并提升盈利能力的核心要素。构建严谨且高效的运营模式，不仅是赢得金融机构和客户信赖的关键途径，更是推动企业参与市场竞争，强化竞争优势的必然之举。其风险管理体系涉及广泛的范畴，涵盖实地操作监督、数据信息化管理、潜在风险预警以及应急响应等多元化环节。对成熟的物流监管典型案例进行分析，提炼物流监管业务体系模型示意如图 3-3 所示。

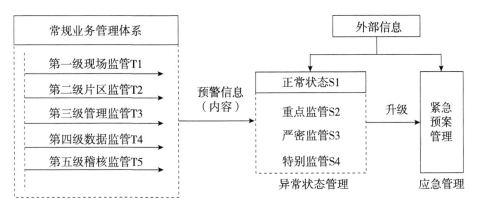

图 3-3　物流监管业务体系模型示意

（一）常规业务管理体系

监管体系构建于五个层次的任务架构中。

（1）基础层面涉及现场运营监控。此为核心实践，通过严格的作业流程规范及员工技能训练，确保操作的精确性和效率，有效防止人为失误，从而奠定整个监管体系稳健运行的基础。

（2）区域化管理是其次的关键要素。考虑到物流企业的广大客户群，按地理位置划分为适中的管理区块至关重要，通常将 7~8 个地理位置相近的客户组成一个区域，并配备专属的片区经理进行监督。

（3）第三层监管由高级管理层执行。他们对各个区域实施定制化的监督，以强化内部决策与指导功能。

（4）数据驱动的第四级监管依赖计算机信息系统。该系统采用集中的数据管理策略，整合所有客户及监管环节的信息，定期生成详尽的报告（如日报、周报、月报），并自动或人工分析数据的合理性，一旦发现异常，即刻启动相应的应对措施。

（5）第五级的审计监管作为补充手段。由物流企业各部门不定期联合进行业务审核，对不符合标准的操作，及时要求相关部门纠正，或将其纳入异常管理流程，以保证业务的合规性。

（二）异常状态管理

异常状态管理共包括三个等级（不包括常态）：一是集中监控，即在发生相关情况时，需要相关负责人对公司进行集中监控，并根据需要将相关情况报告给高层管理层；二是加强监督，并在适当的情况下，指派公司高管和各责任单位的负责人来监督经营，按照相关的规章制度来进行；三是特殊管理，通常由公司总经理专门批准，并按照具体的运作程序执行。

（三）应急管理

在建立常规业务管理及异常状态管理制度后，物流行业应当构建全面的应急计划管理系统，确保在特定情况发生时能迅速激活应急方案，以快速遏制潜在风险的影响。预警信号是指示业务监控可能步入异常治理或紧急状态的信息来源。物流企业对预警信息的获取，既包括内部渠道，如管理层在五层次监管中获取的数据，或者通过计算机系统收集的信息，也涵盖外部来源，例如，管理层从外部环境或各种途径察觉到的影响变化的因素。依据相应的管理规定，物流企业的管理人员会启动适合的异常管理程序，或直接进入紧急应对流程。

例如，在内部风险评估机制中，信息系统每日生成库存报告，数据审核员对其进行深度审查。设定如下触发警报的条件：①当库存物资总量超出安全阈值的200%，警报（S1）即刻启动；②若监管企业的日常发货量骤增，超越前期平均出货量的两倍以上，警报（S2）随之发出；③在监管企业强烈要求强制执行操作而引发的争议情况下，警报（S3）警示浮现。按照公司的规定流程，警报（S1）触发后，需经过区域主管的严格核实，该企业将被提升至重点关注级别；警报（S2）则需业务副总经理长期关注并确认，企业会被纳入严密监控状态；至于警报（S3），一旦出现，需总经理亲自确认后，该企业才会被纳入特别监管的严格管控阶段。

外部警示情报。物流企业的信息管理中心揭示以下情况：①一旦监控的企业在运营或其法定代表人、高级管理人员出现异常变动，将触发外部警示信号（X1）；②若质押品的市场价格下跌超过银行评估价值的40%，也会引发外部警示信号（X2）。按照企业政策，当警示（X1）出现并经总经理核准后，相关企业将被置于严格监控之下；而警示（X2）出现并得到总经理确认后，该企业将被列入特别监控名单。通常，外部警示信息因其可能蕴含的更

高风险等级而备受物流企业关注。各类状态下预警信息及对策一览如表 3-1
所示。

表 3-1 各类状态下预警信息及对策一览

状态	状态描述	相应对策
1. 正常监管（Z1）	合同三方均按合同要求正常运作，各项监管指标处于动态平衡状态，未出现预警信息	现场监管（T1）按规定操作，发现问题即时上报，T2 至 T5 所有团队按规程例行
2. 重点监管（Z2）	监管企业出现 S1 时	管理监管（T3）增加检查力度，现场监管（T1）进行 24 小时巡查
3. 严密监管（Z3）	监管企业出现 S2、X1 时	现场监管（T1）增加人力，片区监管人员（T2）入驻仓库，数据信息（T4）每日核对资料，管理监管（T3）现场核库，稽核监管（T5）对企业进行现场调查
4. 特别监管（Z4）	监管企业出现 S3、X2 或者相似信息时	T1~T5 全面启动，企业、银行领导赶赴现场

（四）应急预案处理

应急预警涵盖了在监控中发现的潜在危机，这些危机可能迅速恶化，或
可能导致显著影响的突发状况。典型的严重预警信号包括：企业面临薪资发
放困难；供应商或第三方寻求债务清算、提货、争夺货物等；质押品中有
20%~30% 的物品会在 3 个月内过期；仓储设施（如防火、防潮、防爆、防晒
措施）不再适宜存放质押品，或者安全环境恶化；质押品出现品质不符、变
质、损坏等问题；企业领导者更迭或失踪，企业突然停产，甚至出现员工抗
议事件；发生严重的安全生产事故，造成重大经济损失或运营中断；企业涉
及欺诈行为，如以劣充优，使用他人货物作为质押；库存持续低于安全线超
过半个月；货物进出量出现异常波动；企业的投资领域呈现多元化或有此趋
势；任何其他可能触发重大风险的事件。针对这些事件类型，应制订相应的
应急响应计划。突发事件处理对策如表 3-2 所示。

表3-2　突发事件处理对策

事件	信息传达	反应速度	解决对策
1. 当库存量下降至最低阈值之下，监管机构仍按约定意愿发货（Y1）	◇ 监管机构 ◇ 法务部门代表 ◇ 当地监管合作单位	即时响应，确保在20分钟内问题得到解决	①一旦进入Z3状态，T2与T3团队将火速干预在现场；②如需强制干预，将动员10名以上T1人员制止发货，同时，及时通报银行方以保持沟通
2. 质押物品因自然灾害如火灾、洪水等遭受损坏或灭失的情况（Y2）	◇ 紧急联络119与110 ◇ 监管高层 ◇ 保险业代表 ◇ 金融机构及企业主管	领导将立即行动，一小时内抵达现场处置	①进入Z4状态后，T5专家将迅速抵达现场；②将与企业及金融机构协作，共同协商解决相关事宜
3. 企业法定代表人或高级管理人员集体失联，同时面临债权人的债务追讨及员工的薪资索要（Y3）	◇ 信息管理部 ◇ 法律顾问 ◇ 金融机构监管层	问题将在同日内得到有效处理	①处于Z3状态下，T2、T4和T5将全力进行库存盘点并实施封存；②法务专员及法律顾问将随时待命，预备启动法律程序
4. 由于情况（Y3）的发生导致出质人的债权人或企业员工强行夺取货物并对监管人员成安全优胜威胁（Y4）	◇ 法务部门代表 ◇ 公安机关（110） ◇ 法律顾问、企业与银行管理层	领导会在一小时内亲自到场处理紧急情况	①进入Z4状态时，T1至T5所有团队将全面启动；②如有需要，将采用特殊应对措施

例如，当突发事件 Y3 出现时，涉事企业的法人代表或高级管理层全体隐匿失踪，伴随债权人的紧迫追偿和员工对薪资的强烈索求时，物流行业的应急方案如下：立即通报通信数据中心及法律咨询服务团队，核实情况的真实性，并在确认当日通报相关贷款银行；同时，仓库实行严密的特别监督机制；区域负责人入驻仓库，数据处理人员和审计部门进行全面清算并协同银行方面对质物实施封存，法务专员和法律顾问则需提前筹备，为可能的法律程序做好充分准备。

一个健全且具有行业特色的业务体系是衡量物流企业核心竞争力与基本实力的重要体现，同时也是推动物流金融服务顺利运作并有效管控风险的基础。在实际操作中，物流企业构建监控体系的同时，还需拥有一个高素质的专业人才队伍，这些人员对于业务的熟练掌握和严谨态度，直接关乎监管工作的高效执行和严格实施。

3.2.3 物联网监管

（一） 监管体系是质押监管模式的基础保障

建立系统化、全方位的监管体系，是高水平质押监管模式的基础保障。物联网的构架基于各节点间的互动，然而在此情境中，节点不再指的是个体，而是具备智能化功能的实体。物联网节点所产生的数据具有高度的开放性及透明度、数据的不可篡改性以及实时响应能力等特征，这些特征在技术层面为验证资产的真实性提供了强有力的支撑。

物联网技术的集成在防止人为欺诈行为方面发挥了显著作用，尤其是在质量监控体系中的应用。在仓库运营中，物联网能够精细地捕捉货物的重量、坐标、形状、移动情况及访问权限等关键物理数据，从而成为确保资产安全的重要工具。此外，它能即时创建与每个货物绑定的动态标识信息，克服了传统监督方式在应对道德风险时的局限性。因此，在动产质押监管的精确性、严密性和风险管理上，物联网提供的技术和解决方案展现出了显著的优越性。

在动产融资的质押过程中，信息流通的不畅导致质权人、出质人以及监管方等多元角色间存在显著的风险隐患。例如，质押凭证的非唯一性以及质押凭证与实际货物之间的对应关系不明确，为货主及物流企业提供了可能的操纵空间。此外，质押物的所有权验证不足或无法验证，加之某些货主的风险防范意识淡薄，一旦各利益方观点冲突，相同的凭证难以形成有力的法律证据，因此无法实现有效的相互制约和对抗，进而催生了一系列恶性事件，严重影响了动产融资业务的健康发展，而物联网技术则可以解决上述存在的突出问题。

（二）案例研究：感知科技物联网动产质押监管系统

1. 案例背景

感知科技有限公司（以下简称"感知科技"）专注于物联网领域的深度研究、创新模式构建、应用开发及服务运营，是一家融合"研发、生产、投资、商业"的综合型高科技企业集团。在技术层面，感知科技成功突破了物联网"通用平台+定制化应用"的关键技术体系，这一创新之举为物联网产业的大规模产业化奠定了基础，推动了企业的快速发展。自 2011 年成立以来，企业净资产已达到数十亿元，业务覆盖全球。

此外，感知科技在金融领域率先探索并实践了物联网金融的新模式，开创了基于客观诚信体系的金融服务，对产业界产生了深远影响。特别是在当前电子商务蓬勃发展和商业诚信问题引发的大宗商品贸易融资热潮中，其意义更为重大。

2. 感知科技物联网动产质押监管系统运行机制

（1）物联网技术可通过多种手段准确感知到质押动产的客观存在。

在"智能仓储监控系统"中，企业所抵押的资产的详细地理位置，包括精确的室内位置、存储区域坐标，以及实时追踪的重量变化、位置移动、权限范围、外形轮廓及堆叠结构等关键信息，均被纳入监控范畴，每一种类型的动产都对应特定的监管参数，形成严密的管理体系。同时会生成一张监管服务激活时的照片作为监管初始状态的依据之一。

（2）物联网能够生成唯一的物理仓单登记状态信息。

当"感知仓单"需作为担保融资的标的时，感知科技的"动产权益公示系统"会对这一类仓单进行深度结构化处理并记录其当前状态，这表现为一条明确标注了融资抵押状况的标准登记信息。通过这种技术设计，所有金融机构都能在该平台上实时检索仓单详情，确认其是否被设定为抵押，从而有效防止因仓单重复抵押而引发的诈骗贷款风险。

（3）物联网技术的应用消除了传统人工监控可能引发的内部违规风险。

在企业将动产作为抵押品交付给银行后，智能监管系统启动，只有在获得贷款机构明确授权的前提下，系统才会允许对资产的定位、重量、形态识别和动态状态等关键评估指标进行严密监控和变动。一旦发现任何异常，无论是位置改变还是货物价值出现潜在波动，警报即时触发，银行信贷专员、监管机构以及仓储管理人员会立即收到详细报告，其中包括系统实时捕捉的现场参数对比和之前存储的照片。当企业的贷款偿还完毕，系统会自动解除对货物的监控警报，企业可以正常进行仓库出货流程。

3. 感知科技"仓单管理平台"的运行逻辑

在感知科技的"仓单管理平台"上可以随时看到企业质押的动产是否造假。物联网动产监管服务以创新技术强化了质押物的真实性和独特标识，通过运用物联网技术的功能，对质押物实施精准监控、全程记录以及动态认证，确保每一项质押物与其相关数据的紧密结合，维护其真实性和独特关联性。起始，物联网技术发挥功能，通过多元传感技术，准确无误地确认质押动产存在的真实性。

"仓单管理平台"会将质押动产所涉及的监管要素物理信息连通初始监管状态的照片打包封装，形成一张电子的"感知仓单"，与质押动产形成唯一对应关系，只要这些监管要素的物理状态不发生变化，则表示质押的动产没被人动过，如此一来仓单便无法造假。"仓单管理平台"对大宗货物动产的重量、位置、形状轮廓等监管要素进行实时感知，生成的感知动态仓单主要包括如下部分。

（1）标准仓单：标准仓单的信息项。

（2）仓位现状和认证状态：是每次访问时生成的最新仓位状态，以及对应仓单的认证状态。仓单认证状态是指一旦该仓单所对应货物的位置状态、轮廓、重量等信息被系统感知并进行监管时，该仓单的状态则称为认证状态。

（3）仓单历史：该仓单整个生命周期的库存变化。包括仓单货物入库、仓单认证、仓单拆分（动态定额控货监管模式）、仓单合并、仓单明细拆分、仓单质押登记、仓单货物出库信息等所有对于货物及仓单进行操作的完整历史数据记录。

（4）报警信息：报警时的状态描述。系统报警的类型包括场内操作机械和设备在无授权任务时启动预警、监管区域异常情况预警、货物重量变化报警、货物轮廓形状变化报警等。报警信息会第一时间推送至监管员和银行客户经理的手机监管 App"仓押卫士"上。

（5）监管要点有以下几点。

①感知动态仓单通过标的物入手，直接反映动产的现状，可以保障动产在物理上的真实性，如果有人恶意重复质押，通过物理上的唯一性保障，实现早期恶意行为预防和发现。

②通过感知动态仓单来标准化动产质押物状态，方便动产质押管理。动产质押的质押物状态如果采用感知动态仓单中的标准仓单形式来定义，可以规范化、结构化、标准化仓单格式，便于动产状态的查询，便于数据分析和利用。

③感知仓单可以为质权人等利益相关方提供延伸服务。通过感知动态可以查看仓单中动产的实时状态、报警信息、仓单历史等，为质权人等利益相关方提供增值服务。

3.2.4　物流系统可视化

物流系统可视化旨在通过数字化技术如实呈现现实情况，确保数据的高保真度以精确反映实际状态。在物流系统的运行过程中，由于其要素在空间和时间上的广泛分散，导致管理者在获取全面且真实的信息方面往往存在延迟，甚至可能遇到信息失真的情况，这导致在对物流系统有效控制和运营优化方面出现各种问题。

（一）现场监管：信息对称化

在仓储与运输的标准操作中，信息的透明度往往严重不足。尤其是在远程或跨地域的仓库管理中，决策者无法即时获取精确的运营状况和实际数据，这是因为操作人员和驾驶员的信息传递明显存在延迟，并且可能影响到信息的真实性。因此，通过现有的物流系统来有效规划路线、保障货物安全以及满足消费者对产品和服务的即时需求变得尤为困难。消费者期待能在线、直观地追踪货物信息，并希望系统能准确预测并通知送达时间。

（二）物流可视化的法律原理

1. 物流可视化是确立动产交付的重要手段

交付是物权转移的关键环节，物权的转移与确认只能在储运的交付环节实现。物流可视化的另一个用途是确立动产交付行为，也就是法定"物权"的数字化场景存证。利用数字化对货物流全过程进行全程监管、可视化，对货权物权在物流过程中的责任主体行为进行全面的证据固化，证据链充分而清晰，是数字化赋能的核心环节和最有价值的环节。

物权的转移不能有模糊性，是确定货物的"物权"归属的关键。"物权"转移需要满足法律的规定与要求。企业借助"物的信用"进行融资时，只能依照法典的要求进行"物权"审查，本质上是通过证据链来形成的。采用区块链技术的取证、验证方法，形成牢固的证据链，要素完整，包括主体、时间、行为与适格性证明人，从整体上降低了金融机构的信息成本。

例如，物流企业可实现车辆运输与危化品物流的可视化，以此打造一个高效、灵活且安全的物流管理系统。这既消除了对货物实时位置的持续追踪需求，保证了货物的准时交付，又有效防止了运输途中的货物篡改或丢失。对于地理位置信息、加油记录，以及 LNG 储罐的液位和压力等数据，单纯依赖人工记录并输入系统的做法已显得不可靠。相反，物联网提供的实时、可信的数据采集才是确保信息高信誉度的关键。物流全过程的透明监控和有效控制，奠定了物流金融体系的基础。

2. 在线监管方案解决质押监管问题

动产质押业务是国际上主流的物权质押融资方式。银行要求借款企业提供合法的标的物，银行按一定的质押率进行贷款。一般地，动产质押融资的风险包括物权瑕疵、第三方仓储管理疏漏、市场价值大幅下跌、重复质押以及欺诈行为等。诸如上海钢铁贸易危机和青岛港金属信贷诈骗案等重大事件屡屡曝光，揭示了传统动产担保业务模型存在显著的漏洞。实践中，质押监管业务面临参与方的地理隔离、信息沟通不便、人工巡库成本高、单据审核成本高、容易造假、流程烦琐、效率低下等现实障碍。

基于智能设备、结合物联网来构建在线监管方案，是解决质押监管场景问题的方法。探索将前沿科技如智能设备与物联网无缝融合，能有效创新在线监控的策略。这种策略凭借物联网的传感器网络和 AI 的力量，实时、准确地搜集并解析动产质押环境中的详细信息。它通过对收集的数据进行深度智能剖析，能够敏锐察觉到用户的经营动态、非正常行为以及潜在违规操作，从而实现了高效的风险预警和自动管控机制。这种方法不仅提升了效率，还显著节省了运营成本，实现了在质押监管模式创新方面的重大突破。以计算机视觉技术为中心、以现场视频数据为核心，发挥人工智能算法优势，结合定位、传感器等物联网感知技术，全面替代人工监管工作，可实现对动产押品完整性、状态变化的实时化、全流程监管，达到降本增效、控制风险的经营目标，解决信息不对称、信息失真和权属不清等痛点问题。其监管机制的监控重点主要包括以下几点。

（1）在押品异常状态监管。为确保押品安全，企业会实施严密的管控策略，特别引入 AI 视频监控技术在受控区域进行智能防护。视频监控系统利用智能摄像头与智能录像设备（NVR）的协同工作，通过精确的边界识别和区域入侵警报功能，即时捕获异常活动并生成警示图片，同时借助高级的人体和车辆识别技术，明显减少误报的可能性。

另一种热成像检测机制则依赖于深度学习算法的优化，它配置了多维度的入侵行为规则，实时且全面地监控人员和车辆动态。无论是常规还是非传统形式的潜在威胁，都能被系统迅速察觉并发出预警，从而提前采取应对措施，保障在押品的绝对安全。

例如，为了确保那些易损或易丢失的特定抵押品的安全，特别是对环境变化敏感的散装商品，如煤炭、粮食和油料等，一项关键策略是实施严格的实时监督。利用先进的热成像技术，企业可以精准地监测点、线和面的温度变化，一旦发现任何非正常温度上升、火灾隐患或是烟雾迹象，系统立即发出警报，确保即时响应。同时，集成温湿度传感器、水侵探测器和液体位计等物联网设备，它们能实时传输关于抵押品状态和库存量的宝贵信息，构建起一个动态且全面的监管网络，有效维护抵押品的完好无损。

（2）在押品空间状态变化监管。这可分为在途和在库（园区）空间状态变化的监管。在途监管可对行驶线路、加油站、车辆维修、装卸点进行动态监管，进而确保对在途车厢内的货物安全；在库货物的监管，需要在园区的出入口和装卸点布置车牌智能识别技术和自动化的地磅称重系统，这样能自动记录每辆车的载重信息，有助于同步掌握质押物品的数量变动，实现实时的进出库及装卸作业监控，有效防止内部不当行为的发生。

（3）精确管理抵押物资。针对复杂且价值高的存储物品，如钢卷和贵金属，传统的手工管理方式面临效率低下、响应迟缓以及精确度不足的难题，往往导致资产损失。企业引入并应用先进的 RFID 定位技术，无论是定期的人工巡检还是自动化扫描，都能实现对在押品的高效实时追踪。

物联网驱动的动产抵押监管体系主要由硬性设施和软件模块两大部分构建。硬件部分的核心设备涵盖监控摄像头、门禁系统、网络连接设备、智能终端、RFID 电子标签及其配套的读取器（含天线和控制器）、视频服务器以及数据库服务器等。而软件模块则包括庞大的数据管理系统，如动产抵押监管系统、远程身份验证系统等关键组件，共同构建一个强大的智能化监管环境。

3.2.5 物流系统可视化案例

（一）危化品道路运输的可视化监管

企业应用物流系统驱动危化品道路运输安防工作的数字化、智能化转型，对各类货物运输进行可视化监管,对危化品运输车辆的"线上+线下、全流程、实时、闭环"管控,可提升对危化品运输车辆的管理水平,彻底改变分布式应急指挥中心间的信息孤岛现象。

1. 案例背景

以数字化赋能危化品运输车辆全维度的监管模式已在一些典型场景得以成熟应用。以连云港徐圩新区为例,该区总规划面积467平方千米。近年来,随着石化产业基地中的产业项目陆续建成投产,新区内危化品运输业务量也在逐步增长。至2020年后期,每日进入石化产业基地作业的危化品运输车辆,从以前的200辆以内增加至600辆以上。随之而来的是,越来越多的危化品运输车辆的违停、超速等违章行为增加,在港前大道、228国道等主要道路上随处可见扎堆乱停的危化品运输车辆。同时,危化品运输车辆在厂区门口排队积压事件也屡屡发生,造成较大的安全隐患。

2. 危化品道路运输综合管控平台

通过建设"危化品道路运输综合管控平台"(以下简称"管控平台"),覆盖全部进园危化品运输车辆,实现"线上系统管控+线下运营联动",实时获取危化品运输车辆数据的闭环管理机制。

连云港徐圩新区管理机构基于管控平台,构建了一个针对移动危险源的全面联网监控体系,实现了危化品运输车辆动态实时监控,显著提升了安全管理水平。这个变革性举措将传统的静态风险评估升级为动态风险感知,将应急响应模式转变为预防为主的策略,并且打破了原有的单一控制点,倡导跨部门的紧密合作与协同防范。危化品道路运输监管平台精心打造了包括承运商资质权威注册、详细运单管理、全天候行为监督、全程车辆行为管控、前瞻性行为预警以及全面性能评价等多个功能模块,全方位保障了运输安全。

该监控体系主要流程包括:第一,车辆入园前先完成承运商资质备案,完善信息,通过审核后,该承运商的车辆方可进行运输业务承运;第二,车辆在入园前要按要求填写运单,运单通过审核后,可入园作业;第三,在车辆进入新区之后,车辆GPS信号在新区地图上实时展示,并可实现超速、违停、闯禁区等违章行为的实时预警,同时报警信息会实时发至交警大队App进行处置。

3. 案例分析

管控平台之所以能高效、有序、敏捷地运营,离不开平台的"大脑"——运营中心。"危化品道路运输管控平台运营中心"对危化品运输车辆实现"线上+线下"联动管控。运营中心对入园车辆 24 小时全流程全时段监控，并负责对园区企业及承运商进行应用指导、培训及沟通答疑。

此外，平台将实时、全量的危化品运输车辆数据，通过卫星地图展示的方式，对车辆进行实时标记预警，如发生车辆违停、超速等情况时，地图上车辆将立即变成红色，并且实时将预警信息推送至平台运营中心、交警大队、186 应急救援大队等移动端 App 上。交警大队接到信息，会在第一时间到现场进行处置，并通过 App 端实时记录处置情况。由此，借助海量的监测数据分析、挖掘，在数据互联互通、共传共享层面，实现了危化品道路运输管控平台运营中心、186 大队、交警大队等无缝对接、全面联动。

综上，构筑稳固的安全屏障并形成敏捷应急管理体系，离不开新技术、新模式的应用。危化品车只要进入园区电子围栏监控区域，系统就能自动实时跟踪，同时结合园区封闭化管理硬件设施，对危化品运输车辆实现全方位溯源监控及异常的实时预警。这对于形成敏捷应急管理帮助非常大，也使新区企业最终获益。

（二）货兑宝平台-区块链仓单流转系统

1. 案例背景

中储京科供应链管理有限公司（以下简称"中储京科"），自 2019 年成立以来，凭借创新研发的货兑宝平台在业内脱颖而出。该平台已成功覆盖全国，服务网络延伸至华北、华东、东北、西南、西北及华中各主要区域，与超过 26 个省级行政中心及关键城市的重要客户建立了稳固的合作关系。公司仓储设施总面积已达到 170 万平方米的显著规模。

货兑宝平台自 2020 年 3 月 31 日起全面启动，它整合了 AI、区块链、云计算、大数据、物联网和互联网等先进技术。此平台致力构建制造商、贸易商、金融机构、仓储物流及加工行业的无缝对接，打造了一个以智库云、仓单云、交付云、金融云和协同云为支柱的全方位大宗商品供应链协作生态体系。借助数字化工具，货兑宝平台为大宗商品行业提供了一体化解决方案，包括数字化仓储管理、电子仓单服务、智能化贸易操作、金融科技支持、数据分析及前沿技术赋能。

2. 货兑宝平台的区块链仓单形成机理

区块链仓单具有创新性，其不仅推动纸质仓单向数字化形式的简单转化，重点更在于突破现有交易模式与流转系统。区块链仓单替代了纸质仓单，电子仓单包括仓单原有的全部要素信息，都以电子信息的方式呈现。开发者通过打造基于区块链技术底层的闭环单据流转系统，以能够保障区块链仓单作为权利凭证，无法被虚开、篡改、造假。另外，仓单在民法典合同篇、物权篇及期货与衍生品法中均有明确规定，作为法定单据，不能突破原有法律规定进行流转创新。在区块链仓单流转平台建设中，中储京科按照法定程序设定仓单的提货、质押、背书转让功能和流程，以及其在互联网法院的存证固证体系。

区块链仓单平台的主要功能及架构如图 3-4 所示。

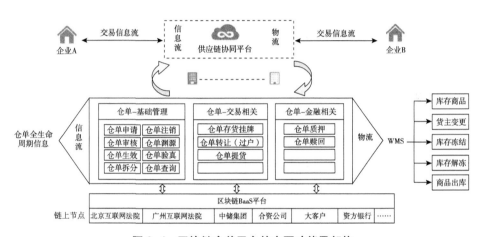

图 3-4　区块链仓单平台的主要功能及架构

仓单在法定中作为权利凭证，其生成权利的方式为交付占有，电子仓单如何表征交付占有，需攻克其技术难点，实现电子仓单的持有状态、交付状态能够在区块链 BaaS 平台上得到有效记录和追踪。银行等强主体信用平台对安全有严格要求，通过区块链联盟链的搭建，形成平台间的互信。

大宗商品，尤其在钢铁、塑化等品类的实际贸易场景中，流转速度快、价格波动大，电子仓单的使用虽然安全但效率相对下降，为攻克仓单使用效率的问题，需要拆单合并，建立"仓单池"，通过技术场景满足生产效率。

3. 货兑宝平台仓单流转的场景创新

根据仓单的提货、质押、背书转让等法定功能，仓单流转涉及仓储场景、金融场景和贸易三个场景，以上三个场景协同形成的地区性贸易活动，又涉及产业场景。区块链仓单平台示意如图 3-5 所示。

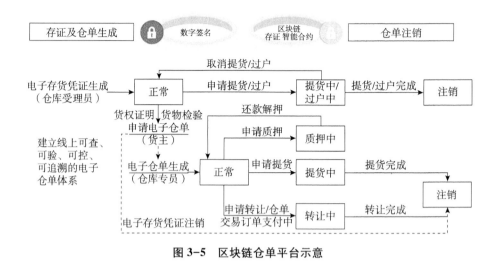

图 3-5　区块链仓单平台示意

在仓单流转平台的搭建中，需对每个涉及的场景进行数字化改造。软件基础设施投入成本高，且每个场景的改造目的均有所不同，需进行针对性业务创新，对中储京科作为系统开发者的复合性知识能力要求高。针对不同场景的创新和难点，可分别进行具体分析。

一是仓储场景的数字化改造。在货兑宝平台建设过程中，对大宗商品仓储场景进行了改造：①通过 WMS 系统替代手工账，实施仓库管理系统，实现库存账目数字化；②通过平台替代传真机，实现在线开单能力，改变受理员工作内容和仓储客户行为习惯；③通过接入现有摄像头，在获取授权的情况下实现仓库货品管理场景对外展示能力，破除传统仓储对内安全管理的保密措施；④原有摄像头安保系统仅展示货品堆放状态，无法识别货品信息，通过 AI 算法识别数据建模，针对不规范行为进行告警，实现摄像头的数据告警能力。

通过以上改造将传统大宗商品仓储账卡物三相符的基本规则，升级为账、单、物、位、实五相符工作法，并能够实时验证，以确保货物确实处于安全状态。

二是质押金融场景的数字化。在大宗商品金融场景中，货押业务的破局需解决货物看得见、控得住、卖得掉三大问题。通过线上电子仓单流转系统开展监管，即应用物联网和 AI 技术解决在押货品看得见的问题，并通过摄像头告警能力实现保管员责任界定，解决在押品控得住的问题。质押金融场景示意如图 3-6 所示。

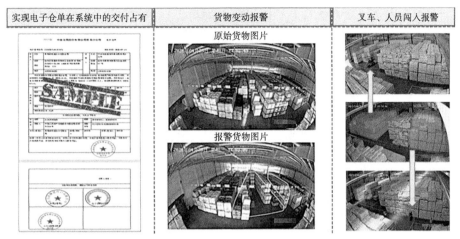

图3-6　质押金融场景示意

三是贸易场景的数字化。针对贸易场景的数字化，改造技术有：①通过卖家所有权声明，保障买家善意，最大限度保障买家的权利；②使原有的、传统的线下过户业务实现线上化操作，提高业务效率；③通过与清算所对接解决大额资金跨行支付 T+0 及财务认可的线上银行回单问题。贸易场景的数字化示意如图 3-7 所示。

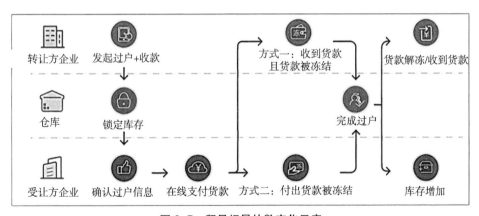

图3-7　贸易场景的数字化示意

3.3　物流场景金融

场景是特定化的业务模式，是由主体要素、时间、空间、事件、背景等因素构成的统一体。数字化场景服务的本质在于通过数据智能，对个性化服务进行深度剖析、构建和优化。在金融业务中，为了克服信息不对称，对金融场景化的构建要通过进一步获取场景信息，使信息粒度更为细致，提升信息的及时性和全面性，以降低信息不对称的程度。

场景驱动的服务策略在于依托特定的物流金融环境，通过深度剖析用户的环境数据，洞察其潜在需求，并据此定制个性化的信息推送。在大数据和智能技术（如感知设备）的助推下，系统得以精细追踪实物资产的动态路径，揭示实际情况的全景，从而提供高度精确的服务。因此，在各行业的物流金融实践中，提升金融效益的关键在于差异化和针对性，这充分彰显了金融科技的核心价值。在互联网时代，企业迫切需要灵活的业务创新策略，利用数字革命迅速调整并实施战略，开发创新业务模型，以适应数字化时代不断涌现的新服务场景，满足日益变化的客户需求。

3.3.1 物流金融场景的定义与内涵

物流金融的运作模式可以从一个独特的视角解读：它聚焦于时空特定的活动空间，针对的对象是流动资产，驱动因素是对资金的获取需求，依托先进的感知设备作为信息传递工具，其运作形态表现为一系列的交易行为。借助数字化技术，金融机构得以解析业务过程中隐藏的关键信息，洞察参与者的实际意愿和信贷需求，进而量身定制与其需求精准对接的服务，从而构建高度个性化的场景式金融服务模式。物流金融场景要素关系如图 3-8 所示。

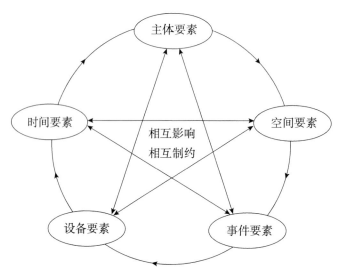

图 3-8 物流金融场景要素关系

（1）主体要素。在场景之中，核心元素涉及的是动产，它构成了场景服务的起始与终结点。动产的界定、特性及标准均属于这一要素的关键属性。

（2）时间要素。时间是构建场景不可或缺的基础，它对于解析场景构造和演变历程至关重要，同时也用于解读场景内主体及其行为的本质。时间包含同步性和过程性，同步性关注场景内部各组件的相互联系，以揭示场景架构，而过程性则着重于场景的演变过程，以理解其发展形态。

（3）空间要素。空间是场景的基础构建单元，场景的发生和发展都离不开其承载的物质环境，同时也是理解主体活动的关键视角。物理空间涵盖业务所及的地理位置和交通网络，同时涵盖环境的细微特性，如声音、光线、温度和湿度等，这些元素共同塑造了场景的整体布局。

（4）设备要素。作为场景中的基础构成部分，技术设备是感知和理解场景的重要工具。它们通过捕捉动态资产的时间演变和空间变迁信息，依托复杂强大的数据处理能力，精确地评估被保管资产对实际环境的存储需求，从而驱动智能化的核心进程。

（5）事件要素。事件在场景构建中具有决定性影响，表现为动态资产与其他要素相互作用所引发的一系列行为序列，这些行为链产生丰富的数据资源，而数据构成了场景服务运行的基础驱动元素和关键连接点。通过对这些事件数据的深入分析，可以精确对接用户的个性化需求，频繁的数据交互加强了现实联系，加深了对场景结构的理解。

3.3.2 物流金融场景化的构造

平台化是以平台建设为中心，凝聚双边用户为目的，始终以规模化、抢占市场、争取用户为目标；而场景化则是以特定的、实际的用户场景为中心，以服务用户的场景需求为目的，场景需求具有持续或随机的、通用化还有个性化的各类特征。所以，平台化和场景化是物流金融实践中的两个不同阶段，运作机理各不相同，在实践中要注意区分开。场景化思维的核心是以用户特定场景作为关注焦点，挖掘用户在这一场景中的信息需求和服务需求，进而匹配相应的服务，是深耕细作的服务思维。

（一）物流金融场景化能力塑造

场景化包括用户、场景和服务等三大要素，场景化能力的塑造要遵守以下原则。

1. 场景的辐射力

场景的辐射力意味着平台要具有足够的辐射力，可以基于供应链生态、产业链、区域甚至一个地区，吸引足够多的融资需求形成市场。物流金融平台对大宗商品、产业链的多个环节的企业具有较为便利的融资需求，这是平台的融资服务能力，平台提供满足多种服务、多个领域、多种场景、多个用户群体及个体的服务能力，满足企业用户对于"一站式"融资服务的需求；另外，又能满足一定的融资个性化需求。

2. 场景的连接力

场景的连接力是基于数字技术，实现平台与用户、平台与服务之间的有效连接，建立平台与服务之间的密切连接关系的能力，这一连接力成为吸引用户的关键方法；双边效应、信息对称性、金融赋能等，通过在数字空间与物理空间的双向交互，可以实现金融要素的有效连接。

3. 场景的服务能力

场景的服务能力是金融机构搭建金融场景，为客户提供特定场景的融资服务的能力。物流金融的服务能力体现在以低成本实现融资需求中的"短、频、快、急"等特质。场景服务能力最终体现为用户体验。用户体验是平台运营的关键，是平台的凝聚力及竞争力。

因此，场景化要求物流金融平台在场景的辐射力、连接力和服务能力上下功夫，其中，数字化服务场景的构建是物流金融平台的核心内容。

（二）物流金融场景化原理

数字孪生技术驱动的物流金融创新实践，聚焦于虚实融合的全景式体验，实现了实体与数字世界的交互对接。它整合众多参与者、货物、设施的深度集成，通过洞悉客户的交易动机、环境需求及行为习惯，借助云计算、大数据和物联网等先进技术，构建一个全维度的交互平台。该平台致力于实现与用户的深度互动，捕捉并理解场景的多元化、动态变化和碎片特性，从而升级传统的物流金融服务模式和操作流程，以数字化的力量重塑业务逻辑。

1. 物流数字孪生技术构建信息流通路径

物流数字孪生技术通过构建高效的信息流通路径，优化了信息采集、转换和传递过程，显著减少信息滞后的可能性以及真实性偏差，它以精确反映实际商业运作的"人—货—场"数据为基础，构建起金融机构与核心企业、中小企业的信息共享体系。这个系统深入挖掘采购、运营、入库、加工和使用的多元且细致的业务环节数据，创造了真实的业务场景。

数字孪生技术的应用，令监管者深度洞察企业的运营状况，降低信息的不确定性，实现即时的风险预警与风险分散。在物流金融领域，它将物流、资金流和信息流无缝融合，构建起特定的行业监督体系，能够强化核心企业的引导、反馈、管控和预警功能。同时，通过连续的用户行为追踪，平台构建者提供了全面的数字化解决方案，包括产品设计、业务流程优化、风险管理和用户体验提升。内外部数据的整合与共享，汇集了丰富的客户信息、业务动态、运营绩效和风险信号，以此预测市场趋势，准确把握生产运营状态，并实现实时风险监控，确保业务稳健运行。

2. 构建动态的信用管理体系

在精细管理的物流金融策略中，通过精准调控供应源头和销售终端，构建一个动态的信用管理体系，确保有效制约各种违约行为，推动供应链内信贷流动的自我偿还、封闭运作和有序循环。在严格的风险监控下，供应链参与者得以深入挖掘并提升整个产业链的价值潜力，同时削减交易成本和风险隐患。从采购的源头开始，经过物流调度、生产制造、产品销售，直至最终结算环节，每个业务流程都成为具有个性化特征的风控实践场所，捕捉针对不同场景的特定风险管理关键点。因此，需要建立各环节标准化的业务流程，在标准化流程中嵌入物流金融平台功能，实现流程与平台的信息共享及线上流转，精准响应链上企业融资需求并实施有效的风险控制，如在货物入库时，可以利用平台提供的仓单质押或存货融资功能，将货物作为质押物，从而提供融资服务。

综上，在信息充足的即时环境中，物流金融交互平台深度强化了信贷业务的处理能力，降低了交易成本，增强了对质物风险的有效管控，有力防范了经营风险、道德风险、逆向选择、合同履行问题并缓解了巨大的监管压力，实现了业务流程的优化和风险防控的强化。

3.3.3 物流金融场景化应用：数字仓单

（一）仓单质押贷款简介

仓单是一种表明持有人对一定数量的仓储物享有提取货物的权力的凭证。仓单质押贷款主要是以上下游的物流、信息流、商流的闭环作为风控手段。其可以拓宽融资渠道，解决在原料采购环节占用大额资金的问题，相比其他融资方式，在抵押物要求、融资额度、融资便利性等方面也具有一定优势。

仓单质押贷款业务打破了固定资产抵押贷款的传统思维，在一定程度上缓解了中小企业融资难的困境，也为银行等机构开辟了新的业务领域。融资方（出质人）将货物交给仓储方，仓储方出具仓单，融资方将仓单交付贷款方（质权人），贷款方提供贷款，仓储方负责监管货物，直至融资方向贷款方支付贷款，贷款方释放仓单，完成整个业务流程。

根据仓单出具的机构有所不同，仓单主要分标准仓单和非标准仓单。标准仓单为大商所、郑商所或者上海期货交易所出具，可在交易所流通；非标准仓单由仓储方出具，与标准仓单相比，非标准仓单依托的是仓储方的信用，门槛低、信用度低、流动性差、规范性弱。实践中仓单质押纠纷以非标准仓单居多，非标准仓单并不只被小型企业所采用，许多大宗货物的仓单质押也依赖于非标准仓单。

依据仓单凭证的形式，可以分为传统仓单和数字仓单。传统仓单凭证主要是纸质单据，存在货权不明、虚开仓单、重复质押、押品丢失等风险，传统仓单质押贷款业务，贷款方放贷难、易出险，融资方融资难、融资费用高，尤其是 2014 年发生的青岛港骗贷案，一定程度上影响了仓单质押业务的推广。

（二）数字仓单质押贷款的特点

1. 传统仓单与数字仓单质押贷款区别

传统仓单质押贷款在风险防控上存在局限性，数字仓单凭证采用电子密钥等形式，引入仓单平台，运用物联网、区块链技术，实时监控单据和货物的状态，在很大程度上消除了传统仓单质押业务长期存在的固有不足。目前，数字仓单质押贷款业务开始在国内拓展，呈现出取代传统仓单质押贷款业务的态势。

2. 数字仓单质押贷款过程

在数字仓单质押业务过程中，融资方、仓储方、贷款方在仓单平台准入，货物进入仓单平台监控范围后，融资方上传合同、发票等证明货权文件、质量检验文件，仓储方确认货物数量，完成数字仓单签发。贷款方向融资方申请质押贷款，融资方审核，在中登网登记，发放贷款。融资方归还本息后，贷款方解押，质押业务结束。

贷款方提供合同、发票等凭证，保证货权清晰、完整；仓储方在确认收到货物后开具仓单，确保质押的真实性；运用区块链技术，确保货权的唯一性；利用物联网技术，确保对质押物监控的实时性；在中登网上查重、登记，最大程度保证质押的安全性。

3. 数字仓单质押贷款的优势

对于融资方而言，数字仓单质押贷款能够拓宽融资渠道，解决在途货物占用大额资金的问题，增加业务收益，降低融资成本；对于仓储方而言，可以通过附加的融资服务提高储罐利用率，拓宽经营模式，改变以往单纯靠仓储费、装卸费的收入模式，促进仓储公司数字化转型升级，进而获得更多形式的业务机会；对于贷款方而言，可以在大幅降低风险的前提下，获取一定的贷款利息。

（三）　数字仓单质押贷款存在的风险和防控措施

1. 交易对手资信风险

交易对手资信风险主要表现为：融资方资信不佳、贷款到期后无法偿还、贷款方将被迫对货物进行处置、承担相关风险；仓储方资信不佳、管理混乱，可能给贷款方质押物管理和处置带来困难；数字仓单平台管理不善，对融资方、仓储方准入把关不严、监管不力，也会给相关方带来风险。

要防控资信风险，相关方要审慎选择交易对手，对融资方、仓储方、数字仓单平台开展尽职调查，重点调查交易对手的经营能力和信用状况，尽量选择主营业务突出、现金流充沛、管理制度健全、管理者素质较高、无不良记录的交易对手。

2. 仓单风险

仓单风险主要表现为：有关数字仓单详细规定的立法目前还是空白，若发生争议，融资方或仓储方对其合法性、真实性、有效性负有举证的义务，并承担因举证不当需承担的不利后果，导致法务风险；另外，数字仓单的"数字"属性存在被篡改、信息丢失的可能性，仓单错开、重开、多押导致法律纠纷，带来质押物被错押、多押等风险。

防控仓单风险，要严格审查平台和仓单。一是选择具有数字仓单技术条件（区块链技术、信息安全技术）、管理规范（数字仓单签发符合数字签名法规定）的仓储方和数字仓单平台；二是仓单平台制定和出具数字仓单要符合《大宗货物数字仓单》的行业标准；三是数字仓单质押在中国人民银行中登网上进行检索，查无疑似重复抵/质押，办理质押登记；四是贷款方对经手的数字仓单，通过多种渠道进行查证，必要时，委派专人对其合法性、有效性核查。

3. 虚假质押风险

虚假质押风险主要表现为：融资方、仓储方相勾结，在出质人无实物入库的情况下，仓储方出具虚假仓单，骗取贷款方贷款，到期后融资方又不能还款，使贷款方承受损失；融资方用于质押的货物权属存在争议，或者重复质押，贷款方失去对质押货物的控制，被迫成为信用贷款。

防控虚假质押风险，贷款方要杜绝融资方和仓储方存在关联关系的业务，通过物联网系统监控质押物位置和数量；仓单平台压实监管责任，严格审核融资方上传的贸易合同、物流单据、进项发票、付款凭证、缴税证明等单据，强化质押物管理；融资方要签署货物所有权声明，声明对货物拥有清洁的、完全的所有权，承诺货物不存在涉税风险，在平台上传的文件真实有效。

4. 质押物风险

质押物风险主要表现为：质押物质量不符合要求；因市场波动导致大幅减值，质押物价值不抵贷款和仓储费；质押过程中由于保管不善发生火灾等事故引发货物灭失；仓储方私自处理货物，导致质押物丢失，给贷款方带来风险。

防控质押物风险，贷款方一是要审慎接受质押物，将具有广泛市场需求、易变现、质量符合标准、有一定保质期的货物作为质押物；二是合理确定质押价格及折扣率，当质押物价格下跌到一定幅度，融资方要追加保证金，否则贷款方有权处置质押物；三是仓储方提供相应财产保险单，第一受益人应为贷款方；四是优先选择应用物联网等技术的仓储方和数字仓单平台，并实时查看质押物状态；五是强化贷后管理，贷款方对货物进行"四不两直"检查，确保货权真实、可控、在控。

3.3.4 物流金融场景化案例

（一）"66云链"的数字仓单应用

1. 案例背景

六六云链科技（宁波）有限公司（以下简称"66云链"）是一家集汽车、船舶、仓储一体化供应链管理为一体的高科技企业。"66云链"以物联网和大数据等数字科技为基础，将各行业的仓储、车队和车队联系在一起；为货主和仓储企业提供一套完整的、可持续发展的、具有自主知识产权的新型物流管理系统。为化工园区及各地交警部门、为危险化学品车辆的安全管理，提出相应的解决办法。同时以物流和资金流为基础，实现实体财产"确权"与"控货"的"四流合一"，重构"物的信用"与"过程信用"的数字化信用，实现大宗商品交易中的线上现货交付与供应链融资。

2. "66 云链"的数字仓单应用分析

数字仓单是"66 云链"供应链金融服务中核心产品,其为一种采用电子密钥形式,"66 云链"引入数字化平台,运用物联网、区块链技术,在业务关联各方共同参与的"验证环境"中,共同实时监控"货物"和"单据"的状态。通过数字仓单,"66 云链"将货物物流、单据信息流、供需关系商流融合在全业务链条闭环的数字空间里,构造源头可溯、过程可控、责任可纠的自证、它证、多证"证据链"。这可以大大降低货权不明、虚开仓单、押品丢失、重复质押等风险,助力金融机构将其风控能力延伸至全供应链,赋能融资方解决融资难、融资费用高、融资门槛高等长期困扰企业发展的痛点。

(二)化工销售企业的数字仓单质押融资业务探讨

甲苯、苯酚等石化产业和液体化工产品,具有良好的市场流动性,质量稳定,价格透明,单价相对较高,便于通过物联网监控液位,符合数字仓单质押物的要求。据统计,全国可供存储的总罐容规模约为 1.19 亿立方米,按每吨 5000 元暂估,日均货值约 6000 亿元。若按 25%的市场需求估算,仓单质押市场规模超过千亿元,当前中国的存货总量已达 100 万亿元左右,融资率为 5%~8%,而国际水平可达 60%~70%,由此可见,市场缺口容量巨大。

融资方、贷款方、仓储方、仓单平台在数字仓单质押贷款业务中都可以满足各自需求,那么作为销售企业,应怎样参与数字仓单质押业务呢?在风险可控的前提下,笔者认为,销售企业有两种途径参与数字仓单质押贷款业务流程,达到服务客户、增强黏度、拓展业务的目的。

1. 参与处置质押物

在数字仓单质押的过程中,销售企业可以为贷款方提供质押物价格波动信息,协助贷款方对质押物价值进行监控及处理变现。当融资方无法还款而弃货时,根据民法典"禁止流质"规定,贷款方不能直接获得仓单所有权,销售企业此时可扮演贷款方的受让人,以合适的价格采购质押物,并代融资方还款。对于融资方来说,解决了弃货处置问题,而销售企业增加了获取资源的渠道,也可获得一定的利润。

对销售企业而言,需要确保采购质押物的价格合理,若质押价格相对市场价格合适,以不高于质押价格(质押率一般为 70%)采购;若质押价格不合适,可采取商谈、竞标等形式,以合理价格回购质押物并销售。

2. 进行质押授信

销售企业的客户(供应商)将化工产品存入仓储方,数字仓单平台按照正常程序出具仓单，客户（供应商）可利用仓单质押，向销售企业申请授信，销售企业评估风险，按照制度给予授信，开展相关业务。

相比单纯的信用授信，质押授信风险要小，但是仍然存在风险。销售企业一方面要关注仓储方、数字仓单平台、客户（供应商）等交易对手等风险，更要关注价格波动，质押期间价格下跌，客户（供应商）需要追保或追加仓单；另一方面，若无法追保，销售企业要及时处置质押物。

3. 相关工作探索

中国石化化工销售有限公司华中分公司 2021 年对数字仓单质押贷款业务进行了全面、深入的了解和探索，开展了专项风险评估，选择"66 云链"等实力雄厚、信誉良好的数字仓单平台作为金融平台，期间贷款方、仓储方经多次接触，达成合作意向；同时编写了指南，向有需求的客户做推介，为客户融资提供渠道，便于业务开展，促进产业链金融的实践创新。

（三）普洛斯产融科技中国首单数字仓单质押增信模式 ABN

1. 案例背景

普洛斯产融科技有限公司（以下简称"普洛斯产融科技"）打造了普洛斯金融科技创新平台，专注于提升产业链效率、增强金融市场效能，通过数字化策略提供定制化的解决方案；深入探索各类产业环境，利用创新的科技手段，如实景验证、数字化管理、资产监控等，在供应链金融科技领域提出独特方案。携手金融机构，致力为产业链核心企业及众多中小微企业提供便捷且高质的融资服务。

2022 年 12 月 14 日，普洛斯产融科技在银行间市场成功发行 2022 年度第一期定向资产支持票据（ABN），这是中国首个以数字仓单质押作为增信手段的资产证券化产品，同时也是市场首单以大宗商品贸易合同购销尾款债权作为基础资产的资产证券化产品。此次 ABN 项目的成功发行，不仅开创了国内以数字仓单质押为资产证券化产品增信模式的先河，同时也表明普洛斯产融科技在数字化控货领域的仓库货物监管科技解决方案下可视化数字仓单方面的创新获得了投资人的认可，对推动我国金融机构货物融资业务发展，深入产业链解决中小企业融资难问题具有积极的意义。

2. 数字化监管体系

2022 年度第一期 ABN 项目基础资产为小麦、玉米等大宗农粮商品的贸易合同购销尾款债权。普洛斯产融科技作为发起机构与资产服务机构，凭借大数据等数字化科技手段打通从上游供应、中游贸易至下游饲料加工、畜牧养殖的整个大宗农粮供应链环节，并基于物联网、AI技术建立对仓库内货物的数字化监管体系，实现对底层大宗农粮资产流通、存储、贸易的全程监控，助力金融机构有效穿透并管理货物资产，为大宗农粮产业链上的中小企业提供资金支持。普洛斯产融科技已合作、协助升级了上百个金融监管仓，其中粮库资源覆盖了全国粮食主产区和主要港口，累计服务的大宗农粮资产超过60万吨。

3. 货物资产数字化、标准化

传统的货物融资业务中普遍存在货权不清晰、货值算不清、货物监管难、监管效率低等痛点。为了解决上述难题，普洛斯产融科技打造了集货权追溯、物流追溯、数字监控、货值分析、多方认证为一体的数字仓单体系。

由普洛斯产融科技开具的数字仓单，可全方位展示货物的物流、货权、货量、货值等信息变化，为金融机构提供有力的数字风控抓手。不仅如此，普洛斯产融科技还能提供贷后货物监管、资产管理等综合服务，进一步提升金融机构服务实体经济的效率。作为连接产业端与金融机构的科技服务平台，普洛斯产融科技在数字仓单方面的创新，对构建货物的数字信用、实现货物资产的数字化、标准化起到了重要的推动作用。

4. 构建质押融资监管平台

普洛斯产融科技通过创新合作模式，联合大型仓储企业和金融机构，为贸易商、经销商等实体企业推出以仓单质押为基础的融资方案。该方案以货物和数字化仓单作为担保，旨在解决企业在短期至中期经营过程中面临的资金流动性难题。平台的核心目标是构建一个全面的质押融资监管架构，它接受企业的在线质押贷款申请，整合第三方仓储与运营网络，并高效调度资金，确保及时为企业提供贷款支持。

同时，该平台运用先进技术实现对仓库内货物的远程监控，还允许企业采取分期还款和按需赎回货物的方式，极大地提升了融资的灵活性。通过这种方式，普洛斯产融科技不仅优化了传统融资流程，更为实体经济注入了高效、安全的资金解决方案。监管平台主要包括以下几个部分。

（1）核心设施及配套软件。

①全方位监控体系：在仓库各关键区域部署智能视觉传感器，画面实时传输至中央视频管理系统。

②自动身份验证系统：利用RFID技术，为进出库物资配备电子标签，其信息传输至仓库管理PC端，由系统服务器统一调控。

③远程接入点：智能终端设备实现了远程员工的考勤管理，通过互联网与远程考勤网络平台实现了无缝对接。

④移动资产管理模块：手持式读写器结合控制器，用于精确盘点进出库资产，并实时同步至动产抵押监管数据库服务器。

⑤高效数据处理平台：基于 Oracle 数据库服务器，负责全面的数据管理和存储。

⑥集成管理系统：运行于监管终端，整合了出质人仓储、门禁控制以及库存核查等功能。

⑦远程工作验证系统：智能终端作为核心工具，支持员工远程签到的操作。

（2）动产监管平台的功能模块。

①视频遥测：本地硬盘录像机与远程动产质权监管系统相连，通过网络实现远程视频监控。

②图像存储：主要的视频资料储存在本地硬盘录像机内。

③定时图像传输：抓拍的图像，按设定的时间间隔上传至视频服务器。

④自动警报机制：无人仓库中，若远程监控设备检测到动态，可及时通过监管系统向监管及管理层发送警报。

⑤远程访问：管理员可通过手机或计算机远程操控监控设备，实时查看仓库状况。

（3）智能物联网组件。

①RFID 标识：每个受监管物品配备 RFID 标签，包含物品的条码信息，以便追踪物品状态。

②读写设备：与 RFID 标签交互，读取并传送数据至远程监管系统，系统也可远程向设备发送信息以更新标签内容。

③智能门禁：所有质物进出库需经过门禁系统识别，通过 RFID 标签收集进出数据。

（4）远程追踪模块。

①监管员定位：监管员使用系统 App，其位置信息借助地图技术发送给监管系统；管理者能随时通过系统查看监管员的活动轨迹和位置变动，评估值守情况。

②质物追踪：主要应用于车辆质权；车辆需安装 GPS 设备，定期发送位置信息（经纬度），一旦车辆离开预设监管区域，系统将发送警报；车辆动态

和路径在电子地图上清晰呈现，便于监控和管理。

（5）库存管理组件。

①入库操作：负责仓库内所有物品的入库处理。

②出库控制：管理物品的出库流程。

③数据深度分析：统计商品的入库和出库详情。

为监管企业和质权人提供详细报告，运用大数据技术，识别长时间未出库或低出库率的商品，准确评估业务风险。

（四）亿海蓝大数据应用赋能物流金融

1. 航运物流行业面临的资金困境

中国航运物流行业兼具劳动密集型和资本密集型双重特性。行业内部，众多从业人员支撑着运营：每辆拖车配备 1~2 名驾驶员，而一艘中型船舶至少需 10 名海员。据统计，从业人员数量以百万计。然而，硬件设施投资巨大，拖车价值通常不低于 30 万元，大型船舶更高达数千万元甚至上亿元，对运输公司构成了显著的资金压力，凸显了行业对流动资金的高度依赖。

作为服务业，航运物流的主要收入来源于货主或货运代理的运费，主要成本包括燃油、人力、过路费、保险等。然而，运费的回收周期可长达 3~6 个月，而这些成本往往需即时或按单支付，导致严重的现金流错配。因此，车队必须具备承担 3~6 个月运营成本的能力，这对其财务实力提出了严峻挑战，进一步强调了物流行业的资本密集属性。

在航运物流领域，众多小型企业如拖车公司普遍规模有限。加之行业事故频发，运费通常仅占货物价值的十分之一，一旦发生超出保险赔偿范围的货损，企业可能面临破产，导致保险公司缺乏创新动力，传统金融机构则谨慎授信。此外，企业管理不规范、固定资产少、财务透明度低，使信用评级降低，进一步阻碍了航运物流企业从传统金融渠道获取资金支持。

2. 亿海蓝供应链金融案例背景

亿海蓝（北京）数据技术股份公司（以下简称"亿海蓝"）诞生于 2003 年，是首批被选定为国家核心物流信息系统平台试点的企业之一，同时也是全国供应链创新与应用的典范代表。凭借深厚的积累与尖端的技术实力，亿海蓝在全球航运大数据领域确立了无可动摇的领先地位。自成立以来，亿海蓝始终坚持用户至上的原则，其旗下的"船讯网"和"CargoGo"等产品与服务，在全球航运界享有广泛的用户群及极高的赞誉。

作为全球 AIS 数据服务和航运大数据领域的开创者，亿海蓝构建的航运大数据包括全球船舶实时位置数据、全球船舶档案数据、全球集装箱物流跟踪数据、全球班轮船期数据等核心数据，以及基于多维度数据分析挖掘的大数据应用。航运数据挖掘除了以上核心数据外，通过长期研究分析整理，积累了全球航线数据、全球电子海图数据、全球港口资料数据等航运基础数据。通过这些多维度数据的整合挖掘，公司开发了全球集装箱吞吐量实时监测、大宗商品运量分析等服务。国际贸易的90%是通过海运完成运输的，而船舶动态和集装箱动态是物流的直接体现，是研究国际贸易的基础数据。航运数据挖掘在宏观经济研判、金融期货投资等领域有重要价值。

3. 亿海蓝构建航运大数据应用机制

亿海蓝致力于构建一个以海运为中心，涵盖多种运输方式的综合物流供应链服务平台，旨在全面触及和整合航运业的各个环节。该平台为货主企业提供一系列服务，包括运输能力的行业资源池、风险控制数据、运费价格信息以及货物运输的实时可视化跟踪。这些服务旨在增强货主企业的数字化运营能力，提升运营效率，并减少物流成本。在此平台上，亿海蓝进一步携手第三方金融合作伙伴，利用平台的数据资源和连接功能，以大型货主企业的信誉为依托，为集装箱班轮公司、拖车车队、驳船公司、干散货船公司等航运及航运周边企业提供个性化金融解决方案。

4. 以数据的真实性验证交易真实性

亿海蓝拥有大量船舶航行轨迹信息数据（船讯网）、拥有大量货代/货主与船公司之间的在线订舱和支付信息数据（快舱网）、拥有大量货代/货主与拖车公司之间的订单交易信息数据（金科信），这些物流、商流和信息流数据是在过去几年、十几年真实交易背景下产生的，数据的真实性可以在很大程度上替代交易真实性的验证，某种程度上使数据化风控分析成为可能。亿海蓝结构化数据模型如图3-9所示。

5. 定向支付模式

亿海蓝借鉴物流金融理念对航运物流企业的资金用途进行了定向支付设计，成立了自己的链条贸易公司，如石化公司，所有融资资金的支付通过自有石化公司进行，保证了资金用途的真实性，同时沉淀加油数据，为建立贷后风控数据模型奠定基础；而聚拢行业需求资源又使得亿海蓝可以向行业的上游寻求更低的油品采购价格，能够大幅降低企业的采购成本，进而形成以下两种模式。

（1）互联网+金融+定向支付模式。亿海蓝在产品和风控设计上采取互联

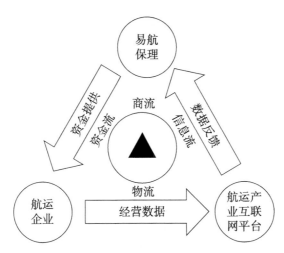

图 3-9　亿海蓝结构化数据模型

网+金融+定向支付模式，力求以大数据应用方式解决贸易背景真实性、资金用途真实性问题，以船运费保理为例，通过船讯网了解船的位置数据变化，通过快舱网了解船公司的在线订舱、在线对账、在线开票、在线回款等数据变化，通过在线保理提供金融受理的效率，通过将保理预付款资金定向支付到关联公司亿方行加油公司用于定向加油，保证了贸易背景和资金用途的真实性。

（2）航运物流数据+定向支付+集采模式。航运物流数据+定向支付+集采模式，打破了传统金融贸易背景真实性审核和资金用途真实性审核的思维定式，实现了物流、商流、信息流、资金流四流合一；通过运费垫付帮助航运物流企业提前回笼资金；通过行业定向集采帮助单个企业降低采购成本，解决企业账期倒挂问题和成本高的问题，实现了对航运物流企业从收入端到成本端的一站式解决方案。

亿海蓝"互联网+监管"信用形成机制如图 3-10 所示。

6. 亿海蓝拖车宝金融解决方案

亿海蓝的拖车类金融业务主要运用深圳市金科信软件开发有限公司（以下简称"金科信"）及同业的其他 TMS 数据进行定量和定性风险指标分析，从运力、运量、运程、运时、运价等诸多层面对收入和成本结构进行解析，确定授信方案，并通过拖车宝产品进行定向集采。融资介入减轻了资金垫付的压力，且通过定向集采渠道该客户购油成本得到了有效降低，成本节约达20%，扣除拖车公司支付亿海蓝的融资成本，由于其采购成本下降，整体盈利水平得到了较大的提高。

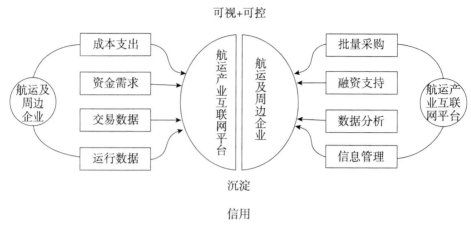

图 3-10　亿海蓝"互联网+监管"信用形成机制

7. 亿海蓝船公司类金融解决方案

亿海蓝船公司类金融业务主要运用船讯网的航迹数据和快舱网的在线订舱数据进行定量和定性指标分析，从运力、运量、运输线路、运程、运时、靠港时间以及吃水深度的变化等核算企业收入和成本模型数据，同时结合企业实地调查资料进行验证分析，确定授信方案，并进行定向集采。

8. 亿海蓝助力深圳智慧港建设

2017 年 9 月，亿海蓝的全资子公司"金科信"与深圳市鹏海运电子数据交换有限公司（以下简称"鹏海运"）联合推出了"协同升级 智链集运"解决方案，通过港口作业与拖车运输业务的协作构建了外贸大数据生态系统，其已成为至关重要的外贸便利性基础设施项目。该系统通过数据集成、业务协作和应用创新，致力于实现外贸数据的深度融合和价值放大。

外贸大数据，包含如关、检、税、汇、车、船、箱、港、场、代、银、保、单、客、供等多个元素，是对实际业务的数字化映射，是验证真实性的基础载体。其全景式的参与者网络和交易实体相互关联，并在政府机构的信用背书下运行，赋予了业务官方的"主权信用"。例如，仅凭订舱号、报关单号、集装箱号和提单号等核心数据，即可追溯从发货人到收货人的完整链条；众多关键节点的数据公开透明，可实时在线查询。

3.4　本章小结

数字技术的应用重塑传统物流金融的业务场景，优化了金融生态，极大地拓宽了物流金融服务的广度和深度，改变了物流金融的业务模式，深刻地改变着物流金融的市场格局。

物流金融平台本质上就是金融科技平台。金融科技平台以提供数据服务为中心，从大数据走向小数据，对融资场景的刻画也越来越细化，为精准、有效解决中小企业的融资问题提供解决方案。

物流场景金融与传统金融服务相比，具有嵌入式、端到端、跨界生态、流量性等特点。场景化思维的核心理念是场景中心化，即重点围绕用户的特定情境，探寻他们在该场景中的信息与服务需求，从而精准提供相应的解决方案，这是一种深度定制和精细运作的服务理念。对于平台而言，场景化意味着需要强化对场景的影响力、连通性和服务能力，关键在于建立并维系好场景、用户和服务三者间的紧密联系，以便为创建数字化服务场景打下坚实基础。

4 物流金融数字孪生系统的构建与运作机制

4.1 物流数字孪生概述

4.1.1 物流数字孪生的应用基础

对"物流质押监管"这一物理对象（系统）进行全过程的数字化模拟与控制，是物流领域数字化的高级形式。借助工业互联网的"数据+模型＝服务"思路，物流数字孪生也遵循工业互联网的发展路线来进行设计。

结合模拟（仿真）和控制，物流数字孪生的构建是从低级到高级的数字化过程，分为以下三类模型。

（1）数字模型。数字模型是对物流实体进行数字化表达，需具有高度的模仿性，但不涉及物流对象和数字实体之间的数据交互，具有单向、静态、滞后等特点，如对存货进出仓进行分析、对配送中最优路线的仿真等。

（2）数字影子。数字影子建立了从物流实体到数字实体的数字化，将实时传感器数据输入建模和仿真应用程序中，以监测为主。如同物流系统的"影子"，两者具有高度的相似性，且与实体有实时、同步、同样的变化，但"影子"不会对系统产生影响，只有系统影响"影子"，是系统单向、实时的指令传送。企业通过数字影子可以了解物流系统的实时状态，例如，高效运作的物流系统需要高稳定性和高安全性的物流设备，非常适合使用数字影子来分析。

（3）数字孪生。数字孪生支持物流系统和数字实体之间进行实时双向的数据交互。数字孪生相对于数字影子，增加了数字对实体的反向影响，使实体和虚拟映射可以进行双向同步变化，从而实现虚实之间的相互控制，这是数字影子所没有的功能。

物流数字孪生包括模型、数据、对象等一对一关联，具备动态、精确、实时/准实时、双向交互等特点，是对单纯的数字模型和仿真系统的创新。物流数字孪生可贯穿物流系统的全生命周期，通过实时更新物流实体的数字拷贝，监测物流系统运营的完整性和运营流程、运转设施等性能，持续优化物流系统全部过程，从而为物流金融的创新和风险管理提供基础条件。

4.1.2 物流数字孪生的思路和特征

1. 物流数字孪生思路

传统的物流监管要实现或达成高水平的风险管理目标，具有十分严苛的条件，包括参与主体、设备、系统，都应达到金融机构的要求。金融机构需要对人、机、系统等做好详尽的风险控制方案，一边试验、一边改进，反复多次后，监管系统才能接近预期的目标。虽然反复试验和评估对监管系统的改进十分重要，但成本高、时效性差、业务不连续，使金融机构难以开展类似业务。

物流数字孪生通过将原来产生于真实系统中的试验、策略、方法等，用于数字世界中进行试验、运行，以获得事物或系统的动态运行数据。这能够在不涉及物理实施的情况下，提供最优对策及解决方案，可大幅降低试错的成本、缩短系统优化周期，保证物流监管始终以最优的状态运行。

2. 物流数字孪生特征

（1）物流数字孪生级别。

根据物流系统的复杂程度，物流数字孪生包括设备级别、资产级别、系统级别、运营级别，不同级别的物流数字孪生侧重提供不同的功能。

①设备级别：组件维护和性能监控，如常见仓库、运输设备的运转。

②资产级别：对存货、订单或运输品的保障，以资产监管功能为主。

③系统级别：涉及多个组件或者资产的串联，如对物流园区、大型仓库管理等。

④运营级别：最高级别，从物流金融的业务角度，面向风险控制的运营指标，对质押监管的整个过程，特别是大型港口、仓库或区域多个仓库的运营。

（2）物流数字孪生应用类型。

根据物流数字孪生的应用类型，可分为时空孪生、设备孪生、运营孪生三大类。

①时空孪生。主要指对大型物流系统，特别是大宗商品的时间和空间的监管，如大型仓库、配送中心、物流园区等几何空间较大的对象，这类孪生系统产生的时空大数据体量大、变化快，对技术设备的要求高。

②设备孪生。数字孪生可以通过传感器的实际值反映当前设备的真实状

态，表达设备的动态控制信息，如温度、湿度等。物流监管的重点是在发生异常变化时，能实时控制设备的状态，以符合金融机构的监管要求。

③运营孪生。金融机构管理多个物流系统，包括多个独立的仓库系统。它们相对独立，但运作方式、风险管理基本类似。例如，对粮食仓库进行物流监管，无论是大米还是小麦或是副食品，监管方法大体类似，但在建模、风控策略上有所不同。

4.1.3　物流数字孪生结构

物流数字孪生结构包括五层功能，如图4-1所示。

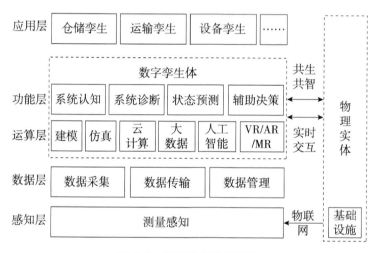

图4-1　物流数字孪生结构

（1）感知层。主要包括物流系统中结合物联网技术的物流基础设施设备，例如，仓库中的各种智能物流设备、各类装有传感器的运输工具、关键物流设备等。

（2）数据层。主要包括数据采集、数据传输和数据管理模块。

（3）运算层。运算层是数字孪生体的核心，本质上是以"算法+数据"来实现核心的控制功能，包括各类建模、仿真，实现技术涉及云计算、大数据、人工智能等。

（4）功能层。直接体现数字孪生的各项功能，实现系统认知、系统诊断、状态预测、辅助决策等。其中，系统认知是在数字孪生体呈现实体的状态基础上，实现自主分析决策、风险预警提示等功能，可以替代人脑决策的高级功能。

（5）应用层。面向各类物流金融场景，为项目运营提供全面的赋能，实现仓储孪生、运输孪生、设备孪生等功能。

数字孪生的功能监测是一种高级监控手段，首先，它具备预见性，即在问题发生前就能识别出潜在的异常，业界称之为"预警"能力；其次，它能通过深入解析系统的运行数据，进行前瞻性预测，预测物理实体的未来动态，这就是所谓的"洞察未来"功能；最后，其核心价值体现在决策驱动上，根据孪生体提供的详尽信息、诊断结果及预测，直接生成并执行对系统运营中各类决策的精确操作指令。

4.1.4 物流数字孪生的典型场景

1. 数字仓储

以北京京东亚洲一号的智能物流为例，传统库存管理主要依靠库存和生产报告来实现数据的统计与分析，但这种方式的数据更新主要依赖现场人员，因而实时性不足。为改善这一状况，物流运营方可借助应用于仓库管理系统的数字孪生技术获取实时的生产数据，以直观且即时的方式展现库存状态、拣货热力和上架热力等仓库运营的关键指标，从而提高仓储管理者的监控、分析及决策效能。更进一步，通过运用在线库存建模与仿真技术，数字库存能够结合具体的业务环境，既能在宏观层面上进行网络仿真实验及预测，也能在物流运营层面上实现仿真的优化，以此决定物流网络中货物的布局策略和数量，有效解决库存分布的优化问题，提升物流操作效率。

2. 数字安防

以物流园区为例，它是一个多系统、多层次的复杂系统，具有点多、线长、面广的特点。为保证园区的安全运转，不仅需要管理者拥有丰富的经验、知识，还要求操作人员具备较高的技术水平、安全意识和应变能力。为保证事故、异常的可追溯性，物流园区在现场逐步推广摄像头和报警器，该方案在一定程度上解决了现场监控问题，但是园区监控所需传感器众多，基于操作人员进行摄像头异常信息的排查需要较多的人力工作量，并且极大依赖操作人员主观上的责任心及个人能力，很难及时有效地排查可能存在的异常情况。

基于数字孪生的数字安防，允许摄像头通过5G和物联网等方式灵活接入视频平台。数字安防可以通过在云端和边缘端构建异常行为建模，以及部署智能识别算法。然后，基于现有的摄像头24小时不间断地动态采集视频数据，进行异常行为的实时识别和报警，比如，消防门开启、安全通道堵塞、未戴安全帽、未穿反光衣、暴力分拣、异常掉件等场景。数字安防解放了库内操作人员的"双眼"，有效提升仓库的异常识别率，同时减少对仓库操作人员的需求，起到安全生产保障及降本增效的作用。

3. 数字车队

在运输和终端配送场景搭建数字孪生，可以帮助物流企业在控制成本的条件下，优化规划和运营，通过提升满载率和人员效率（以下简称"人数"）等手段，来满足业务实际诉求。数字孪生使能的数字车队，是基于5G、物联网、区块链、北斗定位、图像处理、人脸识别、大数据等技术和人工智能算法，构建的面向物流运输及其他商用车的车联网融合创新应用体系。该体系可以使物流企业随时掌握车辆实时位置、货物实时情况、司机驾驶情况。

将数字孪生应用于运输和终端配送场景，在运输方面，可以对现有运输运营情况进行实时观测，并在孪生体上调整路线开通标准、路线设计等关键因素，模拟并评估整体策略的影响；在配送方面，考虑全部或者部分由路区配送员兼职揽收、由多个配送员配合完成揽派工作、安排专职人员揽收等运营模式；借助揽派数字孪生模型对站点覆盖区域进行系统仿真建模和策略支持，可以提前预估当前模式下的履约成本和效益，减少人工试错的成本，提高站点的人效，支持终端作出运营组织决策。

4. 订单实时跟踪

对货物的追踪可视化是管理中的实际需求。但因技术、成本限制，物流追踪应用普遍存在高延迟且无法全程覆盖等问题。

物流企业通过5G等高质量网络精准采集货物关联的仓库与车载相关的视频监控画面、传感数据，建立以订单串联的仓储、运输、配送等各环节的孪生体模型，并经过区块链和通用开放接口等技术进行有效衔接，从而对订单全程进行监控、计算、分析和预警，为物流时效和质量保驾护航，提升物流履约能力和客户体验水平。

4.1.5 物流数字孪生的双向控制机制

1. 开环控制与闭环控制

系统控制论研究的主要课题是探索动态系统在多变的环境条件下如何保持平衡状态或稳定状态，分为开环控制与闭环控制。开环控制系统是一种结构相对简单的控制模式，其特征在于系统内控制输出与受控对象之间的信号流仅单向进行，不存在反向回路。相反，闭环控制系统的操作基于偏差信号而非直接的设定输入，这个偏差是由系统实际状态与期望状态之间的差异产生的，进而依此调整对受控对象的控制力度。同时，受控对象的反馈信息会反过来影响这个偏差信号，从而间接地改变控制效果。这种自我调整的机制形成了一个信息反馈的闭合环路，故称为闭环控制。

2. 风险管控的闭环负反馈控制原理

正向调控机制是依托反馈理论构建的自动化管理系统。它依赖对系统运行结果的实时评估进行干预，即通过对实际表现与预设目标间的偏差进行校准，以优化系统的性能表现。此类控制系统的特点在于：既有信号从输入导向输出的直流通路，也有信息从输出环节逆流回输入端的回馈路径，它们共同构建了一个完整的反馈循环。供应链金融的特性鲜明，其风险管控过程遵循闭环负反馈控制的模式。例如，存货管理和质权资产监控等策略，构成了一个自我调节的闭环，金融机构会根据借款人的借款额度来动态调整库存规模，以此确保风险控制处于理想的平衡状态。

物流金融的风险管理通常采用闭合循环的负反馈控制系统。例如，库存水平管理和质押品价值监管就体现了这种闭环负反馈的特性。控制的意图在于：一旦货物销售量超过采购量，导致库存持续下降并趋近于预设的控制点，系统会介入调整，限制货物的出库速度，以确保库存量始终保持在控制目标之上。这一过程运用了负反馈的原理来实现有效控制。

存货质押的闭环负反馈控制结构如图4-2所示。

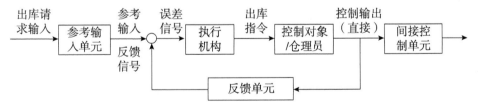

图4-2　存货质押的闭环负反馈控制结构

库存管理系统深受外界因素的影响，表现为接收出库需求（即指令输入，作为系统的驱动要素）。这种需求引发系统内部的调控机制，具体体现在对库存管理员的操作指示，促使他们准确响应，以满足系统设定的效能标准，实现出库量的精准管理。反馈机制的存在犹如一个智能分析器，使系统能够实时评估现状，捕捉关键节点，灵活地实施动态管理策略，旨在快速实现目标并最大限度地减小误差，确保风险管理的有效性。

闭环负反馈控制的优势在于其误差调节机制，它通过纠正偏差来最小化误差，这对我国众多管理基础较为脆弱的物流仓储公司（体系）尤其适用，可视为一种本土化的管理模式。这种方法注重把握核心问题和实时调整，有助于培养整体性思维习惯，同时具备低成本运作的特点，不仅理解简单，而且有利于广泛应用。

3. 库存管理体系的风险调控框架

传统库存管理体系在各个环节往往呈现孤立的操作模式，主要依赖于事后的结算策略，这无疑在风险管理上存在显著的滞后效应。首先，库存规划流程并未形成一个完整的循环，通常由仓库管理员独立进行，而风控专家和财务人员并未参与这一过程，导致了团队协作的缺失。在决策过程中，指标设定过于依赖个人经验和订货计划，缺乏多元化考量，从而削弱了计划制订的精确度、严谨性和实际效果。其次，出库执行环节未能形成闭环管理。仓管部门时常根据客户临时需求调整出库量，这种灵活性可能导致库存控制的随意性增大，进而形成潜在的风险敞口，对库存量的稳定构成威胁。最后，风险评估与管理同样缺乏系统的追踪和反馈机制。风险分析的时间安排随意，风险评价过程也不够严谨，未能形成一个从识别到应对的完整链条，这无疑增加了风险管理的不确定性。以库存管理策略为例，其风险调控框架设定如下。

（1）融资额度设定：（当前库存量+进货补充量−对外销售量−生产消耗量）×调整系数×商品价值≥融资额度。

（2）调控目标定位：当销售量超过采购量，库存量逐渐下滑，逼近预设阈值时，关键在于管控销售量，确保库存水平保持在控制线之上。这里采用的是正向调整机制来实施管理。

（3）闭环正向调节机制：库存融资的闭环正向调节机制着重于整个流程的连续运作，涉及以下几个环节。

①基准设定：确定风险管理的预期成果，可以用动态的信用利用率或风险暴露度来定义。

②模型构建：依托数据分析和实际情况，构建风险防控的具体模型。

③信息回馈：创建一个从输出结果到输入决策的双向信息流。

④误差评估：对比系统输入与输出的数据，进行精确度衡量。

⑤动态调控：通过对误差的实时检测，强化对操作过程的严密监控；通

过矫正措施迅速纠正偏差，旨在达成"系统稳定性提升、反应敏捷且误差降至最低"的目标，从而确保风险管控目标的实现。

4. 欧浦智网的物流金融风控应用分析

（1）案例背景。

欧浦智网致力技术创新，陆续推出了一系列独特的服务模块，包括自动化订单处理平台、银行资金管控体系、个性化的在线谈判功能及商品重量差异调节政策。这些创新举措不仅优化了整体钢铁交易流程，更极大地扩充了欧浦智网的线上商品库。由此，会员能够有效降低交易成本，简化操作步骤，从而增加了商业机会，确保了交易的成功率得以显著提升。

（2）欧浦智网的金融服务体系构成。

欧浦智网的金融服务体系包括数字系统及线下系统。

①欧浦智网的数字系统。欧浦智网的数字系统主要包括物流金融服务体系和信息平台。

a. 物流金融服务体系。物流金融服务体系在分层结构的最上层，接收信息平台中提交的融资申请（单证），经过单据审核后，进入审批审核流程；另外，为防止系统风险，还需要对所有层次进行关键环节的监管。

b. 信息平台。信息平台不是某个企业的平台，而是所有参与机构、节点的信息系统的集合。为满足金融服务数据管理的需要，信息平台从各个系统抽取数据（单证）。同时，信息平台需要建设跨组织流程，实现协同作业。

②欧浦智网线下系统。欧浦智网线下系统构成以人工操作为主，质押品在经过采购供应、加工制造、仓储、运输过程中，整合第三方物流、运输企业，并提供接入标准，使接入机构能够按标准流程运作等。线下运营接受数字系统的指挥，实现协同作业。

③欧浦智网"线下+线上"双工方式。欧浦智网"线下+线上"系统双工方式即线下系统与线上系统可以同时发送和接收信息的信息交互方式。下面以欧浦智网的钢材无人仓操作流程为例，其智能出库作业就属于典型的数字化双工方式。异常出仓的双工交互执行如图4-3所示。

控货单元（每一卷钢锭）内置RFID，货物的仓位、移动、出库由系统指令控制，不允许现场主动操作。当货物在仓库内异常移动（非系统指令）时，起重机将拒绝启动，系统发出报警，并要求现场人员前往异常地点；如果货物继续移动，且现场人员不能在5分钟内到达并响应系统，系统会自动关闭仓库大门（卷闸门），货物就无法出仓。

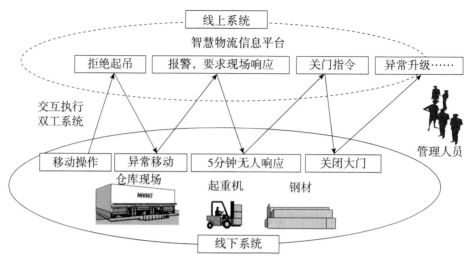

图 4-3　异常出仓的双工交互执行

（3）"物联网驱动钢铁仓储商务平台应用示范"项目。

欧浦智网以多年构建的物流仓储系统为基础，创新交易机制、提升服务内涵，探索出了一条"天网""地网""金网"模式的电商 O2O 产业之路，有效地将产业电子商务的安全性、高效性和融资创新结合在一起。在自主创新发展的道路上，欧浦智网创新经营模式，整合产业链优势资源，聚力打造钢铁业、家具业及探索发展新兴产业，为制造业的转型升级、生产服务业发展起到引领示范的作用。

欧浦智网采用前沿物联网技术构建了创新性的"物联网驱动钢铁仓储商务平台应用示范"项目，旨在提升仓储效率并实现自动化操作。项目运用了诸如 RFID 标签、三维定位技术和红外感应拍照等先进技术，精确获取每件入库货物的出厂标识、实时重量、立体储存位置及全方位影像资料。这些数据通过无线网络实时传输至智能管理系统，推动了库存管理、出入库操作、监控及盘点流程的智能化升级，从而将传统钢铁仓库转变为高效能的"物联网钢铁仓库"。这一创新极大地优化了钢铁物流仓储过程中的管理水平。

此外，该项目不仅局限于单一仓库的智能化，还通过信息技术的桥梁，将众多"物联网钢铁仓库"连接起来，构建了一个功能丰富的开放性平台。这个平台集成了钢铁实物交易的电子商务服务和钢铁金融质押监管等多种商务功能，进一步拓展了行业的商业潜力和流通效率。

欧浦智网为商家和买家提供多样化线下配套服务和线上金融服务，依托线下支撑，配合线上模式的电商平台，最终为客户构建一个定制化、专业化的物流金融服务，实现供应链各环节的利益共享，打通了客户以低成本融资进货的渠道；近年来，欧浦智网为家具供应商提供 20 亿元反向保理融资额度的服务，金融服务推广至供应链各环节，并延伸到钢铁、家具以外的各个产业，最终让商家和消费者受益。

4.2　基于数字孪生的物流金融模式

4.2.1　物流金融的主要模式

目前在业界实践中，主要有两大类物流金融模式。

1. 动产质押融资模式

在世界经济体系中，动产担保扮演着至关重要的角色，特别是在金融交易中，非实体化的物权衍生权益展现出极高的市场接受度。《中华人民共和国担保法》明确区分了抵押和质押这两种形式，规定了动产可以同时作为质押和抵押的对象。其中，质押的特点在于通过实际占有权的转移，增强了担保财产的安全性和完整性的保护，使债权的执行过程更为顺畅。无论是大型金融机构还是小型企业，选择动产质押作为一种融资手段，无疑体现了其高效安全的特性。金融机构能够接受质押的动产主要是应收账款和存货，动产质押融资在经历物流银行、融通仓、保兑仓等概念后，逐步过渡到物流金融概念。

（1）物流金融概念。

物流金融高度融合了商业银行的金融活动与物流行业的运营特性，构建了一种全方位的服务模式，它整合了融资、清算等多元功能，为客户提供"一站式"的解决方案。在当前的业务格局中，商业银行对第三方物流企业的依赖日益加深，这种依赖主要体现在对物流供应商的专业支持和管理体系上，从而构筑起一个紧密的三角协作关系，连接着商业银行及借款企业。融通仓融资模式涉及三方，即金融机构、融资企业和第三方物流企业，将其待销售的产成品放入金融机构指定仓库，形成质押。在卖方同意承担回购义务的基础上，保兑仓模式运用了对贸易中实物产权的严格管控，如商品监管和回购保障等手段。这种模式特别适用于知名品牌的制造商向其主要下游分销商进行大批量供货的情况。然而，该模式对交易的商品有一定的条件：商品需有广泛的应用范围，易于转化为现金；价格应保持稳定，价格波动幅度不大；商品应该是非消耗品，不易腐烂，且易于保存和维护。

（2）分离均衡效应。

分离均衡效应是银行开展动产质押融资业务的重要依据。在信息不对称的经济环境中，寻求效率平衡的关键在于弱势一方设计出甄别信息优势者的策略。在这种动态均衡下，两个不同的参与者群体通过主动获取并利用信号，实现了彼此间的有效区分，从而避免了信息不透明导致的市场低效。借款人通过释放真实的信用评级信号，确立各自的信誉等级。在这个框架内，高风险借款人在评级内倾向于选择"高利率、高贷款价值比率"的协议，而低风险者则倾向于选择"低利率、低贷款价值比率"的协议，从而形成了一种策略性的分离均衡。

在动产质押中，"存货质押融资"具有中国特色。中小企业资金链的紧张始终是一个难题，尤其在获取贷款时，抵押担保的缺失尤为显著。在此背景下，一种独特的存货监管模式应运而生，物流公司作为银行的代理人或监管者，采用监管输入的方式，协助满足银行对存货作为担保的融资需求。然而，这一过程并非毫无挑战，银行需谨慎应对存货质权的法律疑虑（可能存在的权利瑕疵），以及流动性和价格风险（存货变现困难和市场价格波动大）。近年来，诸如2013年的上海钢材贸易欺诈事件和2014年青岛港重复质押丑闻等重大事件，加剧并恶化了国内动产质押融资业务的困境，尤其是国有企业的快速撤离，进一步加快了市场的萎缩。

2. 仓单（现货仓单）融资模式

（1）仓单的基本概念。

仓单是广义上的票据之一，是物权的法律文书、提取货物的凭证、有价的证券。仓单融资与交易（背书即可转让）具有天然优势，包括便捷性、可靠性、不可抵赖性、良好的流动性。而其他形式的现货交易中，多次交易（包括出质）则需要多次交收，将发生多次的移库、运输，费时费力。我国国家标准委员会于2013年12月发布了《仓单要素与格式规范》（GB/T 30332—2013）国家标准。发展仓单交易和仓单融资，具有提升交易效率、减少货损、降低交易成本、提升融资便捷性、促进公共仓储业发展、以高效定价机制形成定价中心等多重价值。

现货仓单是商品交易的最高级形式，也是主流模式，即"一手交钱一手交单"。仓单作为实物交易的终极体现，普遍被视为交易基础，尤其体现在"即时付款，即时提货"的传统模式中。仓单融资特别是基于仓单的动产担保，在欧美国家早已发展成熟并广泛应用，被视为中小企业资金链解决方案的关键途径。仓单作为一种金融工具，其核心价值在于其融通能力。发达的票据市场体系能够有效缓解中小企业融资难题，而欧美国家的仓单操作得益于完善的配套服务、严谨的信誉提升机制及优化的交易设计，确保了仓单的高度信用度和便捷的流通性。

（2）我国仓单融资面临的问题。

与欧美国家相比，我国仓单融资的应用仍显匮乏，主要侧重于以"库存监管"为特色的定制化模式。当前，我国的仓单主要用于大宗商品国际贸易和国内部分期货交易所的特定交易，尚未充分渗透到制造业和消费品流通的广泛领域。在融资层面，通过仓单获取银行贷款的比例还不到整体的 5%，显示出我国在这方面的局限性。

仓单质押监管的风险是实践中的核心问题。其中，法务风险是质押金融的根本性问题，是司法实践与理论研究的重点，主要针对司法实践中的大案、要案。由虚假交易、虚假票据引起的风险是制度性、普遍性的。我国缺少大规模的仓单交易市场，这是导致我国大宗商品定价权缺失的硬伤之一。

"信息不透明"是阻碍仓单融资广泛应用的关键障碍，它引发了显著的负面效应，使银行在寻求信息的过程中面临高成本和高风险，从而形成了金融排斥现象，即银行的信贷谨慎态度。在国家大力推动数字经济和制造业向数字化深度转型的新阶段，物流金融领域的数字孪生技术创新性地解决了这一根本问题，激活了我国制造和流通领域中价值数万亿元的存货资源，显著缩小了我国与国际在仓单运用上的显著差距。

4.2.2 数字技术的影响

仓单融资不足的原因是多方面的，包括法律条件严格、信用成本高、个性化服务程度高、运营成本高、质押品选取受限等，但根源性问题还是信息不对称。仓单融资问题主要涉及信息不对称和融资成本较高，借贷双方的博弈结果是银行借贷而形成金融排斥。但仓单不同于几何空间类型的物理实体，仓单具有丰富的法律内涵，对于数据质量、数据采集机制、数据交互机制等关键内容，需要具有针对性的理论化、系统化。

应用数字技术来解决仓单融资中的信息不对称问题，这需要创新出数字化时代背景的产融结合的融资创新模式。在我国大宗商品仓单质押融资的实践中，已经出现"数字孪生+仓单"的思路，但尚未构建"物流金融数字孪生"理论体系。国内已经出现多家采用区块链等技术结合数字仓单，通过物联网技术建立数字仓单与底层资产的数字孪生应用模式，该类模式以仓单的票据权利为依据，用数字孪生技术自动反馈仓单对应的实物资产状态和环境。这一融资创新模式本质上是基于传感器、物联网、仓库记账和区块链存证等多种智慧技术的综合应用。

数字孪生是信息技术进一步发展的必然结果，目前属于数字化领域较为前沿的理论与实践。模拟实验的认同度源于各参与者对集中式系统的信任机制。在数字孪生的世界中，数据整合是其核心，而确保系统的信赖度关键在于处理数据的可靠性。尤其是在物体与物体、虚拟模型与虚拟模型之间进行的双向数据交换情景中，这些交互直接影响着各方利益的精确分配，因而对可信数据的需求显得尤为迫切，它是数字孪生技术应用的前提条件。因此，在数字孪生的数据融合架构内，构建基于区块链的信任数据机制至关重要。

借助数字孪生技术，金融平台可以构建物流金融数字孪生的质押融资场景，提供数据驱动的实时、精准、匹配仓单质押融资的全流程以及全局优化的决策和风险控制，重塑仓单质押融资的运营逻辑，达到决策协同化和智能化。

目前，国内有个别平台在石化、能源领域开始将数字孪生应用于仓单融资实践，例如"66云链"的区块链数字仓单解决方案，利用数字孪生的远程监控功能，可以实时镜像特定业务场景。

4.2.3 可信数据与数字孪生

1. 可信数据是构建数字孪生的基础

基于可信数据构建物流金融数字孪生，是数字孪生映射法律关系和数据交互的体现。涉及仓单融资、仓单交易的数字孪生必须以可信数据为条件，要求可信数据在信息真实性、安全性和全面性方面达到很高的程度。

（1）只有可信数据才能被参与人接受。可信数据使信息接收者（如银行）仅根据信息就可以认定、相信某一事实，并作出决策（如放贷）。不可信的数据对于决策的参与方来说是极大的风险和威胁。

（2）数字孪生的重要特性在于仿真，它利用数字技术来替代实物实验中高成本的人力、物力投入，旨在利用仿真的输出进行决策，以此实现物理实体与虚拟世界的深度互动。在这个过程中，大量的数据交换和存储排除了人为参与，因而亟须一种机制确保机器间的数据交互具备真实性。

（3）可信数据是实现去中心化技术自治以及数字信任的关键基础。传统质押模式中，缺少中心化机构监督。"信息不对称"使理性个体之间难以建立信任关系，从而出现"拜占庭将军难题"，使金融场景中的多方利益受损，业务难以开展而出现金融排斥。数据集成由中心化转换为"分布式"，本质是分权，参与节点具有平等的信息分享权、知情权，形成节点的信息对称地位，实现多方相互监督，是可信数据产生信任关系的逻辑。所以，数字化协作的前提必然是数字信任，而可信数据是数字信任的基础，可信就是数据质量的核心指标。

2. 数字孪生体的层次

越是高级的数字孪生功能，越是需要去中心化的治理机制。依据发展程度，数字孪生体可被区分为五个层次：模拟、交互、预见、预感和集体智慧。数字孪生体通过集成数据采集与分布式账本技术，确保数据的真实性，这奠定了模拟和交互阶段的基础。同时，共识机制和智能合约等特性，使数字孪生体不仅成为物理对象的精确数字镜像，还能实现虚拟与现实之间的推理预测，并有能力与其他数字孪生体互动，共同演化。这种依赖机器信任的能力，必将推动构建以智能化技术为主导、去中心化且分布式的自我治理技术框架。

构建数字孪生的可信数据主要分为三类：基于智能技术直接采集的数据；共识机制形成的共识信息；由机器的计算产生取证数据。区块链作为信息基础设施的优势在于解决数据的可信性问题，三类数据经由区块链存证后，形成可信数据。

（1）数据价值来源于信息的真实性、安全性、全面性。结合物联网等技术，保证源头数据的真实采集，是数据价值的逻辑起点。

（2）共识机制形成的共识信息，是协作过程中产生的可信数据。数字孪生是交互、协作的计算平台，协作过程中产生的、达成共识的数据，是可信数据，是技术自治和去中心化治理的结果。

（3）由机器计算产生的可信数据，其计算方法有数据勾稽、大数据、人工智能及边缘计算等。

4.3 物流金融数字孪生系统的应用框架

4.3.1 融资中的信息不对称问题

在物流金融领域，银行往往遭遇到突出的信息透明度挑战。融资搜寻模型和信息不对称原理在中国信贷体系中揭示了企业资金获取的困境，即融资困难且成本高昂，难以得到有效缓解。物流融资跨越多行业，处于一个相对"隔阂"的商业运作环境中，借贷双方因信息不透明、搜寻成本高昂，以及借款方可能存在的策略选择和道德风险，使融资业务变得更为复杂。尤其值得注意的是，在信贷市场中，借款人通常拥有项目信息的主导地位，这加剧了信息不对称带来的问题，从而提高了产生不良贷款的风险概率。质押融资中的信息不对称问题表现在以下四个方面。

（1）交易信息不对称。在信贷业务中，信息的非透明度导致了金融机构面临潜在风险。受限于交易核实的局限性，商业银行往往难以深入了解交易实质，主要依赖于表面文件审查，这在一定程度上削弱了对潜在虚假交易风险的有效识别，从而滋生了大量涉及虚假票据的重大案件。

（2）法律信息不对称。在法律层面，银行间对于质物信息的共享缺失以及仓储管理的疏漏，为不法分子提供了可乘之机。

（3）会计信息不对称。片面性、不真实性的信息对银行的风险控制和防范影响巨大，报表质量直接影响贷前审查工作的难度和业务成本，其中，关联企业的频繁交易、多套报表、账目混乱等使银行难以衡量借款人的营运能力和还款能力。

（4）物权信息不对称。物流行业中的仓储企业本身的资产总额低、管理水平有限、信用度不高，难以保证监管的有效性，甚至对货物的真实所有权也难以甄别。

物流金融信息不对称的逻辑表示如图 4-4 所示。

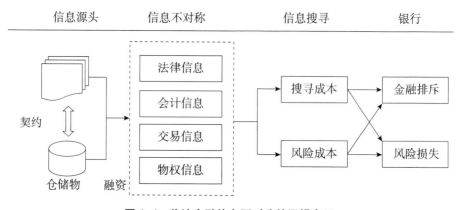

图 4-4　物流金融信息不对称的逻辑表示

4.3.2　物流金融数字孪生系统的总体框架

物流金融是一个多元主体参与、具有多重活动的综合性业务领域，融合了资产管理、金融服务及交易等多种运营特性。各参与主体间的互动基于严谨的契约关系。对于银行而言，涉足物流金融业务，需要综合处理法律、会计、交易、物权等多维度信息，这些信息必须具备高度的可靠性，包括其真实性、完整性、即时性、一致性和安全性，以确保业务的稳健运行。所以，必须以"可信数据"满足银行希望达到的数据质量要求，以"数据驱动"来构建数字孪生系统结构。

基于契约关系构建"物理-虚拟"结构，以数据双向操作为中心构建运行机制，最终实现金融效应。物流金融数字孪生总体应用框架如图4-5所示。

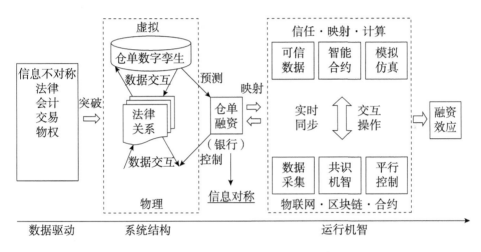

图4-5 物流金融数字孪生总体应用框架

4.3.3 物流金融数字孪生系统的概念模型

物流金融数字孪生系统的概念模型如图4-6所示。

物流金融数字孪生的概念模型在现代信息技术创新和前沿性服务思维的驱动下，实现对物流体系中的实体环境、设施设备、人力资源及操作流程的全方位感知。通过这种感知，系统在虚拟空间内可以精确复制出与实物系统高度契合的数字孪生体，令实体系统与数字孪生体之间保持实时的数据交换和信息同步。

进一步地，物流系统的实际数据与虚拟数据交互形成特有的孪生数据集，它由大规模的"孪生大数据"和精细化的"小数据"共同构成。孪生大数据主要用于预测分析、性能评估和决策优化，小数据则确保了对物流实体操作的精准调控和微调。这种集成模式显著提升了物流金融的智能化水平和运营效率。

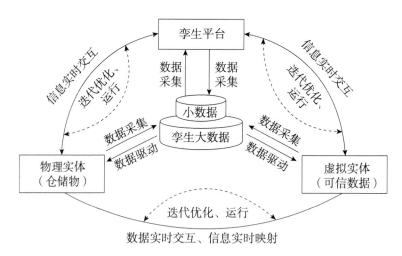

图 4-6 物流金融数字孪生系统的概念模型

借助数据导向，数字孪生平台能够智能设计和监管物流金融的运营流程，实现实时状态监控和高效管理策略优化。利用虚拟模型，系统开发者可以对物流金融实体的行为进行预测，并将这些预见性的信息应用于实体决策。

4.3.4 基于契约关系的数字映射

物流金融中的各类契约规定了权利、义务、担保关系以及多类证据、签章、单证及流程等。满足契约的规定是刚性的、基础性的，是数字孪生的前提条件。在采用数字化的智能技术的应用情境中，契约关系作为物流金融的核心支撑，也是构建数字孪生的基本规则。

数据孪生的作用与价值就是真实、全面地实现基于契约关系的数字映射。不同于其他类型数字孪生建模的"物理-虚拟"二合一结构，物流金融数字孪生提出增加"契约关系实体"，构建由"物理实体、契约关系实体、虚拟实体"相结合的"三合一"结构。

"契约关系实体"具有独特性，且十分重要。一方面，契约关系不同于几何、物理、规则等属性，契约关系多数是隐性、非可视化的，甚至是抽象的逻辑关系——由事实关系进行逻辑推理才能得出。例如，契约关系包括物权/所有权是否有瑕疵、交易关系/质押关系是否成立等重要事实，而这类契约关系隐含在一系列规定、单证及形式要件（如签章）当中。传统融资业务的单证处理功能就是厘清契约关系的关键，属于最具基础性、工作量最大，也是出现问题最多的环节；契约关系处理是银行最难突破的业务痛点。

在实践中，银行难以做到深入调查交易背景，多数情况下只能进行形式要件的审核，因而对于法务风险因素的判断存在天然不足。可见，银行难以审核交易的真实背景，主因是信息质量不高（不及时、不全面）、证据力不足、数据粒度不细等。

4.4 物流金融数字孪生系统的技术方案

4.4.1 物流金融数字孪生系统的建模

可信数据是基于区块链架构下的高质量数据，是构建数字孪生的基础。数据是连接物理实体和虚拟实体的媒介和基础要素。一般地，数字孪生模型可获得的信息包括几何尺寸、物理特性和对象行为等，且数据采集要满足实时同步、可靠映射和高保真等特点。物流金融数字孪生系统在此基础上还叠加了共识信息、计算取证。所以，物流金融数字孪生系统的功能结构更为复杂。

高水平的物流金融数据需以物理实体的精确小数据进行构造，而这类精确的小数据与质押融资的风险要求是一致的。金融科技将信息技术、大数据等融入金融机构的决策流程，以此提升金融机构的信息甄别、风险控制等能力。依托供应链交易过程中所产生的物流、资金流、信息流等反映企业生产经营全过程信息，这类信息是"小数据"，具有真实、精准、可追溯等特点，满足银行仓单融资业务对数据的要求。

物流金融数字孪生系统的参与者之间具有非完全信任关系，所以数字孪生不能采用中心化的数据存储模式，需要结合区块链形成"去中心化"的数据治理模式，才能彻底解决信息搜寻问题。

物流金融数字孪生系统建模对于数据的要求，不需要覆盖所有维度和领域，在此，笔者根据实际的监管、风险控制需求进行调整，提出物流金融数字孪生的多层级系统建模示意，如图4-7所示。

4.4.2 物流金融数字孪生系统的功能特性

1. 数据双向交互操作

在物流金融系统中，不同的对象需要不同频次的数据实时交互。一部分物理实体的结构在较长的时间跨度内保持不变，在建模与数据采集时，只要数字空间中的模型反映了系统当前的拓扑和参数即可；而一些关键设备，特别是被监管的标的物，则需要动态、实时的监管信息。

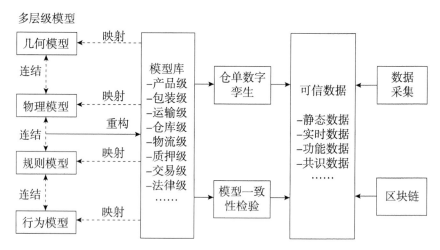

图 4-7　物流金融数字孪生系统的多层级系统建模示意

通过物流金融系统产生的可信数据，其应用目的是证明物流金融相关的事实，一方面需要交易的真实性，另一方面需要对事实和权益的证明力，两者缺一不可，最终才能产生数字信任。在数字孪生中，信息质量高、参与者协同性强，不存在信息传递损耗或失真问题，这有力地保障了实现以区块链作为数字孪生底层架构的重要价值。

物流金融数字孪生系统基于物联网智能设备，或采用数据勾稽、大数据、人工智能、边缘计算等方法取证，取得用于物权变化和物理移动等事实的信息（源头信息），其信息真实性（保证与源头信息完全相同）由加密算法来保证，信息的时序性由块链指向指针来确定，时间戳记录信息产生的时间。事实按逻辑来证明，是以不可篡改、时间戳（时序性）的数据作为证据，使数据的传播与存储过程都保证数据不产生变化，从而产生数字信任。

契约关系的数字化和明确化。以分布式身份认证、分布式应用与数据库等模式构建分布式应用模式（联盟式区块链：联盟链），基于区块链形成协同机制，从而构建分布式组织结构。

2. 监管的"特定化"

"特定化"是物流金融最具关键性、独特性的功能机制。分析以往发生的众多案件，可以发现实践中的资产质押纠纷多集中在质押权是否生效这一关键问题上，其关键的判定依据是"质物的特定化"。只有"特定化"才能达到质权设立（质押权成立）的标准。这需要通过一系列人为安排，使质押的动产明显区别于其他财产，并与质押合同紧密联系。

4.5　物流金融的智能风险控制机制

4.5.1　风险管理的思路

对于物流金融数字孪生的智能风险管理，其实质是基于物流金融运作的平行场景，进行"虚体"与"实体"双向实时交互，最终形成闭环反馈。

"双向互动与协同"是数字孪生的典型特性，其主要目标是构建一个与现实世界精确映射的数字映像，能够前瞻性地预测未来的环境演变及实体自身的状态。虚拟孪生体通过实时监控物理实体的传感器数据，实现了实体与数字世界的即时映射，随后在虚拟环境中进行模拟操作测试，进一步优化控制策略，并借此对实物进行远程操控。在物流金融领域的数字孪生中，双向交互涵盖"物理-物理""虚拟-虚拟"以及"物理-虚拟"等多种形式，它要求物流体系内的人员、机器、物资和环境等多元要素的紧密协作。特别是对于"物理-物理"交互，它促使物理设备之间能有效通信、协调并共同执行任务，这在传统的风险管控框架中是难以实现的，有效地弥补了"虚拟-虚拟"模式中的诸多薄弱之处。"物理-虚拟"的交互则确保了虚拟模型与物流设备实时同步，根据虚拟指令灵活调整策略，提高了响应速度和效率。

基于数字孪生的物流金融风险管理框架如图4-8所示。

4.5.2　基于智能合约的平行风险控制

基于区块链2.0技术，智能合约利用算法和数字化协议部分或全面地履行中心化的司法功能，目的在于构建一个保障程序公正、结果公正及事实公正的利益共同体公平机制。这种创新机制实质上是对司法职能的一种重塑，它牢牢植根于法治原则，强调事实的准确识别，以及证据在确定事实中的决定性地位。通过技术手段，智能合约能够自动化地执行证据收集、事实判断、法律裁决等一系列环节，从而确保权益的公正裁定和分配。其内置的强制执行和自动执行特性，有效遏制了传统合同执行中可能出现的因个人私利导致的不公平行为。

1. 系统功能交互与融合

（1）物理融合。精准控制资产在质押环境下符合银行的风险管理规定，主要通过物联网和算法来替代人的判断。

（2）模型融合。虚拟实体映射模型的构建、评估与验证、关联与映射、融合等。

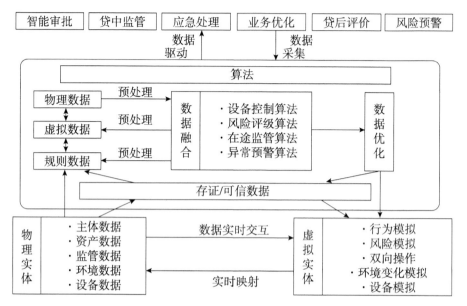

图 4-8　基于数字孪生的物流金融风险管理框架

（3）数据融合。真实刻画系统运行状态、要素行为等动态演化过程和规律。

（4）服务融合。数据融合与风险控制的交互与协同以数据驱动，结合各类算法对物理实体和虚拟实体实行运行机制，可以做到接管人的操作、精准管控提供决策支持。

2. 智能风险控制机制

智能风险控制机制依托可靠的数据基础，构建了风险事件的发展逻辑，其核心在于对事实的精确认定。在取证手段上，物流金融平台可采用多种策略，如系统确权以确保源头真实性，双工交互以实现双向验证，以及通过嵌入式取证和物联网取证来获取动态证据。同时，新兴的取证模式日益重要，包括运用大数据分析进行深入取证，借助人工智能技术提升取证智能化水平，以及利用边缘计算进行实时取证等操作。智能风险控制机制主要包括智能合约机制和平行控制机制。

4.6　本章小结

动产质押从早期的物流银行概念发展到目前的数字物流金融等概念，其核心思想是利用信息技术来缓解信息不对称、降低操作成本、提升风险管理的智能化水平。

数字孪生是产业数字化进程中的新阶段。不同于设计制造，物流金融数字孪生具有资产、金融和交易等经济属性，这些属性都以契约关系为基础。

"物理-虚拟"之间由可信数据连接，构建物流金融数字孪生系统的目的，是充分利用物理实体的数据采集功能，将大量的真实信息镜像到虚拟实体，利用虚拟实体模型对物理实体的行为进行预测，并将预测信息反馈到物理实体。

5 物流金融数字孪生实践

5.1 物流金融发展的产业背景

5.1.1 产业金融与产业数字化融合

在以创新驱动产业转型升级的变革进程中，产业金融与产业数字化扮演着至关重要的角色。产业数字化是一个全新概念，它依托新一代信息技术，将数据视为核心驱动力，挖掘价值并推动业务流程的深度重塑。这一过程涵盖了从产业链到价值链的全方位转型，尤其强调通过数据的力量激活实体产业。在产业演进过程中，对金融服务的需求日益凸显，这促使供应链及物流企业、金融机构必须积极发展与数字技术紧密结合的产业金融模式。金融与数字科技的深度融合正在引领金融行业步入数字化、云端化的智能新时代。

近年来，物流金融在数字科技与金融行业的深度交融中崭露头角，成为数字经济金融的典范。相较于传统的金融模式，它展现出鲜明的特性，如数字化运营、平台化服务、覆盖领域更广泛以及服务对象的多元化。这不仅提升了金融服务的质量，还对金融市场架构的优化和资金使用效率的提高起到了积极作用，进而对实体企业提供了有力支持，开辟了新的融资路径。一方面，物流金融利用数字技术可以重塑金融市场结构、加速信息流转、减轻融资难题、提高资金配置效率，从而对高科技产业的创新和发展给予更多助力；另一方面，物流金融能够引导资金有效分配、优化资源布局、推动产业升级，进一步提升高科技产业的创新产出能力。

相比消费金融，产业金融的资金需求体量更大、融资需求更复杂、痛点问题更多、对国民生产和社会发展的价值更大。发展产业数字金融，迫切需要金融机构开展数字化的金融服务能力，提升金融服务供给能力和服务效率。产业数字金融发展的关键基础设施是以数字技术为导向的金融科技平台，通过平台连通中小企业、政府、核心企业、金融机构等，形成合作共赢的生态圈，开展产业数字金融业务，包括信贷、支付结算等综合类的金融业务。

5.1.2　金融科技平台化及场景化发展

金融科技平台通过应用数智化技术实现底层数据交互的可信化及业务流程的自治化，通过智能化技术控制业务背景真实性和风险管理的智能化。同时，金融科技平台也应包括金融服务功能，提供各类金融创新产品，利用金融科技形成场景数字化构造能力，提升数字化金融服务能力。

场景是数字金融的关键和着力点，采用数字化来构造场景金融，本质为个性化的融资需求提供可信数据管理能力和风险控制方案，并接入各类金融服务，为各类个性化的场景提供金融服务。可见，场景金融是金融服务发展到一定阶段、由新一代信息技术驱动的产物，是产业导入金融服务的重要模式。

5.1.3　物流金融的应用场景

物流金融重点打造以下四类应用场景。

（1）存货（仓单）监管。实现技术控货、仓储监管、货物监管、风控规则、仓单评价、工单督导、仓单全生命周期管理、仓单融资等，提升存货数字化监管水平。

（2）绿色（双碳）金融监管。实现绿色产品、绿色工厂、绿色园区、绿色供应链等绿色监管，构建绿色数据融合能力，完善绿色指标库，实现绿色信用，助力绿色金融模式创新。

（3）租赁融资监管。实现租赁资产数字化、租赁物接入、租赁物监管、风控规则、事件告警、工单服务、GIS 视图、资产处置等，提高资产数字化运营水平。

（4）数字化（动产）监管。为煤炭、油品、钢材、铝锭、医疗设备、工业品、农产品、生物资产等各类动产，提供动产监管、计量、估值、VR/AR/MR 等服务，实现动产的数字化监管。

5.2　物流金融的场景化与数智化应用

5.2.1　应用背景

2019 年 8 月，北京微分格科技有限公司（以下简称"微分格"）推出了基于物联网与区块链技术的 3.0 版本仓单质押服务平台。此举引领了物流金融的技术创新。该平台通过强化对实物资产的精准感知、实时定位监控、动态计量预警及防欺诈机制，实现了对仓单质押全程的智能感知和管理，提升了监管效率和作业标准。通过整合物权与信息的信任模型，平台正在重塑金融风控体系，将线下金融服务数字化、令主观信用转变为客观可信，同时将事后的追踪转变为事前的预防。这一创新不仅催生了实时可控的交易模式，还构建了金融与实体经济深度融合的新生态，为粮食行业的仓单质押融资提供了具有实际操作价值的参考模式。

在该平台上，微分格研发的核心平台包括以下几种。

（1）智能感知平台（MicroLink™）：实现"芯片+安全+AI"的数字感知服务能力。

（2）产融数据平台（MicroData™）：实现"产业+双碳+金融"的多源数据融合，提供数据采集、海量存储、离线分析、接口发布等服务。

（3）资产监管平台（MicroMonitor™）：提供双碳资产数字化管理、风险预警、工单督导等。

（4）资产交易平台（MicroTrade）：实现"双碳"数字资产在线交易，提供资产确权、资产公示、资产估值、资产交易、交易结算等服务。

在该平台上，微分格重点发展三个核心能力。

（1）物联（智能设备生态）。微分格拥有80多个设备生态服务商，覆盖资产标识、资产定位、资产计量、资产安防、资产巡检、边缘计算、环境检测等；同时拥有全国性服务网络，实现设备安装、设备调试、维修与抢修、硬件年度检查、硬件月度检查、硬件常规检查等。

（2）安全（安全标准）。微分格专注于建立安全体系，实现各层次的安全，如硬件安全、系统安全、数据安全、运营安全等，积极参与并应用相关安全标准，实现平台安全、自主可控运行。

（3）智能（AI、边缘计算）。微分格不断完善智能化水平，为客户提供边缘计算服务、AI服务，实现价格预测、目标识别、数量识别等不同的智能化服务。

5.2.2　产品简介

1. 产品设计理念

微分格通过研究及应用物联网技术对资产实体的感知，实现智能化感知识别、全流程追踪管理、实施标准化监管与作业，增强金融风控能力，实施商业模式创新。

微分格探索数字资产应用场景的产品设计理念如图 5-1 所示。

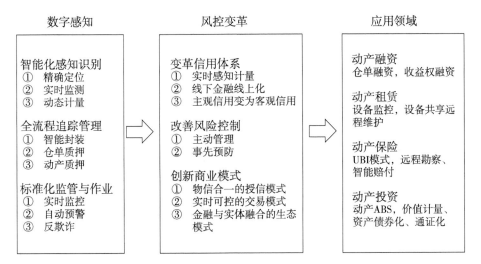

图 5-1　微分格探索数字资产应用场景的产品设计理念

2. 产品体系

产品体系包括 MicroLink™、MicroData™、MicroMonitor™、MicroTrade™ 四款平台型产品，以及存货（仓单）监管、绿色（双碳）金融、融资租赁监管、数字化（动产）监管四个应用型产品，为客户提供资产智能感知、资产监管、资产交易等方案，打造数字化资产服务能力。

3. 产品部署逻辑

平台支持私有化部署、公有化部署、混合部署三种模式，主要的部署逻辑是基于物联网架构部署，通过边缘计算网关，实现线下的智能设备互联互通，以及线上系统的 SaaS 服务能力，为 PC 端、大屏端、移动端等提供便捷服务。

4. 产品核心技术

微分格致力发展多技术融合创新，利用不同的先进技术，结合各种金融应用场景，提升数字信用和智能风控能力，提供高安全、轻量级、可快速应用、性价比高的技术应用产品与服务。产品核心技术包括。

AI 硬件与物联网技术、产融大数据技术、智能风控技术、数据信用技术、区块链可信技术、北斗定位与遥感技术。

5.2.3　多品类存货监管解决方案

微分格已服务的客户包括中国银行、浙商银行、民生电商等金融机构，以及钢铁、粮食、石油、贵金属、汽车等产业集团企业，为客户提供物联网监管科技服务。多品类存货监管解决方案一览如表5-1所示。

表5-1 多品类存货监管解决方案一览

序号	解决方案	品类	方案描述
1	钢材（仓单）监控	钢材	通过行车的移位监管、RFID标识、出入库地磅秤、车牌识别等监控手段、构建钢材数量、品类、作业、安全、确权、数据6个维度的监控手段，以及50多种不同的风控策略和风控规则，实现钢材入库、质检、在库、翻库、出库、盘库等各类作业的全流程监控
2	铝锭（仓单）监控	铝锭	通过出入库地磅秤、智能叉车和称重、UWB叉车定位、RFID标识、电子围栏、智能人脸识别、智能车牌识别、智能门锁等监控手段，构建40多种不同的风控策略和风控规则，实现铝锭入库、质检、在库、翻库、出库、盘库等各类作业的全流程监控
3	农产品（仓单）监控	玉米 大米 小麦 棉花	通过出入库单据OCR识别、车牌AI识别、出入库地磅秤、激光雷达扫描、智能门锁、粮权牌识别等监控手段，构建粮食数量、品质、安全、价格、确权、数据6个维度的监控手段，以及60多种不同的风控策略和风控规则，实现农产品入库、质检、在库、出库、盘库等各类作业的全流程监控
4	生物资产监管	奶牛	通过智能耳标、数量AI识别、车牌识别等手段，实现活畜的智能化跟踪监控
5	贵金属（仓单）监管	贵金属	通过智能微电子秤、振动传感器、AI摄像头、智能门锁等手段，实现贵金属的入库、质检、在库、出库、盘库等各类作业的全流程监控
6	绿色（双碳）金融监管	产线监管	实现产线各类能源设备、转子设备、振动设备的监管，以及企业经营动态的监管

序号	解决方案	品类	方案描述
7	车辆监控	车辆	通过出入库 RFID 标识、UWB 定位、摄像头、OBD（车载自诊断系统）等监控手段，构建 20 多种不同的风控策略和风控规则，实现车辆入库、在库、出库、盘库等各类作业的全流程监控
8	设备监控	医疗设备	通过 UWB 定位、RFID 标识、用电状态监控等监控手段，实现设备状态、设备跟踪、设备标识等各维度监控
9	油品监控	油品	通过智能压力仪、液位仪、智能消防、车牌识别、AI 摄像头等手段，实现油品的入库、出库、在库、盘库等全流程监控
10	农作物监管	农作物	通过气象监测、虫情监测等手段，实现对农作物的监控

5.3 存货（仓单）融资数智化应用与创新

近年来，存货（仓单）融资的风险案件频发，让很多金融机构望而生畏，痛点主要集中在评估难、监管难、数据难、确权难、处置难、标准难六个方面。如何通过科技赋能重构存货数字信用，保证存货的真实性、透明性、可溯源性，提高存货数字信用与智能风控水平，扩大存货（仓单）融资比例，规避重复质押、空单质押、虚假骗贷等一系列问题，变得尤为突出。

科技创新在存货（仓单）融资中扮演着创新引擎的角色。物流金融平台开发者将致力推动实物存货向虚拟仓单转型，逐步构建覆盖全国的高效流动仓单服务体系。这将显著加快全国范围内仓单流通网络的构建，为存货融资注入新的活力。

5.3.1 平台需求与实现

1. 构建仓单数字信用

仓单数字信用是存货（仓单）融资的基础，既包括物理空间的真实货物感知，又包括信息空间的虚拟数字感知，通过融合物理空间与信息空间，构建真实、可信的数字信用。

（1）基于物联网技术实现物理空间的感知。主要指货物的智能化感知，包括货物识别、货物评估、货物定位、实时监测等；货物的全流程追踪管理，包括智能封装、智能物流、存货巡检、动态出入库等。

（2）基于大数据技术实现信息空间的感知。主要指集成仓库管理系统、外部征信、第三方价格系统、第三方处置系统等内外部信息，保证信息空间的完整性、关联性。

（3）基于大数据与区块链技术，融合物理空间与信息空间数据，构建"物信合一"的数字信用。

2. 构建智能仓单风险管控体系

依托物联网、区块链、大数据和人工智能的技术应用，系统开发者针对存货（仓单）融资中的重点难点，持续进行创新实践，旨在从被动应对转变为主动防控，将事后追查转变为事前预警，引入智能监控及防欺诈机制，以提升融资效率、保障安全并增强信任度，有效化解存货（仓单）融资的瓶颈。

（1）解决评估难题：借助 AI 摄像头、精确测量设备、扫描设备及无人机图像分析，实现货物重量和品质的精准评估，同时鉴别潜在的空心或夹带问题。

（2）强化监管效能：利用 AI 摄像头、电子围栏、电子巡逻系统和电子标识，实时监控"人、货、工具、环境"，精确定位人员，监控货物动态，识别车辆与工具，并监测内外部环境变化。

（3）破解数据难题：通过大数据整合物联网感应数据与内外部信息系统的数据，构建无缝的"物信融合"，形成与实体信用镜像般的数字信誉模型，确保数据的实时、准确和关联性。

（4）突破确权难题：借助区块链技术，结合统一的仓单登记平台，同步物理仓单和电子仓单记录，彻底解决资产所有权的确权问题。

（5）快速处置策略：连接统一登记平台、内部处理系统和第三方 B2B 交易平台，形成高效的货物处置路径。

（6）标准化进程：逐步完善仓库接纳、存货监管和仓单交易的标准化流程，确保存货（仓单）融资操作的合规性和一致性。

3. 线上线下存货（仓单）融资运行机制

在标准仓库内部署 AI 摄像头、传感器、智能锁、UWB 定位等智能设备，完成"物理仓单"与"电子仓单"的数据同步与映射、风控策略执行、预警与风控督导，并根据各维度指标进行仓单画像和评级，实现线上线下仓单监管、画像和交易（见图5-2）。

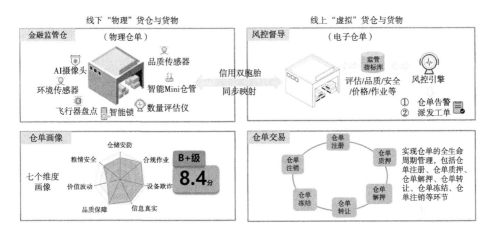

图5-2　线上线下存货（仓单）融资运行机制示意

4. 数字控货平台的核心模块

数字控货平台主要包括标准仓的智能管控、数字信用、风控督导、仓单确权四个部分功能。

（1）标准仓的智能管控。基于物联网技术，连接标准仓内AI摄像头、智能锁、电子围栏、传感器、数量评估仪等，实现标准仓的物联监测和边缘风控能力。

（2）标准仓的数字信用。基于大数据和区块链技术，融合标准仓内设备数据、传感器数据、仓库管理数据及第三方系统数据，构建"物信合一"的仓单数字信用，并实现仓单信用数据上链、仓单信用画像与评级。

（3）标准仓的风控督导。基于大数据和人工智能技术，针对不同的监管要求，实现不同的风控策略、智能预警、工单督导等。

（4）标准仓的仓单确权。基于区块链技术，遵循全国可流转仓单体系，对接统一仓单登记平台，解决重复质押和虚假仓单，实现可信仓单上链、确权和交易。

5. 四个"强化"构建数字控货平台

（1）强化物联网的感知价值。信用数据的构成离不开设备感知数据，将来50%以上的设备数据将用于数字信用。

（2）强化区块链技术应用。区块链技术在信任机制中扮演着关键角色，作为社会结构层面的创新驱动力，它凭借数据加密、分布式账本和智能合约等先进技术，实现了数字化的信任体系和价值共享。

（3）强化人工智能的风控能力。人工智能的风控效能得以提升，得益于面部识别、物品辨识、设备鉴定等多种欺诈防范手段，以及智能化的预警系统和巡查服务，从而显著提升了智能风险控制的能力。

（4）强化贸易链的数据潜力挖掘。贸易链的数据潜力被深度挖掘，推动产业链上下游的紧密结合，通过物联网、区块链和人工智能的协同应用，构建起以上下游为基础的综合金融大数据平台。

5.3.2 应用特点

存货（仓单）融资的数字信用与智能风控的应用与创新，主要强调技术控货业务领域三个方面的核心价值，包括重构仓单数字化信任、加强仓单智能化风险管理、推进全国范围的仓单流通体系。

1. 重构仓单数字化信任

存货（仓单）融资平台借助物联网技术，能全面感知"人员、物品、设备、环境和平台"，显著提升仓储货物的监控效率；凭借大数据技术，可整合供应链全链条信息，绘制供应链网络，确保交易链的可信性、开放性和可追溯性；应用区块链技术，通过分布式账本记录监管数据，保证数据不可更改，并利用智能合约增强流转仓单的信任基础，从而快速建立数字信用。

2. 加强仓单智能化风险管理

平台利用人工智能技术，实现面部识别、货物辨识、工具识别，同时采用多种反欺诈策略，提升风险管理的智能化程度。人员行为可通过面部识别和定位技术实时追踪；货物的安全、质量和数量由电子围栏、智能摄像头、温度湿度监测器、RFID标签和计数设备等工具进行全面监控；车辆和叉车等设备则能通过智能定位防止非法使用。

3. 推进全国范围的仓单流通体系

在完善的数字化信任体系和智能风险管理体系基础上，促进库存转化为仓单，令仓单进一步电子化，逐渐完善存货融资服务架构，以此加速构建全国性的仓单流通体系。

未来，物流金融的核心优势将着重于提升供应链的整合能力，特别是在产业数字化背景下，存货（仓单）作为金融链的关键节点越发凸显。科技力量将实体仓库转变为无形的数据平台，进而将这些"数据资产"转化为可融通资金的流动性资源。尽管我国庞大的存货储备估计已超过100万亿元，但其融资利用率仅为5%～8%，远低于国际60%～70%的标准，这揭示了我国在这一领域存在的巨大发展潜力。随着数字信誉体系、智能风险管理系统及全国通用仓单流通机制的逐步强化，存货（仓单）融资市场将迎来显著的扩张期。

5.4　存货（仓单）融资监管平台建设与运营经验

近年来，随着物联网、区块链、大数据、人工智能、北斗与5G技术的快速发展与日臻成熟，技术控货的业务模式已逐步被业界接受和应用，各类科技创新、运营模式、仓单标准等不断丰富，微分格主张"科技思维、风控思维、运营思维"，在实践中不断完善。下面从科技平台建设、风险管控建设、平台运营规范等方面分享存货（仓单）融资监管平台的建设与运营经验。

近年来，各类支持仓单创新与发展的政策频出，《中华人民共和国民法典》有关仓单的法律条款得到了完善，中仓协等行业协会在积极地推动与仓单相关标准的撰写、发布和实施，对于仓单业务的标准化操作、行业健康发展起到促进作用。各类金融机构联合产业方，不断进行存货融资模式创新、科技创新、运营创新，我国百万亿级的存货融资市场迎来快速发展的市场机遇。

5.4.1　金融科技平台建设

存货监管行业企业普遍数字化水平较低、科技投入有限、科技人员缺乏。企业需以"科技思维"做好顶层设计、迭代建设、逐步试点，根据业务发展有序推进数字化建设。一方面，要积极拥抱科技，科技创新与应用是技术控货的必由之路；另一方面，要充分理解科技，分阶段、分步骤、有序进行试点创新和应用推广。

1. 存货（仓单）业务模式

存货（仓单）业务通过对金融监管仓的数字化改造，搭建设备接入物联网系统、存货（仓单）监管系统、存货（仓单）融资系统，实现存货监管、存货融资等业务。存货（仓单）业务主流程共有四方参与者，分别为存货方、仓储方、监管方和资金方。存货（仓单）业务流程如图5-3所示。

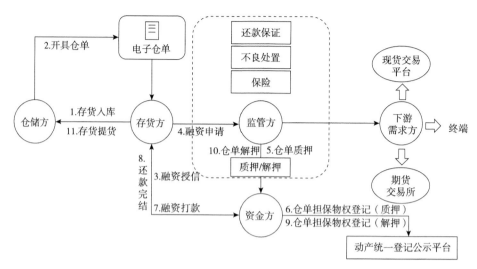

图 5-3 存货（仓单）业务流程

2. 平台总体架构

微分格通过设备接入物联网系统、存货（仓单）监管系统、存货（仓单）融资系统以及展示端和移动端，实现了仓储的数字化改造、智能化监管、风控督导和仓单融资。存货（仓单）融资监管平台总体架构如图 5-4 所示。

（1）设备接入物联网系统。基于物联网技术，提供设备管理、协议管理、AI 边缘计算、告警引擎、数据视图等服务，实现物联数据接入和边缘风控能力。

（2）存货（仓单）监管系统。基于大数据、规则引擎技术，实现云仓管理、云仓监管、风控告警预警、工单督导、作业流程监管、资产监管等服务。

（3）存货（仓单）融资系统。实现仓单授信、借款用款、资金管理、融资管理等。

（4）大屏展示系统。提供大屏数据展示能力，实现作业实时监控展示，数字仓单的风控展示等。

（5）移动小程序。提供小程序端的移动接入能力。

3. 平台功能架构

根据存货（仓单）监管要求，通过物联网技术进行仓库改造，搭建存货（仓单）监管系统、存货（仓单）融资系统，构建存货监管大数据，实现 PC 端、大屏端、移动端的运营能力。监管平台功能架构如图 5-5 所示。

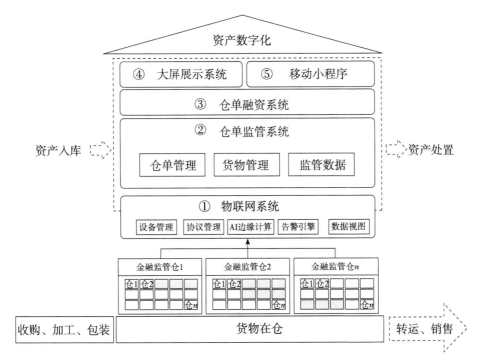

图5-4 存货（仓单）融资监管平台总体架构

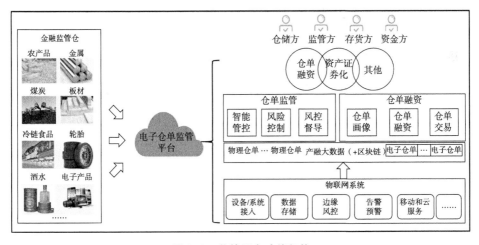

图5-5 监管平台功能架构

（1）设备接入物联网系统。实现仓库内外智能设备的互联互通，实现物联监测和边缘风控能力。

（2）存货（仓单）监管系统。实现仓库、货物、工具、人员、关联系统的监管等，实现技术控货，保持货单一致。

（3）存货（仓单）融资系统。实现仓单授信、借款用款、资金管理、融资管理等。

（4）大屏展示系统。实现作业实时监控展示、数字仓单的风控展示等。

（5）移动小程序。提供微信小程序，方便资金方、资产方移动化接入等。

5.4.2 风险管控建设

物流金融开发者及主导方需具备"风险思维"，与资金方、产业方及其他参与方，通过科技和运营逐步完善风险管控体系、降低业务风险、提升融资效率。

1. 存货风险常见类型

常见风险有法务风险、确权风险、监管风险、质量风险、价格风险和处置风险等，主要体现为内外勾结、重复质押、单货不一、质量评估难、价格波动大、处置成本高等问题。

2. 技术风控的关键要点

利用物联网、区块链、大数据和人工智能的先进技术，针对存货（仓单）融资的难点，企业不断挖掘和创新策略，以转变管理模式，从被动变为主动，并将问题的应对方式从前果后因转变为事先防范。这旨在促进存货（仓单）在融资过程中实现高效、安全且可信的质押操作。

（1）多元化确认机制。为消除单一监控技术可能导致的监控漏洞，物流企业及金融机构采用智能视频分析、UWB定位、GPS和智能锁等多种监控方法进行交叉验证；同时，与WMS无缝连接，通过数据对比确保信息的真实性，防止错误报告或遗漏，进而提升监管效能。

（2）单货一致。数字标签与货物一一绑定，通过存货单据可以直接查看货物标签及库位标签等物联网设备信息；通过存货单据对底层货物进行盘点和监控，穿透式地管理货物；通过对仓库进行抽查，进一步核实货物数据。

（3）不可篡改。仓库操作和监控记录、存货的全生命周期及融资信息上链；与资金方跨链对接，上链过程多方共识；保证存货单据、货权单据、质量单据的真实性、唯一性、不可篡改，避免重复质押。

（4）独立监管。监控体系不依赖仓库，数据的采集和上传独立于WMS；资金方实时掌握第一手数据；经授权可对物联网监控系统独立发出动态监管或操作指令；基于智能合约，确保多方同步协作和货权转移。

（5）快速处置。通过多种渠道，获取货物的市场价格信息，进行价格盯市；存货价值估算、贷后管理和跌价预警、警戒线管理；为货物的快速处置变现提供相关的渠道对接服务。

3. 风险处置和应对措施

风险管控是一项系统工程，采用以下方案。

（1）法务风险应对。

建立健全法务体系，仓单涉及的法务内容包括以下几点。

①存货（仓单）业务相关法律规定。其相关条文汇编在《中华人民共和国民法典》，主要涉及物权编、合同编和侵权责任编，同时还涉及金融监管类法律法规、供应链管理类法律法规、保险类法律法规等。

②参与主体。包括质权人、出质人、保管方、监管方、运营方、兜底方、技术方等多主体。

③相关协议。包括授信协议、借款合同、质押担保合同、质押监管协议、增信类协议、供应链类协议、保险合同等。

（2）确权风险应对。

利用区块链技术的数据不可篡改特性，与全国性独立的第三方仓单登记公示平台合作，完成监管全流程的权属确认。

①从开展监管业务的仓库开始，为全国仓库建立档案和数字化标识，制作仓库"身份证"。

②行业级风控存证系统，推动业务规范化、体系化，为存货监管提供"他证"。

③存货（仓单）监管"项目公示+仓单信息登记"，成为面向各品类的存货、仓单信息及状态信息的登记节点。

④建立企业自律体系，呈现参与相关业务的各类主体企业的基本情况及其在生态中的职责、能力、资质等。

（3）监管风险应对。

以金融视角将业务划分为贷前、贷中和贷后三个阶段管理，通过对仓库的数字化改造、搭建存货（仓单）融资监管平台并与存证公示平台合作，采取技术与运营相结合的措施，完成各个风控要点的管理，保证全流程的风控监管。

（4）质量风险应对。

通过区块链技术将收集到的货物质量证明文件进行货物质量溯源、仓储过程存证、质量信息存证，保证从采购到入库全流程的质量管理和数据真实、准确、唯一、不可篡改。

（5）价格风险应对。

①价格盯市。通过与市场的行业价格渠道对接，如交易类网站、资讯类网站、行业协会获取货物市场价格，每日盯市，与质押价格比对，预测价格走势，做好盯市管理。

②警戒线管理。通过每日价格盯市结果，达到警戒线时向银行、监管方、存货方发送预警，提醒进行补货、补保证金操作或及时回收贷款、启动平仓处置。

（6）处置风险应对。

①明确责任。确定承担货物处置责任的主体，签署处置协议，明确相关参与方的责权利。

②建立流程。制定货物处置预案，选择体系内的核心企业或第三方交易平台作为处置渠道，建立处置流程，完成处置协议签署和系统对接，引入货物保险，做好资产保值。

③对接系统。对接统一仓单登记平台、内部处置系统、第三方 B2B 交易平台，实现货物的快速处置。

5.4.3 平台运营规范

物流金融平台运营者需发挥运营思维，通过数字化手段，融合科技和运营两方面的能力，以提升仓单业务运营水平。下面从业务运营规划、存货押品选择、试点仓库选择和业务规范运营四个方面阐述如何开展仓单业务运营。

1. 业务运营规划

业务运营规划包括选择运营模式、搭建运营体系、建立风控标准、完善法务协议。

（1）选择运营模式。根据资金方不同的风控逻辑和金融产品，对应不同的运营模式，包括存货监管、动产质押、仓单质押、保兑仓、订单融资等。

（2）搭建运营体系。从仓单运营的整体层面，搭建业务运营体系，包括产品结构、操作流程、岗位职责等。

（3）建立风控标准。根据银行的风控要求，建立仓单融资风控标准，包括动态/静态质押、权属确认、质量确认、价格监控、处置流程等。

（4）完善法务协议。一整套与仓单运营和技术匹配的法务协议，包括授信借款类协议、质押担保类协议、质押监管类协议、延展类协议等。

2. 存货押品选择

在符合质押货品的基本特征前提下，结合当地的产业特色和主要货源结构，因地制宜选择适合的质押货品。

（1）质押货品的主要特征。

①易于保管。不易损耗，易于长期保管。

②权属清晰。所有权明确，货物为借款人所有。

③价格稳定。便于计算且市场价格稳定，具有较强的变现能力。

④质量合规。质量合格并符合国家相关标准。

⑤安全易存。危险物品、化学品等在安全得不到保障的条件下不得办理质押。

⑥资产补偿。货物需办理财产保险，第一受益人为银行。

⑦合法合规。法律、行政法规禁止转让、质押的货物不得质押。

（2）常见的押品种类。

冻牛肉、冻羊肉等冷链产品；电解铜、铝锭、铅锭、锌锭、镍锭等有色金属；钢材等黑色金属；塑化颗粒、橡胶颗粒、化肥、水泥、咖啡等袋装货品；玉米、水稻、小麦、大豆、高粱等农产品；整车、轮胎等汽车产业；煤炭、矿石等散货；石油、成品油等液态化工品；金、银等贵金属。

3. 试点仓库选择

需要从仓库资质、管理制度、配合意愿、信息化程度、仓储货量、监管经验六个方面选择试点仓库。

（1）仓库资质好。仓库为流通体系内仓库；具备人员安全管理流程；国有性质仓库。

（2）管理制度规范。管理制度具备货物作业管理流程；具备单据管理流程。

（3）配合意愿强。开展货物监管的意愿强；管理人员配合程度高；按照要求配合数字化改造。

（4）信息化程度高。具备仓库管理系统及其他配套的信息化系统。

（5）仓储货物多。货物储存量排名当地前 10 位的仓库。

（6）具备监管经验。所甄选的仓库具有开展过存货融资监管业务的经验。

4. 业务规范运营

（1）关键业务环节。

关键的业务环节包括货物入库、质押放款、还款解押、巡查盘点、风险管理。在存货（仓单）融资业务中，一定要注意众多参与主体的统筹、人力与技术的配合、线上与线下的交互，采用"技防+人防"的运营策略对仓单全生命周期进行管理，才能达到良好的效果。

（2）岗位职责设置。

需建立一支岗位安排合理、职责清晰、行动落实高效的人才队伍来运营。常见岗位包括业务岗位、风控岗位、技术岗位和运营岗位四大类。

5.4.4 应用案例介绍

微分格通过多年探索与实践，在银行、非银金融企业、存货人、仓储方、监管方、行业协会等多方共同努力下，积累了多场景的物联网金融监管仓解决方案，关键案例如下。

1. 工业品（钢材）存货融资监管案例

微分格通过与某全国性股份制银行合作，打造数字化监管融资平台，通过对钢材库中行车的改造、地磅秤的改造、加装智能摄像头，解决了银行远程盘点螺纹钢的数量和重量、实时了解进出库情况、核对货单一致性等问题，实现存货融资。

2. 农产品（粮食）存货融资监管案例

微分格与金融机构合作，为多个大型集团和多地的粮食仓库，提供综合的存货融资监管技术服务；通过出入库单据 OCR 识别、车牌 AI 识别、出入库地磅秤、激光雷达扫描、智能门锁、粮权公告牌识别等监控手段，有效控制监管风险，并累计获得几十亿元融资授信。

3. 冷链存货融资监管案例

微分格通过与某大型国有商业银行合作，打造冷链数字化监管融资平台，在冷库内加装 RFID、智能锁、智能摄像头，帮助企业实时了解货物数量和动态，实现了冻品监管准入和融资。

4. 汽车存货融资监管案例

微分格通过与某全国性股份制银行合作，打造汽车数字化监管融资平台，通过智能摄像头、RFID、UWB 定位、智能保险箱等物联网设备，帮助企业实现车辆盘点、进出库管理和车钥匙、车辆合格证管理，实现智能风控和存货融资。

5. 石油仓储融资监管案例

微分格应用数字技术对石油仓储过程进行监管，包括质检、储存、温湿度监控、压力监测等多个环节。根据融资监管要求，基于智能消防、车牌识别、AI摄像头等智能设备进行石油仓库改造，融合多系统多设备数据。石油仓储融资监管系统示意如图5-6所示。

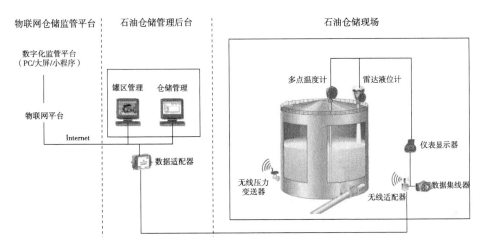

图5-6　石油仓储融资监管系统示意

5.4.5　案例小结

物流金融领域中，存货（仓单）融资监管平台的技术重点是数字信用技术及存货（仓单）监管技术研发与应用，微分格作为一家存货（仓单）监管与融资领域的科技实践者，希望通过把科技、风控和运营三者结合起来，助力存货融资行业健康发展。

存货（仓单）业务存在各类问题，需要发挥"科技思维""风险思维""运营思维"三方面能力。首先，要规划科技路线，做好顶层设计；其次，通过迭代、分阶段方式进行平台建设，根据业务运营要求，不断完善数字化科技平台；最后，将所有的运营工作逐步实现数字化、智能化、标准化。

5.5　粮食行业存货（仓单）融资数智化实践

5.5.1　融资背景

近年来，全球地缘政治紧张和贸易争端的升温，使我国粮食安全的重要性日益凸显。政府为保障粮食安全，持续扩大粮食战略储备，新建的储粮设施数量持续增长，这直接推动了粮食输送系统的扩展需求。同时，粮食行业的金融需求也不断增长。微分格结合物联网、区块链、大数据、人工智能、北斗与5G技术，采用数字化建模和数字孪生的思想构建系统方案，令技术控货模式日臻成熟，其模式已成为仓单融资数智化领域领先的风险防控方案。实践表明，粮食产业各类型参与者通过搭建存货（仓单）融资监管平台取得了良好的经济效益，充分验证了技术创新对仓单融资业务的强劲推动作用。

从产量来看，我国是全球粮食生产大国，粮食供给较为充足。在收粮季节，粮食贸易核心客户的上下游贸易链资金缺口巨大，需要大量的资金周转，利用粮食资产进行存货（仓单）质押融资，可令粮食供应链各参与方获得流动资金、进行采购和存货，获取错峰收购、规模采购优惠和交易利差。尤其是以三大主粮作为质押业务品种，具有存货（仓单）融资的多种特性。

（1）周期性。粮食供应链受农作物生长周期的影响，普遍存在春种、秋收、冬藏、夏销的特点，每年的粮食交易集中在固定的周期及月份，便于金融机构做资金规划。

（2）储量大。粮食是关乎国计民生的头等大事，交易量大、储存量大、存放集中，单一仓库就可以质押几万吨粮食，利于金融机构集中管理。

（3）价格稳。粮食产业属于国家重点保护、补贴的行业，国家实行价格调控，价格波动小，利于质押期间的货物保值。

（4）品质稳。粮食易于储存，对仓储环境要求低，不容易变质，国家有严格的品质认定标准，利于金融机构的价值评估。

（5）易处置。粮食的应用广泛，既是民生必需品，也可用作动物饲料，还能经过深加工作为工业原材料，处置渠道广，保证金融机构的还款来源。

5.5.2 业务痛点

按照客户类型，微分格的粮食场景客户主要分为金融机构、核心客户的供应链管理公司、第三方担保存货管理公司（监管公司）、寻求数字化转型的仓储/贸易公司。对于粮食存货（仓单）融资的监管，行业目前普遍存在科技研发投入少、质押基础设施差、风险管理难、数字化水平低、团队经验少、业务运营难等问题。

（1）科技研发投入少。受国内外经济大环境的影响，客户生存压力加大，加之粮食产业的利润率较低，客户大多在削减投资、节约成本，更加注重短期投资回报，对科技应用与研发的相关预算趋于审慎及保守。

（2）质押基础设施差。重点参与存货（仓单）业务的有粮食收储客户和粮食仓储客户，其主要交易场景是在储存粮食的仓库中，而现有粮食仓库建设缺少统一标准，硬件条件较差、信息化程度普遍较低，存在计量问题、品质问题、价格问题、安全问题等一系列问题。例如，某粮食供应链管理公司，为了集团的粮食安全，以期通过对粮库的数字化改造，能实现仓门异动告警、标识物异动告警、货物异动告警、车辆识别监控、周界入侵告警、仓储环境监测、皮带秤智能称重、粮食数量监测、粮袋遮挡监测、粮面虫害分析、自动巡逻、车辆出入溯源告警等功能。

（3）风险管理难。在粮食仓单质押场景中，参与主体众多，粮食的数量盘点、品质检测、粮权确认、粮情监测均需要专业团队管理和科技手段赋能。

（4）数字化水平低。粮食产业的主要参与者有粮农、粮贩、粮食收储客户、粮食仓储客户、托盘公司、粮食加工客户、终端消费者。产业的运作较为传统及低端化，不需要参与人员拥有较高的知识水平，产业数字化水平和数字化建设程度较低，难以符合现代金融服务业的风险管理要求和信息化技术要求。

（5）团队经验少。粮食产业属于国家最为基础的第一产业，传统从业者一般不具备金融、法务、科技、运营、存货监管等相关经验，很难适应存货（仓单）业务一专多能的综合能力要求。

（6）业务运营难。粮食产业供应链从业者如开展融资业务，需要与金融机构对接和执行各项业务流程，包括运营模式、运营体系、风控标准、法务协议和实施方法多方面内容，内容复杂多样，实际运营面临较多困难。

5.5.3 解决方案

微分格针对粮食存货（仓单）融资场景的各类问题，首先，在数字技术治理、智能风险管理、运营创新三方面构建专业化能力，规划技术实施路线，做好顶层设计；其次，通过迭代、分阶段方式进行平台建设，根据业务运营要求，不断完善科技平台的数字化进程；最后，搭建风控运营体系，将运营工作逐步切换为数字化、智能化、标准化模式。

（1）项目咨询。

根据客户自身粮食业务背景情况，微分格派遣专业咨询团队与客户、金融机构共同组建项目组，召开项目会议，客户介绍业务情况和平台建设目标，金融机构提出风控要求。微分格介绍存货（仓单）监管产品的运营解决方案、系统演示，梳理客户需求，帮助客户做好科技平台的顶层设计、建设规划和运营规划。基于客户科技投入预算做好平台建设分期，低成本搭建第一期，减少客户科技投入压力。

（2）平台搭建。

微分格帮助客户选择基础设施较好、配合意愿强的试点仓库和储存量大、符合当地产业特点的粮食品种，共同考察仓库现场，收集仓库资料（仓库平面图、仓库作业流程图、仓库现场照片、仓库现有硬件设备清单等），与客户一起对接金融机构，结合金融机构的风控要求共同设计技术控货的风控方案。在充分考量风控方案、改造成本、施工要求后出具仓库改造方案，指导客户完成金融监管仓改造。同步搭建数字化平台，实现软件平台和硬件设备的对接、实物资产到数字资产的转化，满足金融机构的监管要求和客户数字化升级需要。

（3）业务试点。

在改造好的金融监管仓内，选择合作时间较长、配合意愿强的存货方，初期可以使用自有资金做试点、打样、完成业务闭环。同时，对接本地关系好的城市商业银行、农村商业银行等中小银行和非银金融机构，或是业务创新意愿强的全国性银行。微分格可以帮助客户完成金融机构的业务审计和技术审计，推动金融机构先小批量开展业务，再总结经验、锻炼团队，逐步扩大规模。

（4）项目总结。

微分格在项目开展一段时间后，将召开项目回顾与总结会议，总结项目经验和教训，解决业务中遇到的问题，强化团队能力，夯实基础，为下一步发展做好准备。

（5）成果转化。

微分格帮助客户共建粮食仓单标准、申请高新技术资质、申报科技成果，确立客户在行业的领先地位，建立技术壁垒；抢先入局粮食产业存货（仓单）融资监管业务，等待市场回暖。

5.5.4　应用案例

微分格为客户提供全程"陪伴式"服务，从项目咨询、分期规划、前期低成本部署、业务试点到后期共同打磨产品，目前客户已获得数十亿元授信。

粮食行业的主要物流过程包括玉米、水稻、小麦、大豆、小米、高粱等粮食收储环节，包括扦样、质检、烘干、储存、温湿度监控、蒸熏消杀等多个处理节点。

1. 金融监管仓改造

根据金融机构的风控要求和客户自身管理要求，结合改造难度、试点效果和改造成本，微分格为粮食客户量身打造了如下方案。

（1）硬件架构设计。

微分格基于智能摄像头、激光扫描仪、智能锁、单据 OCR 识别、地磅秤、粮权公告牌识别、智能叉车、温湿度传感器等智能设备进行仓库改造，融合多系统多设备数据，实现"人、货、库"目标识别、重量统计、数量统计、库位统计、进出库统计。

（2）粮堆数量测控——激光扫描仪。

微分格采用脉冲激光测距传感器，对粮食表面精确测距。脉冲激光测距传感器可对粮食表面做三维网格扫描，得到 N 个扫描点的距离信息、角度信息，可以计算出准确的粮仓库容和粮堆体积（粮堆体积×容重 = 粮堆重量）。动态储备粮数据误差率控制在 8% 以内，静态散装粮误差率控制在 3% 以内。

智能终端处理设备汇聚采集各个粮仓的动态传感数据，并动态实时进行高度数据减噪处理、实时计算粮堆面积、实时计算粮堆体积、实时计算粮食数量，系统按照预设业务规则动态判断预警信息，将数据传输至智能监管系统。粮仓数字建模示意如图 5-7 所示。

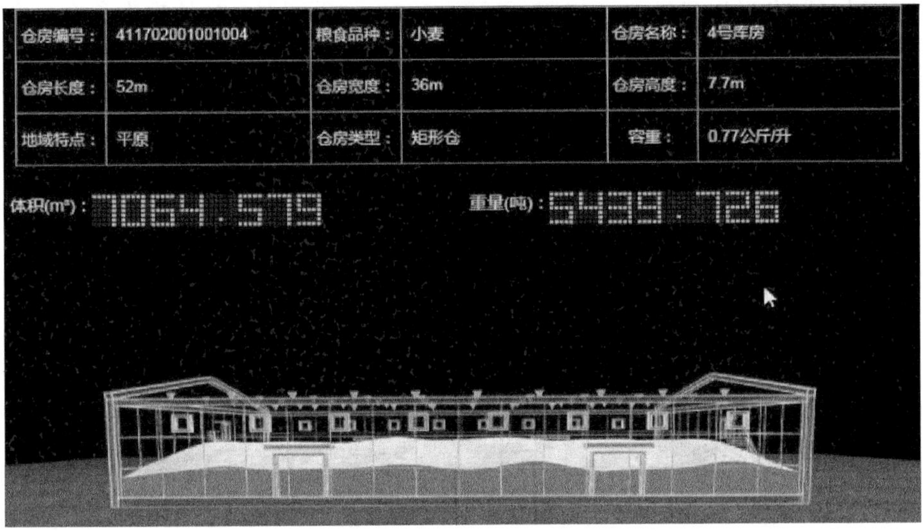

仓房编号：	411702001001004	粮食品种：	小麦	仓房名称：	4号库房
仓房长度：	52m	仓房宽度：	36m	仓房高度：	7.7m
地域特点：	平原	仓房类型：	矩形仓	容重：	0.77公斤/升

体积(m³)：7064.579　　　重量(吨)：5499.726

图 5-7　粮仓数字建模示意

（3）进出单据管理——OCR 识别。

微分格结合现有 WMS 的出入库单证、质检单、磅单等业务单证，通过人工智能图像识别技术，直接读取单证业务要素数据，特别是重量、车辆信息，在出入库业务过程中，实现业务监管和出入库粮食重量数据采集。

（4）进出库数量管理——地磅对接。

微分格针对运输车辆进出仓库需要通过地磅称重的环节，与称重系统对接，将地磅显示的毛重、皮重、净重、车牌号等数据收集、汇总，结合进出库单据数据和粮堆测控数据，交叉验证，保证粮食数量准确无误、单货一致。

（5）仓库库门管理——智能锁。

微分格针对具备物理隔离条件、独立管理的粮库，在库门加装蓝牙智能门锁，只有经过资金方/监管方授权出入库的仓库才可以通过现场人员开锁，最大限度保证监管库内粮食的安全。

（6）AI 摄像头。

①在库内存货点位布设的摄像头，可以 7×24 小时全天无死角实时记录货物储存状态和进出库作业情况，视频画面备份留存，作为证据以备核对。

②AI 摄像头可以自动识别进出仓库大门和监管库区的车辆车牌号，与粮食进出库数据核对，避免同一辆车的进出库数据重复记录或漏录，保证数据真实性。

③设置人员白名单，AI 摄像头可以自动识别进出监管库区的人员，对未经允许的陌生人闯入进行记录、报警。

④AI 摄像头可以划定监管区域，对未经授权进出监管区域的车辆、货物、人员自动记录越界行为、报警。

（7）权利公示——粮权公告牌。

在监管区域安设粮权公告牌，标明监管货物的基本信息、融资信息或交易信息，提醒第三人监管货物的权属，达到权利公示的目的。

2. 仓货过程管理

微分格实现存货（仓单）全生命周期管理，实现多品类、多仓库、多监管设备的管理、多维度数据监管、作业全流程监管（入库、地磅、加工、翻库、出库、盘点等），针对过程中产生的各类事件工单，进行工单跟踪处理。

3. 风控与工单督导

微分格运用物联网、区块链、人工智能、大数据等技术，结合银行的风控要求，总结六大风控维度和数十种风控指标，对资产进行全方位实时监控，发现异常立即告警，并派送工单，远程督导跟踪工单处理情况。微分格完成从风险识别、风险监测、风险预警到风险处置的全过程线上化管理。远程督导跟踪工单处理流程示意如图5-8所示。

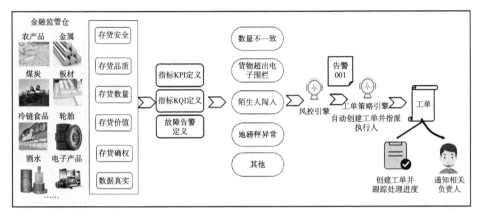

图5-8　远程督导跟踪工单处理流程示意

4. 仓单全生命周期管理

在仓单质押融资平台中，微分格对仓单实施全生命周期管理，包括仓单开具、仓单质押、仓单解押、登记公示以及仓单处置流转、现货交易平台、期货交易平台等。

5. 大屏展示和小程序

微分格的风控展示大屏，可实时展示全量业务信息、重点仓库作业情况和仓单运行情况，方便总部领导直观、实时掌握业务运行状态和风险情况。

风控展示大屏提供移动端多方接入，便于现场监管人员、行内项目相关人员实时了解业务运营状况、及时处理风险事件、现场盘点及风控飞行检查。

5.5.5　客户价值

1. 技术成果方面

微分格可以帮助企业建立粮食仓单标准、申请高新技术资质、申报科技成果，确立行业地位，建立技术壁垒，更利于获得金融机构和其他参与者的认可。

2. 运营成果方面

粮食场景存货（仓单）融资监管平台，可以提高仓储作业和监管作业的数字化水平和风险管理能力，帮助客户降本增效。平台建设周期短，可快速取得运营效果。

3. 经济效益方面

根据成本测算，科技成本在总收益中占比 10% 左右，风控水平得到显著改善，未来随着业务的扩大，智能硬件的广泛运用，实时监控能力不断完善、风控水平将继续提高，有利于降低融资成本，加速存货（仓单）融资能力。

5.5.6 案例总结

在全球经济安全的三大支柱中，粮食安全与能源安全、金融安全齐头并进，被视为至关重要的战略资源。我国政府对粮食安全的关切达到了前所未有的高度，不断强化和提升现有的粮食保障体系，确保全球粮食供应链的稳定和高效。在这个过程中，激活粮食库存资产并创新粮食仓储凭证（仓单）的金融支持服务显得尤为关键。

由于粮食交易行业领域的竞争激烈，商家的盈利空间相对有限。参与者要想在激烈的市场竞争中立足，往往依赖于快速周转和规模化运营的策略实现盈利。这使粮食行业供应链参与者对资金的需求呈现出明显的规模效应，倾向于申请大额融资，尤其是在利用粮食库存作为担保的情况下，粮食仓单质押融资的市场潜力不可估量。

6 行业案例分析

6.1 案例：“66 云链”能化行业数字仓单融资方案

6.1.1 公司简介

　　“66 云链”是由六六云链科技（宁波）有限公司构建的、覆盖“车-船-库”闭环物流的智能化供应链数字基础设施，可为客户提供以数字提单、数字运单、数字仓为核心的闭环数字物流服务。该设施帮助企业和政府实时监控石油化工原料和产品销售的车、船运输和仓储状态，在助力客户提升供应链运行安全和效率、减少交易摩擦的同时，以可信技术赋能可信仓库，由可信仓库开立可信仓单，真正解决了交付场景下货物清晰确权的难题，让仓单的“提货权凭证”具备了参与金融应用和大规模交易的可行性。截至 2022 年 5 月，“66 云链”已与 20 多家第三方石化仓储企业合作，与建设银行、中信银行等 8 家金融机构成功实施数字仓单质押放款业务，累计放款金额超过 8 亿元。

6.1.2 行业背景

　　我国是世界最大的化工产品消费国和生产国，能源化工是国民经济第一大支柱产业，相关能源化工产品仓储与物流市场巨大。作为大宗货物，能源化工产品在仓储物流过程中，物流状态普遍不透明，产业链中的企业存在融资难、融资贵、融资慢等问题。而能源化工产品在用于动产融资时，银行缺少有效的监管手段，风险把控难，这极大制约了大宗商品贸易的高质量发展。

　　随着产业政策的调整和市场环境的变化，国内能源化工类产品的供需格局在不断演变，能化行业进入了存量博弈周期。特别是民营石化企业发展迅猛，国内大型炼化项目相继投产，形成市场主体多元化格局，市场竞争加剧，供应链在行业竞争中的作用越来越明显。从能源的大宗初级原料到各级工厂的产成品，从原料上游到产品下游，要求具有高效、透明、贯穿产业链的供应链运营体系。

国内能源化工产业在供应链金融实践中，主要存在以下三大痛点问题。

1. 大宗液化品的货权不清晰

清晰的物权是商品交易的基础，但大宗液化品存在货权与物权不一致的情形，弱化了仓单的融资功能。液化品仓储存在多客户、同品种混罐的储存形式，需要在提货时由存货人指示仓库开具出库单，在仓库的台账系统中进行记账处理。但部分仓库不能开具仓单，是因为仓库无法识别真实的货权人，与金融机构对清晰界定质押品货权的要求产生冲突。这使仓单融资业务难以开展，体现不出仓单的法律地位和融资价值，而仓单是法定可以进行质押融资的唯一提货权凭证。在专业化的危化品物流运输中，大型物流公司以综合物流承运商的身份进行一系列的整体解决方案操作，包括多式联运、一揽子承租和安排一体化液化品物流运作等，但仓储合同签订人并不是真实的货主，而是大型物流公司，这些公司难以签发仓单，只能开具出库单。

我国近年来发生过开立虚假仓单和虚设存货等事件，如无货开仓单、张冠李戴开仓单、用纸质仓单一单多用骗取融资机构的信用等，这类行为都属于金融诈骗与洗钱交易。因此，大量的金融机构不得不将实体产业的存货融资业务中断，将急需融资的产业链下游中小企业完全排除在银行的存货融资体系之外。

2. 存货质押监管问题

从工厂到仓库这段距离中，存在货权识别难与持续性的货物监管难等问题，无法满足相关融资服务要求。目前，国内能源化工行业中大多数头部企业自身的数字化建设水平较为先进，因为流程工业的工艺特征与控制要求，应用传感器与物联网技术的企业比离散工业企业要早很多，积累了丰富的数字化场景应用经验。但大量贸易商在产品流通环节的中间交易，不能满足银行对货权完整性的要求。而要达到融资服务的要求，就必须在合同项下的货物"交付"场景和节点中构建数字化场景。

大宗液化品流转过程中，极少有大批量的产品在物流途中因为不断交易而发生频繁转运的行为。当产品从第三方仓库通过载具运出时，多为对下游工厂的配送。企业通过建立数字化可视物流平台，承载上述交易及配送的数字化物流监管，即通过数字单证形式，高频率跟踪与收集相关物流轨迹信息和货物转让信息，从而达到融资服务中的物权归属清晰化的要求。

3. 仓单失信问题

当前，在不少行业的大宗商品变易中，普遍存在现货仓单因信用缺失而不能大规模应用的问题，这一直是困扰大宗商品存货融资发展的顽疾。在能源化工行业中，导致仓单失信有其客观的现实原因，主要问题有以下几点。

（1）液货储罐不可视。储罐里有没有货、有多少货、是不是"罐中罐"（大储罐里套小储罐，致使液位计数据作假）等，仅通过肉眼直观，难以判断。

（2）货物货权不清晰。《中华人民共和国民法典》规定，仓单是"提取仓储物的凭证"，但"提货权≠货权"，使银行在进行质押货物货权审查时面临很大的困难。

（3）货物数量及质量难以确认。储罐里放的"是油还是水"等液货质量、数量问题，也经常困扰金融机构。

实践中由于缺乏有效的风控措施，金融机构难以跟踪大宗商品的交易过程，尤其是难以有效"控货"，致使虚假仓单、货权不明、重复质押、押品减值、押品丢失等风险问题频出。金融机构屡遭重创，不得不收紧针对仓单质押的放贷；另外，仓储企业无从了解货权、质权的变更信息，卷入货权纠纷、融资纠纷的案例屡见不鲜。如不法企业伪造印章，出具虚假的存货证明、提货单证等。受骗企业发现上当后，经常将仓储企业一并起诉。最终，仓储企业不得不回避开具仓单以回避金融监管业务，这种以单一仓储业务为主的经营模式，令其收入受限，难以持续发展。

6.1.3 数字仓单的构建原理

1. 数字仓单的确权原理

实践中仓单融资的关键问题是"仓单确权"，最容易忽略的问题是"仓单≠货权凭证"，没有严格、完整、清洁和透明的数字化物权溯源过程和结果，不把这些数据要素绑定在区块链架构的数字仓单中，仓单只能是一份简单的提货权凭证。银行不知晓存货的前手状况，但是通过数字科技的手段清晰、无断点地溯源，可以获取足够的确权数据、证据，从而获得法律的保护。

作为单证，仓单（包括以电子形式存在的数字仓单）就如同银行存款单一样，只能证明单证中记载的"某物"具有法律意义的所有权（属于物权的一种），且这一物权与仓单中记载的"货权"是严格一致的，使仓单具有完整的票据价值。但是，仓单与"某物"并不是一个自然的整体，天然是分开的，特别是在"某物"流转过程中，"某物"可能已经发生实质性改变，法律所规定"货权"可能已经发生变化，而与仓单所标明的"物权"出现不一致，从而导致风险的产生。

所以，在仓单的生命周期内，必须严格保证记载、记录的货物货权没有发生变化。例如，来源不明的液化类大宗商品，由于缺少该批商品的货权变化记载，是不能提供给金融机构进行质押融资的。在质押过程中，必须证明货权没有发生变化，才能保障仓单的权益是完善的。所以，对货权的全过程精准跟踪，记录货权的完整性、合规合法性，是保证数字仓单的物权及货权匹配性、完整性的前提条件。

实践中，企业可采用数字技术（包括区块链技术），对数字仓单生成前的货物转运全过程进行精准的数字化溯源跟踪，在质押过程中，对货物的储存过程进行数字化的严格监管，才能满足数字仓单质押的要求，满足金融机构对数字仓单的严格物权形式要件审查要求。这一过程的基本原理是满足金融机构的信息对称要求，从货物进入交易市场的源头，把供应链金融要求的"四流合一"完整地记录在数字仓单的数字化文件中。无论是车船的历史运输轨迹还是商务合同、相关的货物批次、发货指令、货款支付和发票信息等，都需要同步到货物的储运记录数据中。

在传统的质押融资场景下，银行难以知晓转入本行的钱款是否涉及犯罪所得或货权具有重大瑕疵。只有数字仓单能提供清晰的货物原始出处和货权清洁程度。

对仓单进行确权就是对仓单所指向货物的货权进行确认的过程。商品贸易中的货物流转都是围绕着货权展开的，"银货两讫"是货权交接的标准。"66 云链"对于液化品货权完整清洁所要求的数据标准，包括但不仅限于以下几点。

（1）货主具备拥有货物所必需的经营资质。

（2）商品符合国家的相关产品标准要求和运输规范。

（3）围绕货物取得所支付的款项已经支付完毕，并取得相关的第三方文件证明支持（如：合同、发货凭证、发票、银行汇款回执等）。

（4）不存在对此批次货物的任何负债。

（5）货物发运与接收过程中，运输工具和货物位置轨迹信息持续完整，没有时间信息断点和位置信息缺失。

（6）运输中的跟货票据（运单等）交接完整清晰，货物损耗合理，货物数量与质量指标留痕可追溯。

（7）签署完整的货权声明文件，或者是上一手已经在"66 云链"签发的确权仓单。

对符合以下几点要求之一的货物，"66 云链"可快捷确认货权。

（1）在"66 云链"车船库一体化平台，完成货物从生产工厂到仓库的运输全部流程。

（2）在同一库区的海关保税罐内的完税货物。

（3）在同一库区的储罐内，由法院拍卖取得的货物。

（4）大型国有银行 AA+ 及以上信用评级的企业存货。

（5）"66 云链"平台认可的其他方式。

2. 交付的确立

物权的归属（记录在谁的名下）对供应链金融业务非常重要。货物流通是在两个经营主体之间对法律定义的动产进行交接、收付。《中华人民共和国民法典》第 224 至第 228 条款集中探讨了动产所有权转移的核心要素——交付行为，它被视为赋予实物权利法律效力的关键步骤。以此为基础，数字领域的权益抵押才能在法律框架内顺利进行并保持合法性。《中华人民共和国民法典》第 512 条的第二段明确规定，一旦电子合同涉及在线传输方式交付的标的物，那么该标的物进入对方当事人指定的特定系统并且能被检索确认的那一刻，视为交付时间。

6.1.4 供应链金融解决方案

"66 云链"基于区块链技术构建数字仓单系统，构建以数字仓单为中心的大宗商品交易及融资新机制，帮助客户实现物流数字化，实时监控智能化产品的车船运输和仓储状态，在助力客户减少交易摩擦、提升供应链运行安全和效率的同时，真正解决了交付场景下的货物确权难题。

1. 基于可信数据的融资方案

要解决能化行业相关企业所面临的"货权不清晰""物流管控难""交付不可信""中小企业融资难"等难题，最根本的方法就是让交易、交付的底层安全和信任逻辑形成闭环。通过从仓储、物流服务的交易配套设施着手，结合区块链、物联网等可信技术，逐步搭建起互联互通的能源化工供应链数字基础设施，成为"破题"的关键。

能源化工供应链数字基础设施的核心理念是：通过构建仓储、物流的数字化服务能力，获得货物在仓储、运输途中的实时数据，实现控货、确权，形成物流和信息流、商流、资金流的产业链闭环，解决根源性的信任问题，在信任的基础上促进交易服务和金融服务。基于可信数据的新型供应链金融解决方案如图 6-1 所示。

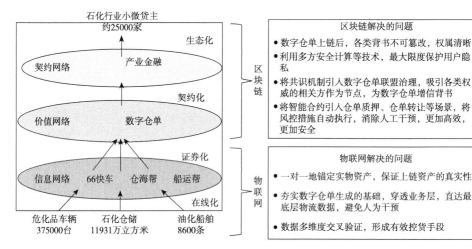

图 6-1　基于可信数据的新型供应链金融解决方案

区块链技术为形成数字仓单的可信数据提供技术保障。上链后，各参与方背书不可篡改，权属清晰；利用多方安全计算等技术，最大限度保护用户隐私；将共识机制引入数字仓单联盟治理，吸引各类权威的相关方作为节点，为数字仓单增信背书。

2. 金融科技平台的商业模式

作为金融科技平台，"66 云链"从能化物流服务切入，在产业数字化基础上提供金融科技服务，商业模式由信息互联网模式过渡到价值互联网模式。"66 云链"从液体石化产品的仓储物流服务切入，以产业数字化基础上的金融科技服务为发展方向，在深耕能源化工行业智慧供应链服务的同时，逐步进化到有能力构筑行业级智能风控模式，其间共经历三个发展阶段。

（1）信息互联网模式阶段。公司自 2017 年成立以来，推出 66 快车、仓海帮、船运帮三大数字化应用，构建能源化工供应链数字基础设施，解决客户的物流业务在线化和业务逻辑闭环问题，其创新价值在于为行业提供信息服务。

（2）价值互联网模式阶段。2020 年以来，基于"车—船—库"闭环物流数据，"66 云链"以区块链、物联网等可信技术赋能可信仓库，由可信仓库开立可信数字仓单，确保仓单可附着物权，可查、可验、可溯，使液化品数字仓单这个"提货权凭证"具备了参与金融应用的可行性。公司建立"车船库一体化的数字化可视物流体系"，系统对人、货、场等供应链要素进行高频率采样和连续记载，形成液体货物在仓储聚集和经车船运输分拨的数字图像模型，为企业和政府提供"数字提单""数字运单""车辆预约排队""智能靠泊"等液化品可视物流生产和安全监管解决方案，实现物流业务在线化和降本增效、提升安全性，同时也为行业级智能风控解决方案构建了"车—船—库"闭环物流可信数字底座。

（3）契约网模式阶段。目前"66 云链"已构建了国内独一无二的集成仓储、交通工具管理的综合能源化工供应链数字化体系，服务超过 20 个化工产业园区和多达 1600 家主导级的能源化工生产和销售企业。通过构建完善的产业链生态系统，"66 云链"向行业内的 25000 余家中小企业提供了深度的产业金融解决方案。

3. 以可信技术赋能仓库开立可信仓单

"66 云链"构建了区块链数字仓单平台，破解了大宗商品仓单质押融资风控的三大难点，即落实物权、物流可溯、关注品质。

（1）交叉验证仓储账存数据和实存数据。

当"66 云链"着手提升第三方仓储企业的数字化水平时，企业会引入一种全面的账目监控系统，并与地磅、流量计等实体设备无缝连接，确保数据的即时同步，记录仓库的进出货动态。更进一步，"66 云链"会在仓储区域采用前沿的物联网技术结合 5G 高速网络，构建一个针对罐区的物联网设备集成平台，实时掌握仓库的实际存货情况，实现信息流的交互对接与高效管理。

在确保"库存与记录一致"的核查流程中，"66 云链"实施了对仓库货物进出的全面监督，消除了银行对于存货管理的疑虑。另外，"66 云链"扩展到对货车和船舶运输全程的在线追踪功能，同时采用交叉核验发票、货物清单、商业合同等各类凭证和文档信息的方法。通过赋予仓库可信度，"66 云链"借助可信仓库开具的可信仓单，成功克服了银行对货物所有权的担忧。这真正利用数字技术明确了大宗商品的所有权，并确保了实物的安全控制。

（2）上线"在线商检"，随时获取检存数据。

"66 云链"已与国内领先的 14 家商品检验机构达成了全面合作协议。用户可利用"66 云链"平台轻松下单，指示位于仓单保管地的检验机构执行突击检查，涵盖货物的数量核查和质量化验；也可借助具有法律效力的第三方检验报告，确保存货资产的数量和质量信息得到权威确认。

（3）连接数字仓单新生态，推动数字仓单应用。

"66 云链"通过系统生成的液体能源化工品数字仓单，其登记和应用落地涉及诸多相关方，是一项宏大的系统工程。"66 云链"已连接银行、仓储企业、货主企业、IT 服务商、5G 运营商、商检机构、保险公司、期货公司、大宗商品交易中心等 18 类数字仓单应用的相关方企业及服务商，初步搭建起数字仓单便捷、可信运营的大生态。在这个大生态中，IT 服务商为仓储企业提供业务管理系统，第三方商检机构提供货品的数量、质检报告，仓储企业是数量和质量风险的直接承担者；期货公司通过场外期权交易来控制货物的市值风险，大宗商品交易中心、保险公司都可对货损风险进行专业管理。

当前，"66 云链"已经紧密携手超过 20 个国家级别的石化仓储机构（合作仓库总计库容量约为 955.5 万立方米，占据了市场份额的 8.03%），并与数百家严格遵循法规的危化品运输车队、14 家权威的商品检验机构建立了稳固的联系。系统涵盖了国内近 6000 艘专门从事液货危险品运输的船只信息，以及覆盖全国各地的近 10000 家具备资质的危化品运输企业和近 40 万辆危化品运输车辆的详尽资料。

4. 平台技术特点

"66 云链"数字仓单生成机制及融资监管平台同时具备极强的可操作性，主要体现在以下四点。

（1）高度的可登记性，确保仓单真实可信。

油气产品的物理化学特性决定了其易于被登记、监管。呈液体状态的能源化工产品，需要在密闭容器如储罐、槽车、管线中进行储存和运输，这就决定了其品质是均一的。这种特性也决定了其极难被偷盗、被哄抢，能有效保障银行等权利人的利益。"66 云链"独创并高度集成的 WMS、仓海帮、66快车、船运帮系统，加上石化仓储企业的液位计、温度计、地磅计、流量计等物联网设备数据、车船物流数据，辅以货主企业及相关方提供的相关数据，多方交叉验证，把这种可登记性变成了现实。

（2）数据的高可获得性，确保证据链闭环。

政府部门对油气行业实行强监管，使相关数据具有了高度的可获得性。我国对油气行业，特别是危化品实行严格准入和高压监管，例如，储罐、槽罐车、流量计、地磅都是国家规定的计量器具，受政府部门严格监管；政府要求危化品运输车辆的位置数据（GPS）、油气船舶的位置数据（AIS）必须向交通运输部开放，要求石化库区的保税储罐数据必须向海关开放。"66 云链"依托两家世界 500 强央企的股东背景和在场景端深耕的专业经验，已经对接多个部级、省级物流平台，对接全行业车船数据。

（3）商品的高流动性，确保仓单能高效处置。

能源化工行业的活跃市场特性，既体现在频繁的现货交易，也体现在期货市场极高的活跃程度，其货物流通的高效性为数字仓单赋予了独特的价值。当前，国内的主要期货交易所涵盖了广泛的油气产品期货品种，如原油、燃油、甲醇、乙二醇、苯乙烯、液化天然气及石油沥青等。期货与现货市场的紧密联动，使这些数字仓单在性质上更趋近于数字经济的核心元素——数字资产。"66 云链"已接入的第三方仓储库区多具有期货交割库资质，为数字仓单应用积累了丰富的资源。

（4）团队的专业性，确保精准把控各类风险。

产业互联网的落地生根，需要来自产业的专业团队深耕细作。与消费互联网的跨界创新不同，产业互联网的发展最终还是需要来自产业的专业团队，围绕价值创造而非流量收割解决行业的具体问题。"66 云链"的核心团队均来自大宗商品行业，平均拥有 15 年以上的从业经验，同时还吸引了一批行业顶级专家与顾问，非常了解油气行业的真正痛点和风险，保证了数字仓单平台的平稳运行。

6.1.5 平台构建和实施

1. 信息互联网阶段

在此阶段，"66 云链"构建了一个综合的物流平台，该平台整合了仓储管理与船舶、车辆运输，实现了物流的全程数字化与可视化。

物流平台将能源化工产业的数字供应链生态系统无缝对接，涵盖托运人、仓库运营商、运输队、船主、金融机构、期货市场、保险公司、商检机构、代理机构及政府机构等多元参与方。这使货主企业能够与供应链上的各个参与者进行高效的在线协同作业。在这一过程中，"能源化工供应链数字基础设施"通过提供电子运单、电子提单等线上物流解决方案，主要解决了供应链参与者的物流信息在线化和业务流程的闭环问题。它确保了从仓储到运输的全链条数据实时、完整、不可更改且可追溯，不仅强化了对货物的控制，也为构建行业特定的应用程序和智能化风险管控模式打下了坚实的基础。

区块链技术在液态商品的数字供应链管理中扮演着关键角色，核心在于增强各环节参与者之间的信任。在多边数字化交互的背景下，它通过分享大量的前期交易记录，增强了交易的信任度。比如，利用详细的车辆行驶轨迹数据，可以评估货物在运输过程中是否被非法替换，或者确认上游制造商交付给物流服务商的货物是否安全抵达了第三方仓库。

数字提单结合这些丰富的轨迹信息，可证实运输的液体货物确属特定商业采购协议的一部分，生成可供银行追踪的货物交货证明，从而确保动产所有权转移的合法性。在仓库储存期间，货物的液位由传感器持续监测，并与相关会计记录进行实时核对，确保库存数据的准确性。若检测到异常，系统将自动触发警报。所有这些数据通过区块链技术被记录在分布式账本上，实现即时同步。这种类型的证据已被互联网法院确认为有效。

区块链技术如同基石，支撑着数字供应链的基础设施，它建立了全链条生命周期中所有参与者的信任纽带。不论交易对象的数据形式如何，所有交易都需在区块链上进行可信记录和留痕，以确保统一共识和透明度。

2. 价值互联网阶段

在此阶段，"66云链"依托可信数字仓单建立"强认货、弱认人"的新型信任机制。

2022年1月，《中国银保监会办公厅关于银行业保险业数字化转型的指导意见》发布，着重指出在数字经济时代对产业金融进行创新式发展的重要性。该文件鼓励金融机构全力配合国家重大区域发展战略，聚焦前沿科技产业如人工智能、高端装备制造及未来基础设施建设，旨在构建一个高度智能化的产业金融服务生态。该文件主张以重大项目为驱动，紧密围绕核心企业及其产业链，通过深度融合多元服务场景，打造"全方位"金融服务模式，提升用户体验。然而，在实际操作层面，金融机构在应对多变的产业环境时常常显得力不从心，往往沿袭传统信贷风险管理策略，即以企业的主体信用为中心，与产业数字金融依赖于"揭示企业底层资产的数字化供应链"这一全新的风控理念产生了显著冲突。这种传统的思维模式亟待与现代数字化趋势相适应。

基于第一个阶段构筑"能源化工供应链数字基础设施"的底层能力，在该阶段，"66云链"相关平台上的供应链相关方如货主、银行、仓库等，已经可以做到对货物在车、船、库供应链全环节的实时可视化、透明化、可溯源掌控，并结合对发票、货物单证、商务合同等票据和文件信息的交叉验证，实现符合《中华人民共和国民法典》对动产物权设立与转让的定义要求，真正解决交付场景下的货物确权难题，以此辅助仓库开具货权清晰的数字仓单，让《中华人民共和国民法典》定义仓单作为"提货权凭证"，具备了参与金融应用的可行性。

传统的信贷模式在面对区块链可信数字仓单的创新融资策略时显得滞重，因为它局限于传统的主体信用评估。基于数字仓单融资的新信贷模式有效激活了化工中小企业的实物资产，重塑了一种以货物为本，而非过度依赖个人信誉的全新信任范式。金融机构与数字供应链基础设施平台合作，联手构建了一个深度嵌入业务流程的生态系统。金融机构能从产业链出发，通过高效的数据挖掘和结构化处理，成功穿透了产业与金融之间的隔阂，实现了物流、信息流、商流和资金流的高度融合，催生"四流合一"的商业模式。

3. 石化产品现货交易阶段

在此阶段，"66 云链"将数据资产全面转化为能化产业链上企业的价值。

通过对前两个阶段深入研究的积淀，化工行业的企业将能够构筑起稳固且值得信赖的"数字化供应链基础"。企业依托先进的在线仓储物流网络，融合区块链技术的透明资产验证及大数据的深度洞察能力，借此提升供应链效率和接入金融服务。在这个一体化的平台上，所有的商业活动将能在单一环节中顺利达成并形成完整的交易循环。

一些企业在进行数字化转型时，担心数据隐私和数据安全问题，不愿把数据公开。其实，数据安全问题的本质并不是"数据要不要交给别人来保管"，而是"如何找到更合适、更安全地保存和使用这些数据的合作方和供应商"，让数据使用的过程更加安全、中立和规范。

"66 云链"不是专门为了金融而打造的系统，它是一个生长于产业场景、为产业服务的数字基础设施。产业场景的数字化是"66 云链"的主营业务，区块链数字仓单平台仅是基于这个数字基础设施的衍生品和工具。

"66 云链"把合法实现动产物权的所有要素一并"捆绑"在数字仓单的附属数字文件中，伴随仓单的全生命周期，同时也将储罐的传感器实时信号传输给数字仓单。由此，数字仓单超出了纸质仓单的表现形式，成为一份动态可视的数字化文件，既满足了法律对仓单基本要素的要求，也给仓单的使用者提供了传统仓单无法实现的应用场景。

6.1.6　创新价值

"66 云链"对物流金融的创新是基于区块链数字仓单的大宗商品交易及融资新机制的应用，其依托区块链数字仓单，建立新的大宗商品交易信任机制。"66 云链"通过物联网等技术，实现数字仓单与仓储货物实时映射，确保有仓单即有货，有货即确权，其通过区块链技术进行存证，数据不可篡改，保证数据唯一性、可溯源，从而大幅提升行业信用水平。因此，"66 云链"通过打造以数字仓单及相关物流服务为核心的新一代交易服务体系，构建具有引领性的数字化现货交易市场体系，赋能大宗商品交易，助力建设全国最高效、便捷的大宗商品数字交易平台。

1. 创立基于数字信用的区块链数字仓单平台

在能源化工行业（含油气行业），"66 云链"创立了一套基于数字信用的区块链数字仓单平台，成功解决大宗商品作为动产的产权登记这一全球性难题。

"66 云链"开创性地开发出全球首个高度集成车船库的可信数字仓单平台，通过对仓储全过程的实时监控解决了银行担心的控货问题，通过对货物车船物流全过程的在线追溯突破了银行顾虑的货权问题，用数字技术使大宗商品产权清晰、实物可控，从而在大宗商品行业建立"强认货、弱认人"的新型信任机制。产权登记问题的成功解决，为行业发展开辟了全新的空间：使银行恢复仓单融资业务，改变其"只认人、不认货"的传统供应链金融模式，真正实现了数字赋能中小企业；突破了熟人交易的传统大宗商品交易模式，使陌生人能放心、高效开展交易。

2. 引领能源化工行业数字仓单规范化标准

"66 云链"主导建立液体能源化工行业发展数字仓单的行业标准，引领国内外能源化工市场的数字仓单规范化应用。

尽管我国最新颁布的《中华人民共和国民法典》对仓单的定义、背书、质押等有了清晰的定义，但在行业落地方面仍然需要具体的、可操作的标准与行动方案。"66 云链"与中国仓储与配送协会等单位共同发起编制《全国性可流转仓单体系运营管理规范》团体标准，并主导了液体能源化工行业标准实施细则的制定工作，为数字仓单的大规模行业应用奠定基础。

3. 推动能源化工行业数字仓单实践应用

"66 云链"以搭建生态体系的方式推动数字仓单应用落地，为能源化工行业数字仓单的实践应用奠定坚实基础。液体能源化工品的数字仓单，其登记和应用落地涉及诸多的相关方，是一项系统工程。例如，制定标准的行业协会、各类应用数字仓单的货主企业、开具仓单的仓储企业、负责商品数质量认定的商检机构，车、船物流服务商，为仓储企业提供业务管理系统的 IT

服务商、仓储企业的各类物联网设备服务商、负责数据传输的5G运营商、数字证书的签发机构、提供资金的银行及非银金融机构、提供货物保险的保险机构、仓单保价机构、弃置仓单的处置机构等。经过四年坚持不懈努力，上述生态已经成功建立，构筑起数字仓单应用落地的坚实基础。例如，"66云链"开创性地在仓储企业应用第三方物联网"设备+5G"设施，核心物联网数据的采集、传输完全独立于库区，实现了可信数据基础上的可信仓单。

4. 数字仓单平台对参与方的价值

（1）金融机构。

①数字仓单杜绝仓单造假、重复质押等欺诈风险。

②能够实现在线收集业务材料，并自动验证真伪。

③满足实时监控在库货物的管理需求。

（2）货主。

①拓宽融资渠道，降低融资成本，解决融资难、融资慢、融资贵难题。

②解决在途货物占用大额资金的问题。

③扩大业务规模，增加业务收益。

（3）仓储公司。

①通过附加的融资服务提高储罐利用率。

②拓宽仓储公司经营模式，改变以往单纯靠仓储费、装卸费的收入模式。

③促进仓储公司数字化转型升级，进而获得更多形式的业务机会。

6.1.7 客户服务实例

1. 山东京博石化通过区块链数字仓单质押融资

山东京博石油化工有限公司下属子公司青岛泰和嘉柏能源有限公司，以存放在京博物流仓储分公司的一批原油货品，通过"66云链"的区块链数字仓单平台向京博物流仓储分公司申请开立数字仓单，然后向日照银行申请原油数字仓单质押融资。日照银行基于区块链数字仓单平台提供的实时、闭环、不可篡改、中立的仓储物流可信数据，验证了底层资产的真实性，即数字仓单项下是否有货、是否看住货的问题，突破了银行顾虑的关联关系下的核心风控问题。在"强认货、弱认人"的新型数字信任机制下，青岛泰和嘉柏能源有限公司顺利获得日照银行低息放款。

2. 万华化学与能化供应链数字基础设施打通

万华化学集团股份有限公司（以下简称"万华化学"）是一家全球化运

营的化工新材料公司，是全球最大的二苯基甲烷二异氰酸酯（MDI）制造企业，位列 2020 年《财富》中国 500 强第 152 位。2019 年 8 月以前，万华化学使用运输车 2 万多辆，执行汽运 20 余万单，但车辆跟踪覆盖率不到 10%，运单跟踪覆盖率不到 50%；在船运方面，散化船物流作业节点跟踪较为滞后。万华化学通过与"66 云链"的能化供应链数字基础设施打通，在线连接货主、承运企业及物流其他相关方，实现线上调度、下单，在线委托商检，在线追踪车运、船运物流作业节点、位置等。

3. 龙润凯达通过数字仓单降低融资成本

2020 年 9 月，北京龙润凯达石化产品有限公司（以下简称"龙润凯达"）依托实体库存的原油，借助中化能源科技公司推出的"区块链智能存储凭证平台"，向南储仓储管理集团有限公司提出了开具数字仓储凭证的请求。一旦数字凭证生成，龙润凯达迅速通过线上途径向中国建设银行提交了利用此凭证进行融资的申请，并在当日获得了资金，这一过程的成本相比传统贸易融资节省了 40%。此次龙润凯达的成功案例，标志着我国石化行业首次实现了区块链与物联网技术的深度融合。这次以数字仓储凭证为抵押的融资方式，源自中国建设银行内蒙古分行、南储仓储有限公司天津第一分公司以及中化能源科技公司的一次前所未有的供应链金融模式创新。这场创新实践为破解中小企业普遍面临的融资难、融资成本高的困境提供了极具前瞻性的解决方案。

4. 华夏银行完成国内首笔全线上数字仓单质押融资业务

2021 年 11 月，华夏银行与"66 云链"合作，通过双方系统对接，完成了国内首笔全线上数字仓单质押融资业务，标志着华夏银行率先实现了仓单质押业务从仓单申请、授信、质押、登记到放款的全流程、线上闭环操作。该笔业务的落地，也为华夏银行和"66 云链"后续紧密合作、批量开展业务打下了较为坚实的基础。

在这笔业务中，由融资企业通过"66 云链"区块链数字仓单平台发起申请，信息实时推送至仓储机构——武汉恒阳化工储运有限公司，由武汉恒阳在系统平台开立了数字仓单；随后，融资企业通过人脸识别技术和数字化企业认证发起线上仓单质押申请，并完成贷款申请环节的验证；华夏银行的产业数字金融平台收到申请后做数字化授信审批，放款系统收到申请后，由系统替代人工，对仓单及相关附件的数据要素进行交叉验证，完成仓单质押登记，实现秒级放款，为融资企业发放了数百万元的低息贷款。

这笔业务从仓单注册到审批放款，实现全流程、全部角色、全线上操作。

融资企业的贷款申请、授信申请、放款申请等，由系统替代传统授信中的信审、风险和客户经理角色，进行风险要素审核，并实现系统自动放款。数字仓单质押放款业务流程如图 6-2 所示。

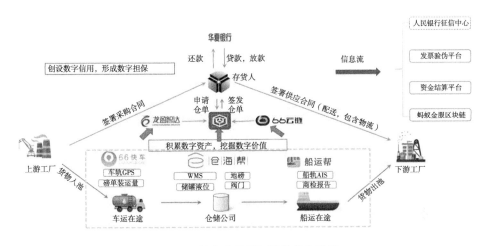

图 6-2　数字仓单质押放款业务流程

6.2　案例：存货（仓单）质押监管数字孪生系统框架设计

面对仓库管理中的低效自动化、信息分散、沟通滞后及响应异常的困境，本案例从系统视角审视了物流运营及物流金融系统的需求和设计愿景，借鉴了数字孪生的标准化框架，设计了一套质押监管数字孪生系统的结构，在此深入分析孪生模型的创建、数据传输路径的优化及异常问题的智能化处理策略。

本案例以数字化质押监管为核心目标，利用先进的 3ds Max 和 Unity 开发平台，构建了包括几何形态、对象识别、数据集成和应用程序在内的多层次孪生模型。通过融合 OPC UA 通信协议和 MySQL 数据库技术，打造出一个高效的数据传输架构，并提出了模型数据的动态可视化和双向交互解决方案。

本案例不仅为构建高效仓库数字孪生系统提供了实用框架，还为快速开发出全方位、立体化的仿真交互模型提供了有力的技术支撑，旨在推动仓库管理的智能化转型。

6.2.1　案例背景

仓储系统在生产和流通领域中扮演着至关重要的角色，是供应链体系的核心组成部分。随着科技的发展，智能仓库凭借自动化技术的成熟应用，旨在削减人力负担、优化作业效率，从而大幅降低成本并提升物流运营的经济效益，进而展现出强大的优势。然而，据统计全球范围内仍有九成的仓库主要依赖人工操作或低度自动化，这导致海量的数据资源未能得到有效挖掘和利用，随之而来的问题包括高昂的人力成本、频繁的人为错误、关键数据管理的脆弱性及仓库资源的利用率低下。这种传统运营模式显然无法满足金融行业在仓单（存货）作为融资抵押时对于管理高效、精确服务的需求。

在供应链视角下，智能仓库强调增强物流主导企业在整个供应链中的资源整合效能；通过升级自动化设备，实现全程信息流的无缝对接，整合物流数据与生产数据，它能降低对人力资源的依赖，进而提升企业的生产效率。

在供应链金融架构下，存货担保监控需具备极高的自动化水平，以符合金融机构对风险管理与运营效率的双重标准。实现这一目标的关键在于打造一个仓库实体的数字孪生系统，该系统能连通现实与虚拟世界，实现全方位、全要素的信息互通。这样，既能灵活高效地调度生产任务，又能适应仓库质押监管的特殊需求。通过提升库存操作速度和仓库管理水平，企业能进一步推动数字化控制、协作、资源配置和决策优化，从而创新供应链金融运营模式。

6.2.2 智能仓库概述

1. 仓库管理系统的功能演化

随着技术的飞速发展，仓库管理已从传统的仓储模式演变为高度自动化、集成化和高效化的智能仓储管理体系，其发展历程可大致分为三个阶段。

仓库管理系统功能演化过程如图 6-3 所示。

第一阶段是从 1990 年到 2000 年，核心在于仓库的规划与设计，重点关注如何提升仓库作为资产的利用效率，涉及仓库的规模、适应性布局、货物分配、储存密度及地板承重能力等要素。此阶段的研究和实践中，仓库操作策略、吞吐能力、储存容量的优化及仓库设计改进是主要议题。

第二阶段是从 2001 年到 2010 年，行业重心转向仓库设计、选址、决策支持及自动化操作，在此期间，业界特别注重在特定业务环境下的优化策略研究。自动化和智能化的操作模式成为创新的主流方向，如应用遗传算法、禁忌搜索、聚类分析、层次分析等优化技术，极大地推动了自动拣选技术的进步。同时，随着电子商务的崛起，仓库运营速度的需求提升，快速存取和

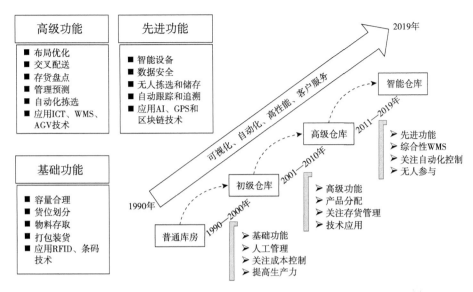

图6-3 仓库管理系统功能演化过程

检索成为提升效率的核心问题；信息通信技术、RFID技术、仓库管理系统及自动导引车（AGV）等先进技术广泛应用，塑造了新的仓储管理格局。

第三阶段是从2011年到2019年，仓库管理系统经历了显著升级，主要是受到电子商务的爆炸式增长和供应链环境日益激烈的竞争所推动。企业对运营效率的迫切需求催生了动态仓库网络的构建，旨在应对急剧缩短的配送时间、灵活多变的订单规模、繁多的产品种类及个性化的消费趋势，以及对即时反应能力的极致追求。新一代信息技术如物联网、工业互联网和信息物理系统的广泛应用，引领各产业进入了工业4.0的新纪元。

2. 智能仓库与数字孪生

近年来，随着信息技术的迅猛发展与广泛应用，仓库管理系统正经历深刻的转型，已步入了数字化、智慧化的新时代。新型的自动化立体仓库和高效分拣体系得到广泛采用，诸如射频追踪、语音拣选、光学拣选及智能存储与检索系统，这些创新技术结合自动化设备，如高效堆垛机、旋转装置和自动驾驶车，大幅削减了物流行业对人工操作的需求。

智能仓库是一个集成智能识别、信息管理及无线传感等技术的集成平台，它能实时整合物料数据、设备信息和计划调控的数据流，通过智能决策系统，实现了近乎无人化的自主控制，具备高度交互性和优化性能，能大幅提升工作效率、降低能源消耗，并为决策支持提供了强有力的支持。

尽管数字孪生技术被视为企业迈向数字化转型和智能化升级的关键驱动力，但目前其在实际应用中的成熟度尚有待提升，尤其是在模型构建、数据连通性等方面。在仓储行业的应用探索上，数字孪生还处于初级阶段，仍有大量的潜力等待挖掘和开发。

6.2.3 数字孪生关键技术

1. 3ds Max 建模工具

3ds Max 作为一款创新的建模工具，相较于 Maya 和 UG 等专业三维设计软件，它以其直观易用的界面、卓越的跨产品兼容性及高效的修改器系统著称。作为全球最受欢迎的设计平台，3ds Max 凭借其独特的优势在行业中大受欢迎。

2. V-Ray 渲染技术

V-Ray 渲染技术是数字孪生智能仓库设计的关键环节。它描绘的是光线在空间中逐渐减弱直至消失的过程。3ds Max 兼容众多渲染引擎，包括相对先进的蒙特卡洛光线追踪技术的 Arnold，以及最新推出的高效能 Corona Renderer。为了追求极致的真实感，开发者可选择广泛采用的 V-Ray 渲染引擎，它以无延迟的交互渲染速度和处理大规模场景的能力脱颖而出。V-Ray 提供了丰富的特性，如材质编辑、VR 灯光选项、虚拟穹顶、物理摄影机、几何体代理生成及 VR 剪辑平面等，极大地扩展了 3ds Max 的功能范围。

3. Unity 创作平台

Unity 创作平台是一站式实时 3D 内容制作和运营的解决方案，其特色在于具备高性能的跨平台游戏引擎，并采用创新的组件式设计理念，因此 Unity 在 AR/VR 应用、即时游戏制作、汽车行业、交通运输、建筑可视化及电影动画等多个实时 3D 项目开发中应用较广。

4. C#与 Unity 的协程机制

C#语言的面向对象特性和对异步处理的支持，与 Unity 的深度融合，使它成为实现 Unity 组件功能的理想选择。Unity 特有的协程机制允许在不影响主线程运行的情况下启动并发任务，当遇到暂停指令时，协程机制会暂停执行，之后继续处理主线程未完成的部分。

5. 数据采存传技术

（1）物联网技术在物料管理中的应用。鉴于物料流动过程中对唯一标识和详细数据记录的严格要求，物联网技术中的 RFID 因其成本低、效益高、识别速度快和存储容量大，成为收集物料数据的关键工具。

（2）新型无线定位技术——窄带无线（NBT）。作为一种新兴的无线通信技术，NBT 凭借其抗干扰性强、发射功率低、安全系数高、系统简易及高定位精度等特性，已在智能工厂、仓储物流、体育赛事追踪及建设项目管理等领域广泛应用。与传统 RFID 技术相比，NBT 提供了更为广阔的覆盖范围、更高的定位精度和更稳定的实时跟踪能力。在仓库中，主要依赖 NBT 技术获取库存物品和搬运设备的位置信息，这依赖于定位标签与基站间的实时信息交换，通过精确的时间戳计算，实现了对整个物理仓库无遗漏的全面定位和高精度的数据采集。

（3）MySQL。MySQL 具备简单易用、高效可靠、查询快速、支持多线程等特点，用以存储数字孪生系统中的孪生数据。

（4）OPC UA 技术。OPC UA 技术作为先进的过程控制接口，它整合了安全通信管道，高效地传递从生产现场到云端的原始数据和预处理信息。OPC UA 凭借其跨平台、高效率和可扩展性，扮演着连接硬件制造商和软件应用的纽带角色，逐渐成为智能制造中集成多元异构数据的关键解决方案。涉及物理仓库与数字映射中的数据采集与传输时，OPC UA 协议以其灵活性和易用性，成为构建数据传输体系的理想选择。OPC UA 架构由 OPC UA 服务器和客户端构建，通过构建信息模型，实现了对异构数据源的智能感知，并促进数据的集成与互动。

OPC UA 服务器作为核心组件，负责接纳并管理来自多个源头和不同格式的数据，通过强大的信息建模技术，创建地址空间、公开数据接口、响应客户端发起的各种操作请求，如数据读取、写入、订阅变化或调用服务功能。客户端负责向服务器发送这些请求，获取所需的回应。

（5）RPC 框架应用。作为进程间通信的强大工具，远程过程调用（RPC）框架在数字孪生智能系统中，提供了透明且高效的方法来解决不同服务器之间的数据流通难题，为跨域数据传输提供了实用且高效的解决方案。

6.2.4 系统设计目标

针对传统存货仓单管理中遇到的难题和仓储运营的特性，系统开发者采用了一种创新方法，通过将仓库各实体元素进行立体转换，同时将生产操作流程进行系统化的逻辑重构，构建了一个以全面要素、全程监控和多元业务数据为驱动力的智能平台。这个平台将实物存货与虚拟监管环境紧密结合，实现了两者间的实时连接和信息交互。在此基础上，开发者基于历史数据的智能应用模型，实现模拟、预判、优化并支持决策功能，极大地提升了存货质押监管的效率和精确度。

1. 系统功能目标

设计目标涵盖了如下关键点。

（1）确保实时的虚实互联。系统通过维持虚拟仓库与物理仓库的作业流程和元素状态的一致性，防止数据传输时的误差累积，从而实现物理世界与虚拟环境间的双向即时互动和操作。

（2）历史情境再现。系统能再现仓库在特定历史时段的作业特性、行为及效能，便于进一步的数据分析，为生产改进提供决策依据。

（3）实施智能监控。系统通过物理仓库与虚拟模型间的数据交互，实现实时映射，利用数字空间进行全局作业场景的模拟，让监管者能即时监控生产环境的各项参数，结合人工与自动化系统，有效处理预警情况，增强智能管理能力。

（4）动态异常检测。系统能对运行期间的异常发货和违规行为进行实时捕获，迅速启动重新调度，向管理层发送指令，实现虚拟与现实的双向控制。

（5）深度虚拟-现实交互。系统能通过可视化手段展示监控系统的孪生模型结构、运行细节和状态转变，有力支持数字孪生模型的可视化维护。同时，为用户提供友好的、灵活的交互界面，创造直观、生动且沉浸式的人机交互体验。

2. 系统架构规划

（1）系统功能要点。

①建立虚实交融的即时网络。保证实体仓库的各项生产和运营过程与数字化镜像实时对应，避免数据传输时可能出现的不准确，以实现物理与虚拟环境之间的即时交流和顺畅操作。

②追溯操作过程。复原仓库过往时段内的操作特性、动态及效率表现，通过深度分析这些历史数据，为提高运作效率提供有力的决策辅助工具。

③智慧化监管与控制。借助物理环境与虚拟模型间的相互作用，构建实体与数字的对应关系，通过全方位模拟在虚拟环境中再现真实的作业场景，使管理者能够实时掌握关键指标，同时结合人工干预和系统自动化预警响应，提升智能管理的效能。

④动态异常响应。迅速捕捉并应对运营中突发的异常出货或违规行为，

即刻调整计划并传达指令给管理者，构建虚实联动的动态控制机制。

⑤深度交互与可视化。通过直观的可视化手段，清晰展示孪生监管模型的构造、内部运作及状态变迁，有力支持数字孪生的可视化维护；设计简洁易用的操作界面，营造沉浸式的人机交互体验。

（2）系统架构构建。

为了实现一个无缝衔接、信息共享、高度智能且虚拟主导实操的自动化、智能化仓库管理体系，在此借鉴国际标准化组织 ISO 23247 关于制造系统数字孪生的结构框架。数字孪生智能仓库系统架构如图 6-4 所示。

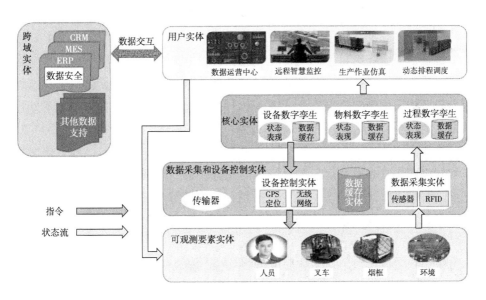

图 6-4 数字孪生智能仓库系统架构

数字孪生智能仓库的整体架构由域空间和功能实体两个维度组成，系统架构有如下五个域空间。

①观测元素域。它是系统运作的基础，作为数据的源头，和数据获取与设备操作域紧密相连，两者间存在信息交换与互动。

②数据获取与设备操作域。它通过精密操控观测元素域的感应器装置，驱动核心域的数字转换进程，并对智能设备执行精准的指令与调控，确保精确无误。

③核心领域。核心领域犹如数字地图的中枢神经系统，全面掌管并推动各项运营。它承载着深度的数据处理、模拟优化任务，其主要目标是即时向

用户领域输送反馈信息、实时监控和预测性模拟，以提供全方位支持。

④用户互动域。此领域聚焦于用户与数字映射的无缝连接。数字映射的应用程序被精心设计以适应用户的个性化需求，转化为用户所需的定制服务。

⑤边缘领域。尽管它位于数字映射之外，但其核心作用在于与其他系统领域保持数据流通和通信，确保整个系统的协同运作。

（3）系统结构关键实体。

在各个领域空间内，执行任务和功能逻辑的单元由一组功能实体驱动，整个系统结构被划分为关键的五个实体。

①可观测要素实体。包括人、设备、原材料、工艺和环境因素，其核心作用在于生成数据并实现反向调控。

②数据采集和设备控制实体。一方面，数据采集组件专注于从各种感知元素中收集情报，并将这些信息传递到主体模块；另一方面，设备管理组件控制着要素实体内的特定资源管理，如对智能设备的启停控制及环境条件的调节。

③核心实体。这由设备数字化孪生、物料数字化孪生和流程数字化孪生子实体组成，以此通过组合单元级别的模型，构建出智能仓库的全方位虚拟映像。每个子实体由状态呈现和数据暂存两大部分组成，前者利用文字、图表和多媒体手段展示仓库的静态和动态信息，同时提供行为模拟和未来趋势的预测报告。

④用户实体。以用户实体服务于操作员、监管者、维修技术人员和决策者，此部分与核心实体保持高度交互。用户实体的功能模块在遵循系统原始设计的基础上，也可按用户的定制需求进行扩展，常见的功能涵盖可视化监督、模拟训练、人机互动及状态预测等功能。

⑤跨域实体。其通常源自企业的现有管理系统，如制造执行系统（MES）、企业资源规划（ERP）和客户关系管理（CRM）。为了保障数据安全，这些系统在与用户实体的数据交互过程中，实施严格的认证、授权、加密和完整性保护措施。

6.2.5 远程智慧监管设计

数字孪生的多元功能涵盖了运营管理、远程智慧监管、生产作业模拟及动态任务调度等核心领域。在此将深入剖析其中的远程智慧监管和生产作业模拟模块功能。

1. 远程智慧监管模块

（1）全局可视化监控。监管人员的角色正经历从传统的现场监督向远程智能化监管的转型。借助数字孪生技术的智能仓库系统，以三维虚拟模型为基础，利用其实时分析和动态感知的能力，使工业用户及仓库管理者能多角度地远程观测库存操作，有效地识别异常作业行为或环境变化，并能即时作出反馈和调控。

（2）物料信息透明。在虚拟空间的架构下，物联网设备收集的海量数据，经由 Unity 引擎的高端 UGUI 界面艺术化呈现，实现了信息的全面透明化。无论是针对特定区域、特定存储单元，还是特定客户群体，都能准确获取详尽的库存细节，极大地提升了信息流通的效率与透明度。

（3）用户漫游控制。为了提供更真实的交互体验，Unity 引擎巧妙融合了第一人称和第三人称视角，以及多摄像机控制策略，如鸟瞰视角和叉车追踪，用户可以自由切换，实现全方位、沉浸式的漫游浏览模式。

2. 生产作业模拟模块

（1）回溯历史情境。运用 Unity 的逻辑建模及 C#编程技术，系统能够精确复现特定历史时段内的仓库状态及生产规划，真实再现过去的生产流程和作业条件。

（2）前瞻性生产调度。系统具备解析中期生产计划的功能，通过精心构建的算法机制，迅速生成生产计划和物料流通策略。通过对 Scene 场景进行深度仿真和帧速率微调，系统能够精确评估预设方案的精度、效率提升空间及资源利用率，经过严格的正向优化流程，最终确定最佳的批量生产参数，从而有效预防因物料短缺导致的生产延误。

（3）智能决策支持。在供应链运营中，系统实时整合各类动态信息，并借助先进的生产作业模拟技术与大数据挖掘，动态协调上游的物料采购和下游的产品库存管理，实现了智能化的精细调度和精准配送，确保了整体运营的高效与灵活。

6.2.6 油品配送需求及技术规范

鉴于物流配送主要依赖于广泛的公路网络，涉及的运行区域广泛且环境多变，运输油罐车因其高流动性及分布的离散性，使油品在输送过程中面临着严峻的安全挑战。油品盗窃事件以及由此导致的质量和安全事故频繁发生，对此方面的防范措施始终未能根除。因此，如何强化配送环节的安全监控已成为石油交易和物流行业亟须攻克的难题。

油品配送的运营管理强调战略规划与精密操作。车辆调度与运用需严格遵循既定规章制度，工作人员在日常运营中需深度关注车辆的工作生命周期，并将收集到的详细数据准确无误地输入电子管理系统。这样，企业能实现对每辆车的精细化、个体化管理，一旦运输过程中出现任何偏差，系统能即时发出警报。同时，该系统还能完整重现车辆的全程轨迹，形成动态的实时监控体系，有力保障油品运输任务的顺利进行。

1. 以车辆配送计划为中心

科学合理的车辆配送计划能为电子管理系统设计提供重要的数据输入。该计划明确规定了油罐车的运用规范，要求驾驶员必须在预设时间内将特定类型的燃油安全运抵目标加油站或其他需要燃油的场所。在整个运输过程中，不仅需要记录车辆的详细信息、起始和目的地的精确位置，还需要精确记录油品的规格及运输量，以确保操作的精准性和合规性。

ERP 系统和物流调度系统共同负责执行这些配送计划，对生成的各类数据进行整合和归类。在物理结构上，油罐车可能被划分为若干独立的储存区域，这称为隔舱。据此，车辆可分为单舱和多舱两类。配送计划依据隔舱数量进行，例如，双舱车一次可以执行两个配送任务，而三舱车则可能执行三个任务。每个配送任务是按舱来设定的，考虑到油罐车的分舱特性，调度人员将一辆车的各舱配送任务组合成一趟配送流程。同时，系统应具备灵活调整计划的能力，为此，客户端软件特别设计了便捷的计划修改功能。

2. 针对配送流程的车辆动态管控

油罐车的配送作业具有明显的规律性。以双舱车为例，每次配送流程可划分为五个关键步骤：初期闲置、装载加油、加油站 1 卸油、加油站 2 卸油、油品交付。在进入交付区域的瞬间，车辆启动解锁程序；离开交付区域时，则进行锁定操作，形成配送流程的完整闭环。

双舱车的配送流程可分为两个独特的模块（初始站点投递和中继站点投递），每个模块都采用独立的配送策略管理，即针对每个舱室制定个性化的运输路径，这一设计与企业的供应链管理和物流调度系统紧密契合。电子锁的工作状态变化被巧妙地划分为五个关键阶段：①待启动；②到达起始点；③离开起始点；④到达终点；⑤任务完成。由于舱位规划与车辆定位具有联动性，车辆的行驶轨迹与电子锁的状态转换息息相关。油罐车的运行不仅是个体计划的执行，更是其位置动态变化的直观反映。每一次位置变动都会引发电子锁操作的自动响应。通过集成车辆实时定位技术，我们能精确操控电子锁的开关，驱动状态的无缝过渡，从而实现油罐车的智能化配送，确保燃油品质和全程安全。

对于各阶段，可以根据实际需求赋予特定的状态标识，这些操作是对配送流程状态的精细化管理，任何车辆位置的变化都会同步引发电子锁的动作。双舱车计划状态变化过程与锁操作关系示意如图6-5所示。

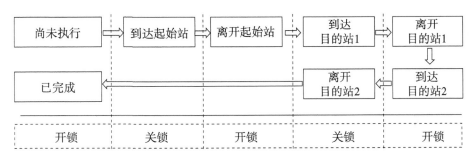

图6-5 双舱车计划状态变化过程与锁操作关系示意

车辆调度规划在本系统中扮演着核心角色，它是操作的基础准则。有效的配送计划不仅强化了车辆使用的标准化流程，而且精细地管理每个配送任务的详细流程。员工在执行任务和监控车辆动态时，会记录以下关键信息。

（1）运输作业尚处于待处理状态。

（2）车辆已按照既定程序到达起始点。

（3）车辆已经顺利离开任务的起始点。

（4）车辆顺利完成了燃油补给目标地点的任务。

（5）车辆在任务结束后从目的地撤离，标志着任务阶段的结束。

详细记录这些步骤能够完整描绘出车辆的行驶路径。技术部门还整合了车辆的五个工作状态与电子锁定系统，确保石油运输过程中电子锁的开启和关闭与运输过程同步，从而增强油品输送的安全保障。

分析上述内容，可以明白电子锁系统的重要性，它促进了任务执行与物联网及GPS技术的紧密合作。通过显示配送状态，可以清晰地了解车辆的实时情况，使车辆运营状态透明化。

3. 多层次权限管理的协同运作

电子铅封管理系统建立了一个全面的石油二次配送管理体系，涵盖了多元化的参与者。每个角色在不同的运输阶段执行特定的系统功能，所以，清晰的角色权限界定是确保系统安全运行的前提条件。根据管理需求，不同角色被赋予了如下的权限设置。

（1）物流调度：电子地图查看、配送状态查看、远程电子锁操作、配送计划管理、车辆管理、加油站管理。

（2）承运商：电子地图查看、配送状态查看、配送计划查看。

（3）库站管理人员：电子地图查看、配送状态查看、配送计划查看、车载终端操作。

（4）驾驶员：车载终端操作。

4. 适应性强的区域调配功能

在运营实践中，物流企业常常根据资源分配和运输效率的需求，实施跨区域配送。物流系统需具备全省范围内的车辆调配功能，让各地的物流管理人员都能实时监控车辆动态并共享操控权限。通过简单协调，借方物流调度仅需在制订配送计划时将终点站设定为本公司的加油站，即可顺利完成跨区域车辆调用，简化了操作流程。

5. 多元化的解锁策略确保系统稳定性

系统设计了多重解锁机制以应对各种突发情况，确保任务执行无碍。

（1）智能化自主响应。当车辆精准到达指定加油站且所有系统运行正常时，预先编排的任务流程会自动激活，相应隔舱的电子锁定机制随之解禁。若目标为后货舱，专属后舱电子锁会自动解除锁定；若整辆车到位，则所有电子锁同步释放。

（2）远程人工干预。在自动解锁功能失效的非常情况下，调度员可通过恢复后的通信手段，利用专业的移动设备应用或网页界面实现远程控制。通过点击"开启前舱"或"关闭前舱"等指令，调度员能够精确操控每个隔舱的状态，实时查看任务进度并进行必要调整或更新配送策略。系统实时更新车辆与配送点之间的实时距离，协助管理者实时定位车辆位置。

（3）紧急备用解锁模式。考虑到油罐车的特殊安全需求，当遇到严重交通事故、网络连接故障等突发状况，导致车载计算机与服务器通信中断时，预先设置的应急密码可以在主机的物理键盘上启用解锁功能，确保在紧急情况下车辆的管理不受影响。应急密码分为如下两类。

①离线控制密码。基于电子封印技术生成的客户端软件，生成具有时效性的控制码，只有驾驶员正确输入密码才能解锁。

②高级管理密码。仅限具有管理权限的人员持有，可在紧急情况下用于解锁任何车辆。

管理员通过电话将生成的密码告知司机，司机在主机上输入密码，电子锁便可根据指令执行相应操作。

6. 强化无线网络的稳定性保障

确保通信网络的稳定性和连续性至关重要，尤其对于那些身处城市边缘或偏远山区的加油站，网络信号的不稳定问题不容忽视。因此，如何在面对网络不稳定时保持系统高效运作，成为迫切需要解决的技术难题。

为此，解决网络不稳定的策略是设计一种能在网络连接中断时自动恢复的冗余机制，由服务器负责，确保信息传输的连续性。同时，要求车载设备具备智能处理能力，即使在网络信号断开的情况下也能独立进行配送任务。

7. 精确优化车辆定位，减少 GPS 误差影响

电子铅封管理系统依赖 GPS 实时追踪车辆位置及行驶路径，并利用电子围栏技术验证卸货地点的合规性。然而，GPS 定位受天气、电磁干扰和建筑遮挡等因素影响，可能导致定位偏差。为提升操作效率，可在加油站增设 Zigbee 基站；在基站覆盖范围内设置特定的停车区域，通过 Zigbee 和 GPS 信号的双重确认，可以大大提高车辆加油卸油位置的精准度。

6.2.7 数字孪生模型构建

1. 对象三维建模

首先，开发者聚焦于实体仓库的各个可识别组件，包括静止的建筑结构、移动的搬运设备（如叉车）、存储单元（如烟架）、消防设施及工作人员等，力求形成真实且细致入微的模型。在理想情况下，几何模型应具备全方位、多层次、多尺度的特性，然而在实际操作中，数字孪生模型的构建不必拘泥于此，可以根据实际需求和研究焦点灵活调整，可能仅涉及部分维度和元素。对象三维建模流程可以通过图形化方式展示（见图 6-6），展现出其策略性和定制化的灵活性。

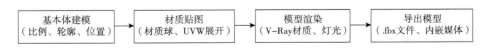

图 6-6 对象三维建模流程

（1）基本体建模。

基于深入的实地考察和精确的数据采集，开发者首先要设定模型的比例参数。其次，运用 3ds Max 作为基础建模工具，构建模型的基本框架，确立其全局外观。最后，开发者通过多边形编辑技术精细调整各个组件的几何形态和空间布局，确保每个细节都准确无误。在处理复杂结构时，开发者会将模型复位至原点，以确保所有子模型之间的精确对齐。特别是对于存在动态交互的结构，轴心的精确设置至关重要，这将直接影响到后续动力学模拟和动画生成的流畅性。托盘和消防栓模型分别如图 6-7 所示。

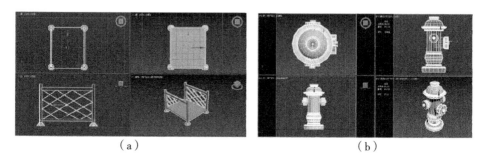

（a）　　　　　　　　　　　　　　（b）

图 6-7　托盘和消防栓模型

模型基础结构搭建完毕后，关键步骤是对其实物感进行强化，这包括精细地设定材质属性。因为精准的材质设置能让渲染结果更贴近真实，展现出产品的立体感和细节。不同的渲染技术对材质的选择有其独特的要求，如漫反射、镜面反射、折射、纹理质感及自发光等特性，都能显著提升图像的真实度，甚至达到照片般的逼真效果。特别在利用 V-Ray 这种高级材质渲染器时，能够显著增强物体的视觉表现力和仿真度。

（2）几何结构高效建模。

在保持核心元素完整性和低精度需求的前提下，高效建模的目标在于利用有限的几何数据精确呈现，适度牺牲部分细节，以减轻后续开发过程中对计算性能的需求。尽管几何模型常具备引人入胜的光影效果和流畅的表面质感，但在导入 Unity 开发环境中，可能引发 CPU 负载过高、内存急剧膨胀、场景切换加载迟缓及移植性受限等问题。因此，对模型进行优化处理显得至关重要。这种优化策略侧重于削减组件、简化点线面数量，以减小模型体积，有利于高级动画创作和快速场景展示。

两种常见的高效建模策略如下。

（1）拓扑重构。通过重新组织模型的点线面结构，对原始设计进行精细调整，生成既保持视觉丰富度又具有极低面数的简化模型。

（2）3ds Max 优化工具的应用。借助 3ds Max 的优化工具，可以有效削减模型中的面和顶点数量，确保图形质量的同时，显著提升渲染效率。

2. 智能数字孪生仓库对象模型构建

构建数字孪生仓库模型的核心步骤是建立对象模型，该模型通过"物理—行为—规则"三个维度描绘实体对象的现实状况和行为特性。这里首先探讨如何将基础模型组合为复杂的模型结构，关注于物理特性和用户定义属性的对象属性描述。为了提升搜索与开发的效率，可引入标签系统进行分层建模。最后，依据实际物理仓库中的入库和出库操作流程，设计并建立了入库作业和出库作业的逻辑模型。

（1）对象模块整合。为降低几何模型间的耦合度和增强元素的再利用率，开发者对基础模型进行独立的几何塑造，并以模块化形式存入文件。在 Unity 的工作环境中，已实现单个模型向复杂场景的平滑过渡，动态构建出层次分明的空间结构。

（2）对象属性建模。在 Unity 的架构内，智能仓库系统由多个交互场景组成，每个场景包含多个对象，每个对象由特定的组件组成。组件包含变量和方法，是功能实现的核心。在构建对象属性时，需确保每个组件都对应实物的属性和状态，作为对象静态信息的基础，用于控制和查询对象的状态变化。

（3）对象层次建模。为了提高 Unity 的开发效率和便于查找，可采用分层的对象管理策略，有效地追踪系统交互状态的变化，同时减少内存的占用。

（4）对象逻辑建模。借助 Unity 的脚本机制，我们精细地模拟仓库的实际操作流程。Unity 的组件化设计允许每个对象加载多个脚本组件，这些基于 C# 的高级脚本与 Unity 内库、协程紧密配合，精确再现了诸如装载、入库、出库等仓库作业流程。

3. 数据模型构建

数字孪生仓库系统的核心在于数据模型的构建，主要难题在于如何有效地整合并实时交互多维度、多层次的数据，以及如何精确地映射现实与虚拟环境。

数字孪生仓库系统的生产作业过程中整合了深度集成的智能传感器技术、网络技术及自动化技术，如运用智能装置、AGV 及工业互联网的标识技术，这些都极大地增强了在业务操作中捕获数据的能力。而智能传感器的大规模应用，显著强化了过程控制的精确度，极大地提高了信息传输的速度，同时对标准化作业提出了更高的要求。这些创新性技术已逐步替代传统的纸质文档管理、人工操作输入和手动数据汇总，有力推动了业务全面迈向数字化的前沿。

在数字孪生仓库系统中，数据的独特性质体现在以下四个关键方面。

（1）海量且动态扩展。尽管实体仓库通常不具备高频更新的数据源，但其数据的庞大规模源于持续攀升的品牌定制、差异化和多元化的加工工艺需求。这些需求催生了多层次、多地域、多配方的丰富数据，尤其是在任务繁重时，频繁的库存进出操作进一步扩充了数据的容量。

（2）数据来源和形式的多样性。数据并非单一来源，而是融合了多种技术手段，如传感器、RFID、高清摄像头及自动化设备等，形成了一个多维度的数据生态系统。这些数据不仅包括结构化的入库出库数据库记录，还有非结构化的监控录像、培训资料，甚至包含时空关联的叉车行驶轨迹等复杂信息。

（3）数据普遍存在分散且互不连通的现象。尽管仓储体系积累了大量数据，但基于全局性系统视角，这些数据呈现出离散的状态。历史库存的动态与批处理的关联性不够紧密，因而难以实现对物料和生产进度的即时追踪。同时缺乏对大数据进行深度挖掘和分析的能力。数据标准化的不足使各信息系统的互操作性受限，塑造了信息交流的壁垒，阻碍了数据流动的效率。

（4）数据冗余和交错现象普遍。这种状况通常源自并发的任务执行或多个数据来源的同时操作，严重影响了寻找物料、追溯质量和评估经济效益的效率。原料在工厂内部的循环流转过程中，即便只有一个数据录入点，重复的人工输入信息依然难以避免。过去的仓库管理系统在更新订单、应对紧急插单或重新划分批次时，同样未能有效解决数据重复的问题。

4. 数据划分策略

数字孪生仓库的实体与虚拟模型之间保持着即时互动，基于数据在系统构造中的功能特性，可将其划分为物理感知数据、虚拟仿真数据、其他跨域数据三大类别。孪生数据分类如图6-8所示。

（1）物理感知数据。

这部分数据源于生产要素如人、机器、物料和环境的静态数据和动态数据，它们是推动数字孪生仓库运转的关键驱动力。静态数据包含员工档案、设备性能、规格参数、维护历史和故障模式，主要来源于操作人员和设备供

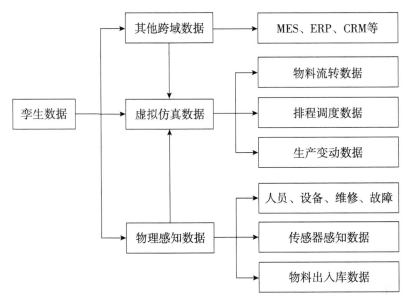

图 6-8　孪生数据分类

应商的记录。动态数据则包括物料进出库的传感器读数、叉车位置追踪和库存变动等，随作业流程实时更新。物理感知数据的采集与传输促使实体模型实时响应。

（2）虚拟仿真数据。

虚拟环境中的数据涵盖对象动态运行特性、行为规则设定、行为路径信息，以及由应用服务模型推演出的模拟实验和决策支持数据。在数字孪生仓库系统中，具体包括物料流转数据、排程调度数据和生产变动数据。

（3）其他跨域数据。

对于制造业的全面管理，多元跨领域的联动数据尤为关键，如来自 MES、ERP、CRM 等第三方系统的生产数据、计划信息、排程数据、财务报告和客户资料等构成了跨领域的数据网；通过构建与数字孪生仓库系统同步的数据交换接口，实现了与第三方平台的数据共享与交互；整合这些多元数据与虚拟环境数据，能够全面展现工厂的整体运营状况，为管理层提供决策依据，支持战略层面的决策制定。

5. 数据获取

为了驱动虚拟与现实融合的核心实体模型，并提供用户高效、一体化、智能的解决方案，至关重要的是系统能全面、精确且即时地捕捉物理仓库的数据。鉴于手动收集方式存在效率低下、信息流转缓慢和准确性不足等问题，可在仓库现场安装 UWB 设备和温湿度传感器等，以确保能够准确并完整地初步收集关于人员、设备、物资和环境的多元异构信息。

（1）物料数据采集。

这一阶段的核心在于 RFID 标签、阅读器及天线的联合运作。每个烟草箱被赋予 RFID 标签，并依照企业统一的编码规则，确保每个存储单元拥有独特的数字身份，从而便于执行数字化管理和在系统内的无缝流转。仓库的入口和出口处安装 RFID 阅读器，以实时监督仓储操作；接下来，中间件解析并过滤从阅读器接收到的数据，执行整合、计算及分类任务，生成具有实际意义的事件信息。这些信息随后被推送到后端应用程序或者对接到 OPC UA 服务器。

（2）叉车位置数据采集。

在现实的物流中心环境中，UWB 技术主要被用于精确地追踪室内 AGV 的位置，通过在 AGV 的承载部分安装定制的 UWB 标签，实现了独特的识别系统。在财务可行的情况下，可以在仓库内配置四个 UWB 基站，从而达成对叉车全方位的三维定位，其详细位置信息将在数字孪生模型中直观呈现。实时的软件系统负责收集 AGV 的精确地理位置信息，定位准确度可达 0.1 米。

（3）OPC UA 信息建模。

单纯地独立整合相关多元数据源会引发操作上的复杂性，这不仅涉及兼容各类设备的独特通信接口问题，还可能造成仓库内部数据流通规则的无序。因此，为了优化对物料、叉车活动和环境条件的智能管理，引入 OPC UA 技术显得尤为关键，它如同一座桥梁，统一了不同设备间的通信规范和数据接入方式。在 OPC UA 服务器架构中，开发者创建了一个详尽的信息模型地址空间，这个空间精准地映射了模型内的实体元素，以及实体之间错综复杂的关联模式，确保了数据的准确一致性和标准化处理。

（4）OPC UA 服务器搭建。

为了实现数字孪生仓库系统中物理世界的无缝对接，关键步骤是将信息架构有效地映射到 OPC UA 服务器的地址范围。这涉及将 XML 文件定义的实体类型转化为服务器地址空间内的实际对象节点。OPC UA 服务器的整合功能，可以汇聚来自各制造商的多元数据，构建一个统一的信息平台。这种对象至节点的映射策略，不仅简化了数据管理的烦琐流程，还提升了多源物联网数据的收集和处理效率。

6. 数据管理与存储方案

（1）数据存储流程。

为了兼顾成本效益、性能稳定及大数据处理需求，开发者采纳了一种创新的数据存储策略。其能运用 ODBC 驱动，将 OPC UA 服务器节点的感知信息与 MySQL 基础数据库紧密相连，形成高效的存储体系。这种设计不仅简化了数据管理流程，方便对历史感知数据进行深度挖掘，还为建立预测模型提供了丰富的数据资源。

（2）OPC UA 与数据库的协同整合

数字孪生仓库中的数据模型，无论是实体观测还是虚拟模拟，都通过标准化的 OPC UA 接口，转化为清晰的二维结构，无缝融入关系型数据库框架。这种设计允许数据流畅地流入 MySQL，实现了存储效率的最大化。数据库部署可以根据需求选择，可选本地部署确保稳定性，或云端部署以增强访问的灵活性和速度。

7. 数据传输

信息交互在构建数字孪生仓库系统中至关重要。只有当实物仓库的实时监控数据、数据库的历史记录及跨领域的数据流能无缝传输到虚拟模型，才能实现物理世界与虚拟映射的动态同步。这个交互过程如同纽带，将系统的各个层次紧密融合，形成一个统一的操作平台。物理环境的数据实时更新，驱动实体模型同步运行；而用户应用产生的模拟数据又反向影响实体，推动孪生模型的持续优化和迭代。数字孪生仓库系统的数据交互结构如图 6-9 所示。

OPC UA 技术凭借其多元化的安全保障措施，确保了无缝连接、自我修复和精确错误监控，从而提升了数据传输的稳固性和可靠性。在数字孪生仓库系统的构建过程中，应用 OPC UA 技术可绕开专用网络的设置，通过数据采集装置将多元且异构的实体信息转化为 OPC UA 服务器上的模型，然后无缝融入 OPC UA 节点。这种标准化的数据传输途径，有效消除了各种物联网设备间数据交互的复杂性，节省了开发资源，赋予系统设计以高效和精简的特性。

在这一架构中，OPC UA 服务器通过建立设备节点的逻辑映射，将物理测量数据与其关联，同时，通过对节点内容的优化和数据压缩，实现了数据的精细化处理，有效剔除了不必要的冗余传输，提升了数据管理的效率。为了便于管理和孪生模型的实时调用，开发者设计了智能的数据存储策略，采用选择性存储和订阅模式，将物理感知数据存储在定制化的数据库表中。进一步地，这些数据被同步至云端，增强了数据共享的能力。

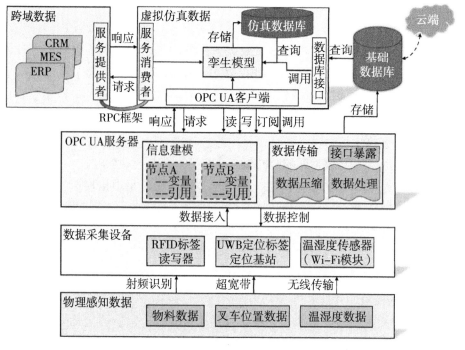

图 6-9　数字孪生仓库系统的数据交互结构

在操作期间，孪生模型生成的预测、规划及优化等模拟数据被汇总到特定的仿真数据库，这些数据不仅充当历史记录，还丰富了基础数据库的知识库，支持深度学习和数据挖掘活动。开发者面对源自不同行业的跨界数据，会考虑其物理隔绝的属性，倾向于在外部服务器上运用轻量级、高效率的RPC 框架进行部署。服务提供方会将数据打包，并利用高性能的二进制序列化方法传输到服务中心。与此同时，远端的孪生模型扮演服务使用者的角色，接收并解析服务请求，以此来获取必要的信息。

8. 数字孪生仓库应用模型构建

构建应用模型实质上涉及对孪生模型的封装，它在数据模型的基础上提炼出用户所需的特定数据功能。作为数字孪生仓库系统中与用户直接沟通的界面，它须针对多样化的应用场景，充分整合物理感知信息、虚拟模拟数据及各种跨界数据资源。这样，才能建立起涵盖运营监控、监管分析、模拟预测等面向不同用户群体的多元化应用服务模型。

（1）数据运营中心。

数据运营中心通过对仓库基础资料的深度挖掘，创建了一个基于虚拟映射的高效数据流通平台，旨在强化业务逻辑与数据元素的无缝对接，形成直观的决策辅助系统。它以数据为驱动力，通过双向反馈机制优化数据价值，形成一个动态的数据增值与管理循环。

在这样的孪生数据环境中，数据运营中心聚焦于为系统的日常运营提供关键洞察，比如叉车的工作性能指标、生产线的实时监控、存储单元的烟盒状态追踪，以及温湿度的动态变化趋势等。这些精确的数据信息，使仓库管理者实时全面地掌握整个仓储的全局运行，可以迅速识别出叉车效率的瓶颈、灵活调整生产计划，从而显著提升管理效能和效率。

（2）远程智慧监管。

远程智慧监管解决方案致力为工业客户的监管团队和工厂管理层打造远程、实时且高度智能化的监督平台，多维度监控仓库运营状态及生产活动的实时动态。

（3）生产作业仿真。

生产作业仿真服务依托于现有运行数据或历史档案，借助先进仿真技术和模拟技术，为仓库叉车的入库出库操作流程设计模拟场景。该服务预先优化仓库资源分配，以提升生产计划的精准度；通过整合叉车定位信息及烟框进出库的 RFID 数据，构建出一个全方位的动态生产流程模拟模型，确保与实体仓库中的叉车行动和库存状况保持实时同步。

6.2.8　案例小结

本案例分析数字孪生仓库系统模型的构建，但应用软件只是整个系统的一部分，对孪生系统的最终实现还需要配合相应的硬件系统和管理制度。仓库中的质押监管作为一种经典的供应链金融场景，展示了一个较为完整的系统框架，为非专业人员理解数字孪生的原理与运作方式提供了一个较为直观的案例，具有现实性的借鉴意义。

6.3　案例：油品物流监管中的"物联网+边缘计算"构架

6.3.1　背景概述

本案例探讨了一种以创新性的物联网边缘计算技术驱动的物流管理系统，旨在提升油品配送过程中的全程监控能力；通过在仓储和终端站点（如加油站）安置智能边缘节点，并与车载设备无缝协作，即使在无线网络不稳定的情况下，也能实现双模控制的无缝切换，提升了系统的稳定性和响应速度。

实际应用显示，基于"物联网+边缘计算"的物流管理系统成功应对了无线通信波动、GPS定位不精确、动态的车辆调度需求、交通规则的快速变化及跨区域配送频繁、车辆覆盖区域广泛且环境复杂等一系列挑战。它不仅为高效配送场景提供了强大支持，还能作为库存管理的有力工具，特别是在解决油品仓储（仓单）融资中货权认定难题和降低风险方面发挥了关键作用。这套系统已经在某大型公司的数百辆油罐车上稳定运行，其自动定位解锁功能的准确率超过97%，并且所有任务的完成率达到了100%。

6.3.2 基于物联网边缘计算的分布式系统架构

1. 储运信息管理系统的组成

电子铅封管理系统在运作中是由三个关键组件协同构建的，它们分别是车辆端模块、云端数据中心以及边缘计算节点。

（1）车辆端模块。

这部分的核心构造分为两个关键组件。其一，中央控制单元扮演着决策中枢的角色，全面监控并调度系统的运作流程；其二，智能电子锁系统提升了车辆的智能化管理水平。在构建上，车载模块精细考究，包含主板、交互设备，如触控输入装置和高清显示界面，后者是一块先进的液晶显示屏。所有这些硬件元件都被精心安置在防爆防护壳内，以确保其在各种环境下的稳固和安全。作为系统的核心动力，车辆的中央处理器承载多重职责，不仅负责日常通信任务，还能高效整合并处理海量信息。它采用了嵌入式设计，通过实时更新的液晶显示屏动态展示车辆运行状态，使驾驶者可以根据即时路况灵活调整驾驶策略。车载系统的组成如图6-10所示。

（2）云端数据中心。

该架构支持灵活的分布式部署，既能设置地域性的独立服务器，也能在一个服务器内整合跨区域的服务，并具备动态扩展能力，允许服务器资源的即时迁移。系统内构建了故障转移机制，当某一地区的服务器发生问题时，服务会自动切换到备份服务器或其他地域的服务器，保证服务不间断。该系统能够处理高流量并发，且具有扩展性，能够适应从小范围到省级乃至全国范围的大规模接入需求。

（3）边缘计算节点。

在各个油站和储油站点部署边缘计算设备，这些设备集成了Zigbee技术（基于IEEE802.15.4标准），具备信号发射、通信、处理和一定的存储功能。

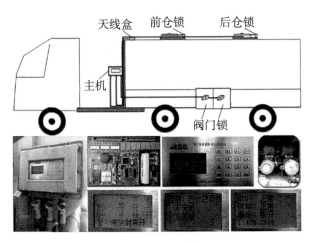

图 6-10　车载系统的组成

每一个边缘计算节点都与特定的油站一对一绑定，其基站具有专属性，确保数据和服务的安全定向传输。

2. 边缘计算架构

为了克服无线通信网络的波动性和 GPS 定位的复杂性，开发者研发了一个物联网边缘计算智慧石油物流系统架构，特别引入了边缘计算技术作为关键应用。在油库和加油站部署了智能反应节点，这些节点与车辆上的先进智能设备紧密结合，即使在网络不稳定的情况下，也能实现双轨验证的无缝操作。这种设计能增强系统的稳定性，提高处理效率，同时减轻云端服务器的负载。

在实际操作层面，在每个站点安装定制的边缘计算单元，它们通过高效的 Zigbee 协议与车辆终端进行无缝交流。当车辆接近站点时，车辆终端与基站会自动建立一个局部且独立的本地运算环境，所有的数据处理都在本地完成，无须依赖持续的网络连接。即使在 GPRS 网络断开的情况下，也能保证实时的安全认证，并确保整个卸油过程的全程监督。

6.3.3　案例小结

石油制品销售企业的二次配送物流管理系统以车辆安全为基础，其核心任务在于防范油品遭受非法窃取。此系统与车辆调度管理紧密相连，确保每一辆车的行驶路径可精确追踪。在车辆发生异常状况时，可通过系统监控追溯其行驶轨迹，并准确记录车辆运行过程中的所有数据信息。这有助于运输和管理工作的优化，降低车辆监管的运营成本，同时显著提高工作效率。

参考文献

［1］张凌，刘井建．创新推进黑龙江省产业结构高度化的发展战略研究［J］．商业研究，2006（12）：191-194.

［2］塞萨尔·伊达尔戈．增长的本质：秩序的进化，从原子到经济［M］．浮木译社，译．北京：中信出版社，2015.

［3］郭启伟，张阐军．我国农产品供应链组织数智化转型对策研究［J］．物流科技，2023，46（7）：112-113，118.

［4］刘耀军，段伟常．快消品供应链数字化转型方案研究——以订单履约为例［J］．物流工程与管理，2024，46（1）：78-81.

［5］郇钰．金融科技时代银行业发展与监管［J］．现代管理科学，2018（4）：24-26.

［6］何亮亮，王鑫田．数字化时代金融科技监管困境与完善路径［J］．南京邮电大学学报（社会科学版），2021，23（6）：33-44.

［7］王殿轩．关于粮库智能化建设中仓储技术智能化的几点思考［J］．粮食储藏，2016，45（6）：50-54.

［8］龚强，班铭媛，张一林．区块链、企业数字化与供应链金融创新［J］．管理世界，2021，37（2）：22-34，3.

［9］高萍．波普尔的"三个世界理论"及其启示［J］．才智，2009（26）：159-160.

［10］尼古拉·尼葛洛庞帝．数字化生存［M］．胡泳，范海燕，译．海口：海南出版社，1996.

［11］彭兰．数字化与数据化：数字时代生存的一体两面［J］．人民论坛，2023（17）：42-47.

［12］王飞跃．人工社会、计算实验、平行系统——关于复杂社会经济系统计算研究的讨论［J］．复杂系统与复杂性科学，2004（4）：25-35.

［13］何忠国．虚拟与现实的冲突及融合——虚拟世界的本质、特征及其伦理考量［J］．河南社会科学，2005（2）：41-44.

［14］罗儒国. "互联网+" 时代教师生存方式变革：实质、动力与路向［J］. 新疆师范大学学报（哲学社会科学版），2017，38（4）：30-38.

［15］倪海宁. 虚拟世界与现实世界的关系及其本质特征［J］. 安庆师范学院学报（社会科学版），2011，30（6）：17-20.

［16］伦淑娴. ACP 理论的平行执行方式分类研究［J］. 自动化学报，2012，38（10）：1602-1608.

［17］姚前. 区块链与可信数据［J］. 中国金融，2021（3）：51-53.

［18］孙嘉睿，安小米，吴国娇，等. 可信数据概念构建及其实现路径——基于文献研究与 ISO 文件管理国际标准的协同应用［J］. 数字图书馆论坛，2018（7）：22-29.

［19］钱卫宁，邵奇峰，朱燕超，等. 区块链与可信数据管理：问题与方法［J］. 软件学报，2018，29（1）：150-159.

［20］汪菲. 基于区块链的去中心化可信数据共享技术研究［D］. 南京：南京邮电大学，2020.

［21］吴新慧. 数字信任与数字社会信任重构［J］. 学习与实践，2020（10）：87-96.

［22］欧阳日辉. 数字经济时代新型信任体系的构建［J］. 人民论坛，2021（19）：74-77.

［23］盛燕. 数字平台赋能的供应链金融模式构建［J］. 全国流通经济，2022（17）：117-120.

［24］王雅莉，侯林岐，朱金鹤. 信任危机抑或信任契机：数字技术如何重塑社会信任?［J］. 财贸研究，2023，34（11）：14-28.

［25］马斌. 面向数据经济的数字身份转型——增强个人参与数字生活的信任［J］. 科学学研究，2023，41（8）：1345-1353.

［26］宋华，韩思齐，刘文诣. 数字化金融科技平台赋能的供应链金融模式——基于信息处理视角的双案例研究［J］. 管理评论，2024，36（1）：264-275.

［27］宋燕飞，罗尧治，沈雁彬，等. 基于双目视觉与图像识别的网架结构三维重建［J］. 空间结构，2020，26（4）：28-35，74.

［28］曹国斌，刘雪蛟，王花. 图像和机器视觉技术概述［J］. 电子工业专用设备，2008（8）：27-31.

［29］孟凡伟. YTL 公司智能视觉检测项目商业计划书［D］. 广州：华

南理工大学，2021.

[30] 陈兵旗，吴召恒，李红业，等．机器视觉技术的农业应用研究进展 [J]．科技导报，2018，36（11）：54-65.

[31] 打破数据"围墙花园"[J]．国际品牌观察，2021（8）：35.

[32] 卢盛羽．新发展阶段社会信用数据管理和应用：基于区块链和隐私计算技术的视角 [J]．征信，2023，41（3）：61-65.

[33] 陈合营．隐私计算赋能供应链金融 [J]．中国金融，2021（24）：66-68.

[34] 倪高伟，孙苑苑，樊巧云．隐私计算在大规模通信数据场景中的架构研究及应用 [J]．江苏通信，2023，39（5）：64-70.

[35] 蔡鸣远，谢宗晓．隐私计算及其相关标准介绍 [J]．中国质量与标准导报，2022（4）：13-14，20.

[36] 张鹏，李美鹏，郭兆中，等．基于隐私计算技术的数据安全共享交互框架 [J]．网络安全与数据治理，2023，42（12）：54-59.

[37] 张锋巍，周雷，张一鸣，等．可信执行环境：现状与展望 [J]．计算机研究与发展，2024，61（1）：243-260.

[38] 李芯蕊，江萍，赵晓阳，等．联邦学习中的安全与隐私问题研究 [J]．网络安全技术与应用，2024（3）：29-34.

[39] 鞠鑫，曹京，陈佛忠，等．隐私计算在卫生健康行业的应用与安全研究 [J]．信息通信技术与政策，2023，49（2）：43-48.

[40] 郑灏．隐私计算在金融行业数据融合场景中的应用探析 [J]．中国金融电脑，2022（6）：90-91.

[41] 王艳红，孔玲，付艳艳，等．隐私计算技术标准化路径分析与建议 [J]．信息通信技术与政策，2024，50（1）：32-36.

[42] 朱之伟，张锡安．浅析金融领域的隐私计算应用 [J]．金融发展研究，2023（3）：90-92.

[43] 万思，曾嵩．科技赋能构建线上服务"全民通"[J]．金融电子化，2021（4）：81-82.

[44] 边鹏．面向金融业的平台大数据共享 [J]．中国金融，2021（12）：72-74.

[45] 朱胜宇．金融科技背景下中企云链供应链金融发展的案例研究 [D]．北京：北京交通大学，2020.

［46］王希琦．几个零知识证明协议的安全分析［D］．上海：上海大学，2021.

［47］左佩瑶．基于智慧化供应链金融平台的应用研究——以金融壹账通为例［D］．南昌：江西财经大学，2022.

［48］王刚，罗应机，麦涛，等．基于区块链的农村电子商务平台信用机制研究——以某大型电商平台为例［J］．金融科技时代，2022，30（8）：62-67.

［49］闫慧．通用人工智能时代信息资源管理学科的发展方向［J］．信息资源管理学报，2024，14（2）：21-28，53.

［50］郝亚楠．大数据、人工智能技术与人类实践的信息化［J］．东南大学学报（哲学社会科学版），2023，25（S2）：27-30.

［51］杨农．构建金融业数据融合应用新格局［J］．中国金融，2021（7）：46-47.

［52］罗婷予，谢康．用户画像促进企业与用户互动创新的机制及构建方法［J］．财经问题研究，2023（3）：106-116.

［53］罗敏，赵天齐，郭王玥蕊．"见微知著"：现代管理中的小数据［J］．现代管理科学，2021（4）：37-44.

［54］杨晓刚，姜毅，张璠，等．基于大数据技术的用户小数据管理［J］．情报理论与实践，2018，41（3）：29-33，15.

［55］张磊，吴晓明．数字化金融缓解中小企业融资约束的机制、困境与对策分析［J］．理论探讨，2020（5）：110-114.

［56］许慧．数字经济背景下智慧供应链发展路径分析［J］．物流科技，2024，47（2）：134-137.

［57］陈纯，任奎，杨小虎，等．区块链与科学数据治理［J］．科学通报，2024，69（9）：1137-1141.

［58］徐方可，李玉峰．用图结构和智能合约实现商业供应链动态实时管理［J］．商业经济研究，2024（6）：44-47.

［59］任博．从区块链到智能区块链：中国供应链金融高质量发展的路径创新［J］．财会通讯，2023（12）：16-21.

［60］王莹．区块链对金融业的影响与展望［J］．吉林金融研究，2016（12）：6-10.

［61］杨森，印言．基于区块链的供应链金融风险防范机制研究［J］．商业经济，2021（11）：181-183.

［62］尹盼盼，周启清．区块链+供应链金融应收账款融资模式的风险管理研究［J］．金融经济，2023（9）：62-72．

［63］吴晓波，李王镕，林福鑫，等．数字孪生技术驱动产业链创新链融合发展的内涵、特征与实现路径［J］．科技管理研究，2024，44（4）：110-118．

［64］赵瑶瑶．数字孪生技术在工业制造中的应用研究综述［J］．中国设备工程，2024（3）：33-35．

［65］赵亮，许娜，张维．我国数字孪生研究的进展、热点和前沿——基于中国知网核心期刊数据库的知识图谱分析［J］．实验技术与管理，2021，38（11）：96-104．

［66］张鹏，袁利，陈斌，等．航天器数字化模拟及应用技术［J］．宇航学报，2023，44（1）：73-85．

［67］罗瑞平，盛步云，黄宇哲，等．基于数字孪生的生产系统仿真软件关键技术与发展趋势［J］．计算机集成制造系统，2023，29（6）：1965-1982．

［68］刘芳，刘琪，黄美晨，等．数字孪生：跨界赋能于多领域智能的新应用［J］．计算机系统应用，2023，32（8）：31-41．

［69］邢震．面向智能矿山的数字孪生技术研究进展［J］．工矿自动化，2024，50（3）：22-34，41．

［70］周亮，赵越．基于数字孪生技术的三维智能化系统设计［J］．自动化与仪器仪表，2024（2）：163-166，171．

［71］黄涵钰，毛柯夫，苑明海，等．数据驱动的生产线数字孪生系统构建与应用［J］．制造技术与机床，2024（2）：67-74．

［72］杨传真，于中江，李淳，等．基于工业互联网平台统一数字孪生模型管理的研究［J］．软件，2023，44（12）：129-131．

［73］陶飞，张贺，戚庆林，等．数字孪生模型构建理论及应用［J］．计算机集成制造系统，2021，27（1）：1-15．

［74］丁萌．面向机械制造的产品数字化开发技术［J］．农机使用与维修，2024（3）：100-102．

［75］胡国芳，王丽，张磊．数字化背景下数字孪生技术的发展［J］．质量与认证，2024（2）：36-38．

［76］刘洋．数字孪生技术在智慧矿山中的应用探讨［J］．中国非金属矿工业导刊，2023（4）：73-75．

［77］张桦．智慧城市、智能城市、数字城市和数字孪生城市的概念辨析

与演变逻辑［J］．新疆社科论坛，2024（1）：68-74．

［78］刘大同，郭凯，王本宽，等．数字孪生技术综述与展望［J］．仪器仪表学报，2018，39（11）：1-10．

［79］管运芳，唐震，田鸣，等．数字能力对公司创业的影响研究——竞争强度的调节效应［J］．技术经济，2022，41（6）：95-106．

［80］张培，张苗苗．动态能力视角下制造企业数字化转型路径——基于步科公司的案例研究［J］．管理学季刊，2021，6（2）：79-100，149-150．

［81］杨春学．1996 年度诺贝尔经济学奖得主詹姆斯·米尔利斯与威廉·维克里及其学术贡献［J］．经济学动态，1997（1）：51-56．

［82］段伟常．区块链架构下标准仓单融资机理研究［J］．金融理论与实践，2018（6）：54-58．

［83］连育青．运用大数据分析提升授信审批决策水平的思考［J］．财务与金融，2016（5）：11-14，26．

［84］于洁，冯冰娜，樊博．协同治理视角下互联网金融征信治理问题研究［J］．电子政务，2015（11）：15-24．

［85］中国物流信息中心．物流恢复向好质效提升——2023 年物流运行情况分析［EB/OL］．（2024-02-07）［2024-04-10］．http://www.chinawuliu.com.cn/lhhzq/202402/07/626450.shtml．

［86］李静宇，王悦．十年磨一剑："物流透明 3.0"——专访易流科技股份有限公司董事长张景涛［J］．中国储运，2016（12）：25-27，24．

［87］张忠辉．基于仓单质押的物流金融风险管理与控制研究［D］．长沙：中南大学，2011．

［88］段伟常，张仲义．物流金融风险管理体系及评价方法研究［J］．石家庄学院学报，2009，11（4）：14-17．

［89］王燕莉．供应链环境下国际采购的风险管理研究［D］．天津：天津大学，2010．

［90］杨志华．基于区块链技术的存货质押融资业务的研究［J］．物流工程与管理，2020，42（11）：49-51．

［91］陈军生．国家粮食电子交易平台供应链融资模式研究［J］．中国粮食经济，2020（4）：71-73．

［92］中国物流与采购联合会．《中国物流金融白皮书》案例分享之七：感知科技——开创"物联网金融"新模式［EB/OL］．（2015-09-14）［2024-

04-10］．http：//www.chinawuliu.com.cn/xsyj/201509/14/305163.shtml.

［93］陈书义，李建慧，吴明娟，等．物联网动产质押监管系统应用及标准化［J］．信息技术与标准化，2017（7）：20-22.

［94］方凯，金红，黄腾达．智能物联助力动产质押监管［J］．中国公共安全，2019（7）：164-165.

［95］习军，任建军．基于物联网的动产质押监管平台研究与设计［J］．电脑编程技巧与维护，2020（12）：14-15，18.

［96］武法提，黄石华，殷宝媛．场景化：学习服务设计的新思路［J］．电化教育研究，2018，39（12）：63-69.

［97］孙福兵，宋福根．基于场景化、数字化的农业信贷风险控制研究［J］．社会科学战线，2019（3）：249-253.

［98］王巍，刘永生，廖军，等．数字孪生关键技术及体系架构［J］．邮电设计技术，2021（8）：10-14.

［99］李冰琨．"区块链+存货质押"的供应链金融创新发展研究［J］．会计之友，2022（5）：155-160.

［100］包丽君．闭环负反馈理论在预算管理中的应用：A公司经验介绍［J］．财会月刊，2012（15）：60-61.

［101］钟承静，王东．以信息化推进现代物流与电子商务有机结合的物流模式研究——广东省欧浦钢铁物流有限公司案例研究［J］．中国市场，2011（10）：69-70.

［102］平先秉，魏有焕．长株潭区域物流金融产业发展的制度创新与业务运作模式选择［J］．物流工程与管理，2012，34（9）：88-91.

［103］刘兆发．信息不对称与市场规制［J］．当代经济研究，2002（8）：21-24，41.

［104］袁煜明，王蕊，张海东．"区块链+数字孪生"的技术优势与应用前景［J］．东北财经大学学报，2020（6）：76-85.

［105］饶华春．信贷市场的逆向选择风险与银行贷款策略的博弈分析［J］．江西金融职工大学学报，2008（2）：10-12，24.

［106］李璐，尹玉吉，李永明．基于数字孪生的图书馆智慧管控系统模型构建研究［J］．图书馆学研究，2021（4）：29-37.

［107］徐栋梁，黄河清．基于数字孪生的智慧农业生产监控系统设计与应用［J］．广东通信技术，2022，42（5）：64-67.

［108］李春花，胡玉洁．基于区块链的仓储企业存货融资业务风险防范［J］．全国流通经济，2020（27）：141-143.

［109］丘永萍，章荩今．金融科技背景下供应链金融风险分析及防范策略［J］．农村金融研究，2021（8）：75-80.

［110］赵博文．移动群智感知任务周期内的隐私保护关键技术研究［D］．广州：华南理工大学，2020.

［111］杨甜．基于区块链的"平安好链"供应链金融平台案例分析［D］．保定：河北大学，2021.

［112］徐裴裴．"新基建"按下发展"快进键"［J］．通用机械，2020（5）：2.

［113］林天强．产业链与元宇宙权：新变局中的定义和重塑［J］．阅江学刊，2023，15（1）：116-131，173-174.

［114］茹元博．基于数字孪生的智能仓库系统研究与实现［D］．成都：电子科技大学，2022.

［115］周义．基于物联网边缘计算架构的智慧石油物流系统［J］．长江信息通信，2021，34（7）：140-142.